DR. JULIAN HOSP

BLOCKCHAIN 2.0

einfach erklärt – weit mehr als nur Bitcoin

»Ich verfolge Julian schon länger und bin von seinen Einschätzungen und kritischen Ansichten begeistert. Sein Buch liefert – mal wieder – fundierte Aufklärungsarbeit für Profis und Neulinge. Und das einfach erklärt. Danke, Julian!«

Valentin Rahmel aka Sarazar

BLOCKCHAIN 2.0

einfach erklärt – weit mehr als nur Bitcoin

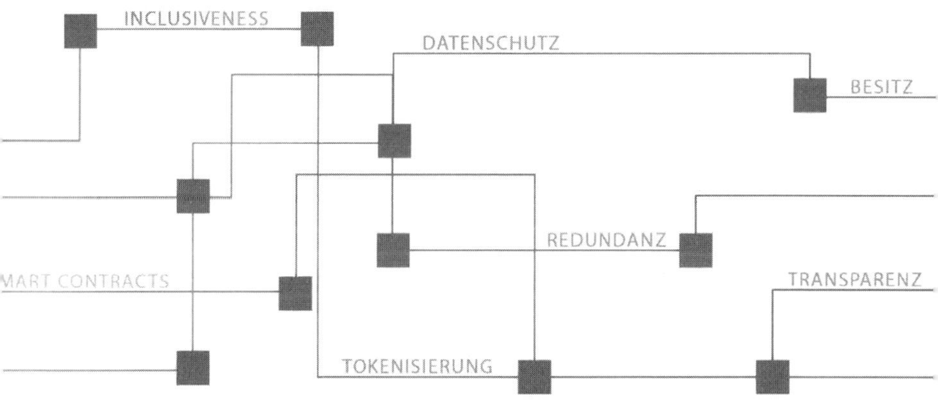

DR. JULIAN HOSP

Bekannt aus

FORBES CNBC BLOOMBERG INC.

FBV

manager magazin Bestseller-Autor

Bibliografische Information der Deutschen Nationalbibliothek:
Die Deutsche Nationalbibliothek verzeichnet diese Publikation in der Deutschen Nationalbibliografie. Detaillierte bibliografische Daten sind im Internet über http://dnb.d-nb.de abrufbar.

Für Fragen und Anregungen:
info@finanzbuchverlag.de

1. Auflage 2018

Nymphenburger Straße 86
D-80636 München
Tel.: 089 651285-0
Fax: 089 652096

Redaktion: Judith Engst
Umschlaggestaltung: Ruben Starman
Satz: Röser MEDIA GmbH & Co. KG, Karlsruhe
Druck: GGP Media GmbH, Pößneck
Printed in Germany

ISBN Print 978-3-95972-159-2
ISBN E-Book (PDF) 978-3-96092-290-2
ISBN E-Book (EPUB, Mobi) 978-3-96092-291-9

Gewidmet meinen TenX-Co-Foundern Toby und Paul

INHALT

DANKSAGUNG

Wie auch meine letzten Bücher wäre dieses nicht ohne die Hilfe und Unterstützung einer ganzen Reihe an fantastischen Menschen so zustande gekommen, wie du es jetzt vor dir hast. Zum einen schulde ich all den verschiedenen Leuten aus dem Blockchain-Ökosystem großen Dank, die es mir stets ermöglicht haben, mein Wissen durch angeregte Unterhaltungen sowie tief gründige Diskussionen zu erweitern. Dazu gehören vor allem auch meine TenX-Mitgründer Toby und Paul. Danke euch beiden, dass ihr mir 2014 die Grundlagen von Blockchain geduldig erklärt habt. Erst dadurch konnte ich ein tieferes Verständnis etablieren.

Auch meinem gesamten Team bei TenX möchte ich danken. Dazu zählen einige der talentiertesten und klügsten Leute, die ich kenne. Es ist wahrlich ein Traum, mit ihnen zusammenzuarbeiten. Keep rocking, guys!

Im Folgenden möchte mich bei einigen meiner engsten Freunde bedanken, die essenziell für dieses Buch und dessen Entstehung waren:

Vorneweg möchte ich meiner Frau Bettina danken, die mich wie niemand anderes kennt – und in jeder Lebenslage unterstützt und mir immer den Rücken freihält. Gerade dann, wenn ich es am meisten brauche, ist sie wie immer zur Stelle und erinnert mich daran, nie aufzugeben. Danke, Prinzessin!

Das Gleiche gilt für Patricia Zinnecker. Egal ob Brainstormen, kritisches Gegenlesen, Koordination oder Organisation – danke, Pati, für deinen ständigen Support in den unterschiedlichsten Angelegenheiten.

Auch meinem wunderbaren Freund Dennis Jacobs gilt es zu danken. Dank deinem kritischen Feedback ist dieses Buch zu dem geworden, was es heute ist. Du bist wahrlich wie ein Bruder für mich, den ich nie hatte.

Des Weiteren danke ich meiner Familie, die immer hinter mir steht, egal, was ich verfolge.

Zudem haben mir unzählige Menschen auf dem Weg geholfen, dieses Werk so fertigzustellen. Aus Platzgründen kann ich nicht jeden einzeln erwähnen. Doch ohne jede der Erfahrungen oder Begegnungen wäre dieses Buch nicht entstanden. Danke euch allen!

Dein Julian im Herbst 2018

VORWORT VON FRANK THELEN

Die »Blockchain« ist eines der beherrschenden Themen in IT und Wirtschaft. Gleichzeitig herrscht viel Unsicherheit, worum es dabei überhaupt geht.

In vielen Beiträgen und der öffentlichen Diskussion wird die Blockchain-Technologie meist nur mit Kryptowährungen, allen voran Bitcoin, in Verbindung gebracht, wenn nicht gar mit ihnen gleichgesetzt. Im anderen Extrem wird sie als Lösung aller Probleme angepriesen, die digitale Infrastrukturen mit sich bringen können.

Befasst man sich selber eingehender damit, merkt man schnell, dass viele selbst ernannte oder vermeintliche Experten dazu mehr Halbwissen und Floskeln verbreiten als belastbare Fakten. Umso mehr ist Julian Hosp zu danken, dass er mit diesem Buch einen weiteren Beitrag dazu leistet, Blockchains und Kryptowährungen fundiert, umfassend und wirklich für jedermann verständlich zu erklären sowie aufzuzeigen, was damit möglich ist – und was eben nicht.

Ich selbst bin mir sicher, dass durch richtig eingesetzte Blockchains und Distributed Ledgers viele Bereiche unsers Lebens und unserer Wirtschaft grundlegend verändert werden: digitale Währungen, der Handel von Unternehmensanteilen, Verwaltungsvorgänge, Energiehandel oder die automatisierte Abwicklung von Verträgen (Smart Contracts), um nur einige zu nennen.

Diese Umwälzungen werden disruptiv sein und die genannten Branchen grundlegend verändern. Die Veränderungen bieten damit auch die Chance, dass neue Amazons, Facebooks und Googles entstehen. Wir in Europa und Deutschland sollten alles dransetzen, diesmal vorne dabei zu sein und damit die Heimat dieser neuen Milliardenunternehmen zu werden.

Damit das gelingt, müssen wir aber alle bereit sein, offen mit dieser neuen Technologie umzugehen, ihre Chancen zu erkennen und zu nutzen – und dies ist nur möglich, wenn wir sie verstehen. Julian liefert mit diesem Buch einen wichtigen Beitrag dazu.

Frank Thelen, im Sommer 2018

CHANCEN ERKENNEN

VERÄNDERUNGEN?

Wie notwendig sind Veränderungen? Wie schnell vollziehen sie sich? Wer über Blockchains und andere neue Entwicklungen nachdenkt, der sollte sich gegenüber Veränderungen aufgeschlossen zeigen. Dass diese manchmal einen rasanten, gänzlich unvorhergesehenen Wandel mitbringen, zeigt sich am Beispiel Nokia, dessen Unternehmenssprecher Kari Tuuti noch im Januar 2007 der Zeitschrift *Der Spiegel* das folgende Interview gab.[1]

SPIEGEL ONLINE: Apple steigt in den Handymarkt ein. Macht Ihnen das Angst?

Kari Tuuti (Unternehmenssprecher Nokia): Überhaupt nicht. Wir verkaufen jetzt schon das Nokia N91 mit acht Gigabyte Speicherplatz. Apples iPhone wird womöglich erst Ende des Jahres in Europa verfügbar sein. **Wir haben also ein Jahr Vorsprung.**

SPIEGEL ONLINE: Aber könnte Apple nicht doch den Handymarkt aufmischen und Nokias Position gefährden?

Tuuti: Ich vertraue in unsere Produkte. Und in die neuen Geräte, die in den kommenden Monaten auf den Markt kommen. Das

1 NOKIA (www.nokia.com): Zusammenfassung der Originalquelle vom Interview des Unternehmenssprechers von Nokia mit Spiegel Online am 10.01.2007: http://www.spiegel.de/netzwelt/mobil/nokia-reaktion-auf-apples-iphone-wir-haben-ein-jahr-vorsprung-a-458742.html

> iPhone ist ein ernst zu nehmendes Konkurrenzprodukt. Aber ich bin mir sicher, dass wir der Marktführer bleiben. Im Bereich der Multimedia-Handys, zu denen auch das iPhone gehört, haben wir im vergangenen Jahr fast 40 Millionen Stück verkauft. **Unser Marktanteil beträgt hier 50 Prozent, wir sind also unangefochten die Nummer eins.**

Nur sechs Jahre später, im Jahr 2013, sieht die Situation komplett anders aus. Nachdem Nokia von 1998 bis 2011 durchgehend weltgrößter Mobiltelefonhersteller gewesen war, **wurde die Firma von Samsung als Nummer eins abgelöst; Nokia hatte nur noch einen Marktanteil von 22,5 Prozent**. Der Hintergrund: Nokia hatte **zu spät auf die Umwälzung des Mobilfunkmarkts reagiert,** die 2007 mit der Einführung des iPhones und dem anschließenden Aufstieg des Smartphones vom Nischen- zum Massenprodukt eingesetzt hatte. **Am 3. September 2013 gab Nokia seinen Plan bekannt, die gesamte Mobiltelefonsparte an Microsoft zu verkaufen**. Apple wurde dann, beflügelt durch das iPhone und die daran geknüpften Produkte, zur wertvollsten Firma der Welt.[2]

Ein weiteres Beispiel für die Auswirkungen von Veränderung ist die Firma Blockbuster LLC[3], welche einen weltweiten Videoverleih betrieb und 1985 in den USA gegründet wurde. An ihrem Höchststand im Jahr 2004 hatte sie über 60.000 Mitarbeiter und 9000 Geschäfte weltweit.[4] Im Jahr 2000 wurde dem Geschäftsführer Jim Keyes ein kleines Start-up-Unternehmen namens Netflix für ca. 40 Millionen Euro angeboten. Das waren damals gerade einmal 1 Prozent des Werts von Blockbuster, der sich auf 4 Milliarden Euro belief. Er lehnte das Angebot mit einem später berühmt gewordenen Zitat ab: »Mich inte-

2 https://www.nytimes.com/interactive/2017/12/05/your-money/apple-market-share.html

3 www.blockbuster.com

4 https://www.ibtimes.com/sad-end-blockbuster-video-onetime-5-billion-company-being-liquidated-competition-1496962

ressiert Netflix nicht, die sind keine Konkurrenz und daher nicht mal auf meinem Radar!«[5] 2010, wenige Jahre später, ging Blockbuster LLC mit einer knappen Milliarde Euro Schulden in die Insolvenz. Im Jahr 2018 erreichte Netflix einen Firmenwert von über 100 Milliarden Euro – 25-mal mehr, als es Blockbuster je wert gewesen war.[6]

Diese und noch viele andere Beispiele verdeutlichen eines: »Das Einzige, das sich in unserer Welt nie verändert, ist die Veränderung selbst!«

Wie die Geschichte immer wieder gezeigt hat, kann sich nichts und niemand dieser Gesetzmäßigkeit widersetzen, auch keine noch so großen Konzerne oder sogar Länder. Doch wer glaubt, dass solche Dinge nur Firmen, jedoch nicht Einzelpersonen passieren, sollte sich das folgende Beispiel genau anschauen:

Im Jahr 1870 erkannte ein damals 31-Jähriger einen neuen Trend: Öl und dessen Erzeugnisse wurde immer wichtiger und wichtiger. Gleichgültig, ob als Kerosin für Lampen oder als Benzin für die Autoindustrie: Er verstand, dass dieser Brennstoff eine neue Trendwende einleiten würde. Aus heutiger Sicht ist dieser Trend klar ersichtlich, doch damals kam diese Neuerung dem gleich, was das Internet zur Jahrtausendwende war. Der junge Mann gründete eine Firma, die sich mit der Produktion, dem Transport, der Raffinerie und der Vermarktung von Öl auseinandersetzte. Ein paar Jahrzehnte später war seine Firma die größte Firma der Welt, und ihr Reichtum und Einfluss reichte über viele Generationen hinweg und hält noch bis heute an. Dieses Imperium wurde dadurch geschaffen, dass ein einzelner Mensch einen neuen Trend erkannte und die Chance für sich nutzte, die sowohl sein Leben als auch das seiner ganzen Familie nachhaltig beeinflusste. Bei besagtem Mann handelte es sich John D. Rockefeller und bei seiner Firma um die Standard Oil Company, die noch heute

5 https://www.cbinsights.com/research/big-compay-ceos-execs-disruption-quotes/

6 http://www.manager-magazin.de/unternehmen/it/netflix-jetzt-100-milliarden-us-dollar-wert-erloes-und-gewinn-steigen-a-1189288.html

in zwei Teilen als ExxonMobil und Chevron existiert. Aufgrund ihres Monopolstatus war sie aufgespalten worden.

WELLEN

Die Beispiele zeigen, dass es nicht nur wichtig ist, neue Trends überhaupt zu erkennen. Vielmehr kommt es darauf an, sie zu antizipieren, sprich die darin liegenden Chancen zu identifizieren, sich darauf vorzubereiten und sie dann zu nutzen. Wie in den Beispielen von Nokia und Blockbuster geht es darum, den eigenen Untergang zu vermeiden oder, wie im Fall von Rockefeller, etwas Neues aufzubauen. Dies erinnert mich immer an meine zehn Jahre als Profi-Kitesurfer, in denen ich an den besten Surfplätzen der Welt unterwegs war. Folgendes habe ich bei Wellen und Wind sehr schnell gelernt:

Jemand, den das Surfen nicht interessiert, achtet erst gar nicht auf den Wind und die Wellen. Anfänger achten zwar darauf, reagieren jedoch zu spät und verpassen meist die besten Wellen. Profis lernen zu antizipieren, wann der Wind und die Wellen kommen. Sie verstehen, sich passend zu positionieren, um die besten Ritte ihres Daseins zu erleben.

Genau das Gleiche trifft auf die reale Welt zu: Die meisten Menschen und die meisten Firmen erkennen neue Trends entweder gar nicht oder viel zu spät. Sie werden von den Wellen überrollt wie von einem Tsunami. Es ist jedoch nicht nur wichtig, wie der Surf-Anfänger zu lernen, Veränderungen zu erkennen, sondern vielmehr, diese wie der Profi zu antizipieren, um sich selbst, die eigenen Freunde, die eigene Familie, die eigene Firma richtig zu positionieren und auf diese Weise vom neuen Trend zu profitieren oder zumindest nicht von ihm vernichtet zu werden.

Heute zum Beispiel geht der Trend wieder weg vom Öl hin zu erneuerbaren Energien. Dies bringt enorme Veränderungen und somit Herausforderungen mit sich, impliziert jedoch auch Chancen für Staaten, Firmen und Einzelpersonen! Wie beim Surfen die Wellen, so kommen allerlei Veränderungen in regelmäßigen Abständen auf uns zu. Keine Welle ist gleich wie die andere, doch lernt man Welle für Welle noch besser, wie man davon profitieren kann. Das Wort »profitieren« bezeichnet nicht unbedingt nur den finanziellen Profit, sondern es kann auch bedeuten, dass man selbst durch eine neue Chance mehr Spaß am eigenen Tun hat, dass man eine Arbeit gesundheitsschonender ausführen kann, dass man für seine eigene Familie besser vorsorgen kann usw.

Viele von uns können sich noch an den Wandel durch das Internet erinnern – das bereits erwähnte Beispiel Blockbuster wird diesen Wandel mit etwas Negativem verknüpfen. Inzwischen lässt sich auch ermessen, welchen Einfluss das Smartphone und die Social Media auf uns haben – Nokia kann auf jeden Fall ein Klagelied davon singen. Zahlreiche weitere Wellen brechen gerade über uns herein, sei es künstliche Intelligenz, Drohnen, selbst fahrende Autos, Roboter und vieles mehr. Die vielleicht größte Welle ist jedoch eine, auf die aufgrund ihrer Vorteile viele neue Trends aufbauen werden: Blockchain.

TOP ODER FLOP?

Hast du von Blockchain schon gehört oder gelesen? Vielleicht durch einen Bekannten oder durch die Presse? Ist Blockchain vielleicht etwas, was bei euch in der Firma als »die Zukunftstechnologie« besprochen wurde? Vielleicht ist das sogar der Grund, warum du dir dieses Buch gekauft hast. Eventuell kennst du Kryptowährungen wie Bitcoin, Ethereum und Co. und willst verstehen, was denn die zugrunde liegende Technologie noch alles kann. Aus welchem Grund auch immer du dich damit beschäftigst – eines kann ich dir jetzt schon sagen:

Egal ob Medien, Bekannte oder Firmen: Zwar haben viele eine Meinung zu diesem neuen Trend Blockchain, doch nur ganz wenige haben wirklich Ahnung davon.

Vielleicht bist du auch noch nicht wirklich rundum von der Blockchain überzeugt, sondern hast dir dieses Buch gekauft, weil du dich fragst, ob die Blockchain-Technologie lediglich ein Trend ist oder nicht. Keine Sorge, du bist nicht alleine. Während ich die einen vom nächsten Hype sprechen höre, reden die anderen von einer Entwicklung, welche nie kommen wird:

»Dieses ganze Gerede über Blockchain und Dezentralisierung ist doch Sche$e!«* – Nouriel Roubini, ein Wirtschaftsexperte, der sich eigentlich mit solchen Dingen auskennen sollte.[7]

Andere Stimmen sagen:

»Blockchain wird nie skalieren und daher auch nie verwendet werden.«
»Blockchain funktioniert in der Theorie – die Praxis sieht anders aus.«
»Blockchain wird durch etwas anderes ersetzt.«
»Blockchain ist lediglich ein Hype, der kommt und geht.«

Das erinnert mich an die Aussagen in der Vergangenheit, wo Menschen die enormen Auswirkungen des Öls, des Internets oder des iPhones nicht haben kommen sehen. Doch interessanterweise sind diejenigen, welche bereits damals die Tech-Chancen erkannt haben, auch diejenigen, die heute den Trend der Dezentralisierung durch Blockchains sehen:

»Blockchain ist eine technische Tour de Force« – Bill Gates, Co-Founder von Microsoft und reichster Mann der Welt[8]

---

7 https://www.bloomberg.com/news/articles/2018-05-02/a-verbal-cryptobrawl-breaks-out-at-milken-over-bitcoin-s-future

8 http://www.kryptographe.com/blockchain-quotes-from-successful-leaders/

Wer liegt nun richtig? Meiner Ansicht nach versuchst du dies anhand des vorliegenden Buchs am besten selbst herauszufinden. Nach der Lektüre wirst du Blockchain nicht nur verstehen, sondern du kannst auch die Chancen ergreifen, die damit einhergehen – oder du kannst es bleiben lassen.

MEINE GESCHICHTE

Nun stellst du dir vielleicht die Frage, was ich mit diesem Thema zu tun habe. Eigentlich führt meine Lebensgeschichte nicht zwingend dazu, ein Buch über Blockchain zu schreiben. Ich habe weder Finanzen noch Wirtschaft noch Programmieren studiert, sondern wurde Mediziner, nachdem ich zehn Jahre lang Profisportler war. Als Unfallchirurg wollte ich nach meiner Promotion 2011 genau den Leuten helfen, bei denen ich als Sportler nur allzu oft miterlebt hatte, wie sie sich schwere Verletzungen zuzogen. Nach kurzer Zeit im Krankenhaus erkannte ich jedoch, dass ich etwas Neues machen wollte, und so zog ich 2012 nach Asien. Dort lernte ich im »Studium des Lebens« viel über Wirtschaft, Finanzen und innovative Technologien. 2014 traf ich dann in Bangkok einen anderen Innsbrucker namens Toby. Gemeinsam mit seinem Kumpel Paul begeisterte er mich von dem Konzept der Dezentralisierung durch Blockchains. Vor allem eine Prognose des Weltwirtschaftsforums, in dem einige der schlauesten Leute der Welt vertreten sind, beeindruckte mich: Gerade mal ein knappes Jahrzehnt später (vom damaligen Zeitpunkt aus gesehen) sollten laut ihren Berechnungen bereits 10 Prozent der gesamten Wirtschaftsaktivitäten über Blockchains abgewickelt werden.[9] Da ich mir als Arzt immer schon die Frage gestellt hatte, wie man Patientendaten äußerst sicher abspeichern könnte, leuchtete mir dies sofort ein. Blockchain wäre nicht nur hierfür die ein-

9 https://www.weforum.org/agenda/2018/03/blockchain-bitcoin-explainer-shiller-roubini/

zige Lösung, sondern auch für zahlreiche andere Anwendungen. Das wirst du in diesem Buch noch erfahren. Ich erkannte damals jedoch, dass der Medizinbereich noch nicht bereit war für die Blockchain. In diesem frühen Stadium wäre diese neue Technologie wohl eher für den Bereich der Finanzen geeignet – und zwar in Form von Kryptowährungen. Zwar hatte ich bereits 2011, damals noch als Arzt im Krankenhaus, von einem ehemaligen Patienten von Bitcoin, der größten Kryptowährung, gehört, diese jedoch als Abzocke abgetan, da ich die zugrunde liegende Technologie der Blockchain nicht verstanden hatte.

2014 fiel es mir wie Schuppen von den Augen, und ich erkannte das Potenzial. Über Monate hinweg las ich mich in Blockchain-Ökonomie, Spieltheorie, Kryptografie, Programmiersprachen und Finanztheorie ein. Da ich nicht, wie einige andere in diesem neuen Feld, aus inhaltlich damit verwandten Bereichen wie Finanzen, Wirtschaft oder Computerwissenschaften kam, hatte ich keine Vorurteile im Hinblick auf alte oder neue Konzepte. Jedes Konzept war für mich neu, und ich war aufgeschlossen genug, um Neues als Chance und nicht als Gefahr zu sehen. 2015 starteten Toby, Paul und ich eine Firma namens TenX in Singapur. Damit wollten wir über eine Plattform all die kommenden Blockchain-Applikationen auf einfachste Art und Weise für jedermann zugänglich machen. Wir starteten zwar im Bereich der Finanzen, indem wir Kryptowährungen mit einer Kreditkarte verknüpften und sie so im realen Leben verwendbar machten. Doch unsere große Vision besteht darin, viele andere dezentrale Verwendungszwecke hinzuzufügen. Bald hatten wir externe Investoren und Hunderttausende von Kunden. 2017 erhielten wir über eine der weltweit größten ICOs (Initial Coin Offerings) knapp 70 Millionen Euro. Anfang 2018 ist unsere Firma nun knapp 1 Milliarde Euro wert.

Neben dem unternehmerischen Erfolg wurde es mir ganz besonders wichtig, der Community, von der wir so viel bekommen hatten, etwas zurückzugeben. Ich wollte der breiten Masse helfen, Kryptowährungen, Blockchain und Dezentralisierung zu verstehen. Deshalb gründete ich eigene Online-Communities auf Facebook und Reddit, startete YouTube-Kanäle und Info-Blogs, welche heute alle zu den größten der Welt in diesem Bereich zählen. Es wurde mein Ziel, eine Milliarde Menschen durch all die kostenlosen Infos und Erklärungen *#cryptofit* zu machen. Gemeint ist damit nicht nur, fit in Kryptowährungen zu sein, sondern generell fit für diese Welle der Dezentralisierung durch Blockchains und Co. Bald war ich als internationaler Experte für Blockchain und Kryptowährungen bekannt, trat vor dem Europäischen Parlament auf, traf mich mit Christine Lagarde vom Internationalen Währungsfonds, gab Interviews im Fernsehen und hielt Vorträge vor Tausenden von Menschen. 2017 veröffentlichte ich mein Buch *Kryptowährungen einfach erklärt*[10], welches zur absoluten Nr. 1 auf Amazon wurde, in mittlerweile fast 15 Sprachen übersetzen worden ist und sich über 100.000-mal verkauft hat.

Auch wenn der Fokus bisher eher auf Bitcoin und Co. gelegen hatte, wusste ich, dass die zugrunde liegende Technologie der Blockchain der wahre Durchbruch sein würde. Bis dato war die Zeit nur noch nicht reif dafür gewesen, und der Zugang zu diesem Thema war über den Weg der Kryptowährungen einfacher als über andere Anwendungen. Anfang 2018 wurde mir jedoch klar, dass die Zeit für Blockchain ohne Kryptowährungen gekommen war, und so begann ich mehr und mehr, Blockchain-Anwendungen jenseits der Finanzen einfach und klar zu erklären. Die verschiedensten Themengebiete können von der Blockchain-Technologie enorm profitieren. Dazu gehören beispielsweise Medizin, Energie und künstliche Intelligenz.

EINE VORSCHAU

In diesem Buch geht es genau darum: auf simpelste Art und Weise zu erklären, was Blockchain ist, welche Vorteile diese Techno-

10 http://cryptofit.community/de

logie hat, welche Anwendungsmöglichkeiten sich daraus ergeben und ob diese künftig tatsächlich einen ähnlichen Einfluss auf unsere Welt haben wird wie Computer, Internet oder Social Media. Allerdings sollst du durch die Lektüre diese Dinge nicht nur verstehen lernen, sondern vielmehr Chancen für dich erkennen und aktiv nutzen. Denk daran:

Wissen ist nur dann etwas wert, wenn es auch angewandt wird!

Genau deshalb gibt es ein ausführliches Kapitel dazu, wie du gute Ideen im Blockchain-Bereich findest, was du benötigst, um ein eigenes Unternehmen zu gründen oder ein bestehendes anzupassen, und welche Schritte wichtig für eine erfolgreiche Umsetzung sind. Ich werde nicht als »Insider« irgendwelche bestehenden Ideen oder Firmen hochjubeln, aber ich will auch nicht nur oberflächlich auf die Dinge blicken. Vielmehr werde ich mich auf meine eigenen Erfahrungen beziehen: Einerseits werde ich schildern, was mir geholfen hat, als Arzt heute in einem ganz anderen Bereich erfolgreich zu werden, und andererseits werde ich davon berichten, welche vielfältigen Dinge ich im Blockchain-Bereich bereits gesehen habe und was zu funktionieren scheint. Ich werde kritisch hinter all jene Kulissen schauen, die für Außenstehende oft nicht zugänglich sind, und ich werde so objektiv wie möglich darstellen, was Potenzial hat und was nicht. Leider gehen so nur die wenigsten vor; doch umso wichtiger ist es mir persönlich, hier die Messlatte so hoch wie möglich zu legen.

FÜR WEN SICH DIESES BUCH NICHT EIGNET

Für wen ist dieses Buch also nicht geeignet? Diese Frage ist deshalb wichtig, weil ich es persönlich schrecklich finde, Zeit in ein Buch zu investieren, das sich nachher als unpassend herausstellt. Das hat meist gar nichts mit dem Buch selbst zu tun, sondern vielmehr damit, dass mich als Leser das Thema dann doch nicht interessiert hat. Anhand der folgenden Kriterien kannst du herausfinden, ob dieses Buch eventuell NICHT das richtige für dich ist:

Wenn du dich lediglich über Kryptowährungen informieren willst, wird dieses Buch *nicht* passend sein. Nur ein paar Seiten handeln von diesem Thema. In diesem Buch geht es hauptsächlich um alle anderen Blockchain-Anwendungen außer Kryptowährungen. Falls du Kryptowährungen auf simple Art und Weise verstehen und damit Geld machen willst, kann ich dir *Kryptowährungen einfach erklärt* empfehlen: www.cryptofit.community/de.

Daran wirst du bei entsprechendem Interesse deutlich mehr Freude haben.

Falls du ein Buch suchst, von welchem du lernst, wie du eine Blockchain programmierst, oder die genauen Details der Kryptografie lernst, so kann ich dir das Buch *Mastering Bitcoin* von Andreas Antonopoulos empfehlen. Dabei geht es gar nicht so sehr um Bitcoin, sondern vielmehr um die technischen Aspekte einer Kryptowährung und damit auch der Blockchain. Das Buch ist für angehende Programmierer und Kryptografen geschrieben; ich kann es dir also nur empfehlen, wenn du schon Programmiergrundkenntnisse hast.

Des Weiteren ist dieses Buch unpassend für Menschen, die nicht offen sind für Neuerungen. Dies sind oft Leute, die zwar alle Dinge lieben, die es heute gibt, die diese Neuerungen jedoch 25 Jahre zuvor bekämpft hätten oder dies vielleicht sogar getan haben: Es geht hier um Personen, die glauben, dass immer alles gleich bleibt und dass man sich nicht fortbilden muss. Falls du zu dieser Gruppe gehörst, kann ich dir den Schlechtseller »Alles bleibt, wie es ist« empfehlen. Bei der Lektüre meines Blockchain-Buchs leiden solche Menschen bei jeder einzelnen Seite, denn es geht darin um enorm innovative Themen wie Datenspeicherung, Smart Contracts, transparente Abläufe, Sicherheit und vieles mehr, was in den nächsten Jahrzehnten die Welt verändern wird.

So komme ich zu der Gruppe an Leuten, die zwar derzeit, im Jahr 2018, wahrscheinlich noch eine eher kleine Minderheit darstellt, die sich jedoch als »Early Movers« qualifiziert, eine Gruppe, zu der du hoffentlich auch gehörst.

FÜR WEN EIGNET SICH DIESES BUCH?

Dieses Buch ist für all jene Menschen gedacht, die offen für Neues sind: entweder weil sie Neuerungen sowieso lieben, oder weil sie zwar hin und wieder Angst vor dem Ungewissen haben, jedoch wissen, dass es enorm wichtig ist, immer am Ball zu bleiben.

Es ist für Personen geschrieben, die Dinge gerne klar und einfach haben wollen – so, dass man es einem Zehnjährigen erklären könnte. Keine komplexe Fachsimpelei, sondern auf den Punkt gebracht. Frei nach dem Motto, das Steve Jobs einmal geäußert hat:

»Einfach ist oft schwerer als komplex. Komplizierte Wörter und verstrickte Sätze zu verwenden ist deutlich leichter, als etwas im Kern klar und deutlich auszudrücken. Jeder kann in einem nichtssagenden Jargon fachsimpeln, um zu vertuschen, dass man eigentlich nichts verstanden hat, sodass das Gegenüber sich jedoch keine Fragen zu stellen traut. Einfachheit ist der einzige Weg, wie man Berge versetzt!«

Wenn du dich also wunderst, warum ich manchmal einfache Sätze oder besonders simple Begriffe verwende: Das liegt daran, dass das Thema Blockchain ohnehin schon komplex genug ist, und ich möchte es dir so erklären, dass du dich auch in der Lage siehst, es jemand anderem zu erklären. Nur so kann dieses aufregende Thema Blockchain salonfähig werden. Wenn du es also lieber komplex und schwierig hast, wirst du von diesem Buch enttäuscht werden.

Des Weiteren ist dieses Buch an Menschen gerichtet, die die Blockchain nicht unbedingt technisch bis ins kleinste Detail verstehen wollen. Vielmehr richtet es sich an alle, denen es eher um finanzielle, wirtschaftliche oder gesellschaftliche Auswirkungen geht. Wir werden natürlich trotzdem immer wieder technische Inhalte betrachten. Der Grund hierfür ist ganz einfach: Auch wenn ich selbst ein technisch versierter Mensch bin, so weiß ich sehr wohl, dass lediglich ein paar Prozent der Bevölkerung zu dieser Gruppe Menschen zählen. Der Großteil hat ganz einfach andere Interessen als die Technik. Mir liegt jedoch am Herzen, dass nicht nur einige wenige Technik-Freaks von der Blockchain-Technologie profitieren, sondern eben alle, die offen sind, sie kennenzulernen.

Viele Begriffe im Blockchain-Bereich entstammen der englischen Sprache. Ich werde die betreffenden Wörter auf Englisch beibehalten, werde jedoch bei der ersten Verwendung die deutsche Übersetzung hinzufügen. Es erscheint mir einfach nicht sinnvoll, Blockchain als »Blockkette« ins Deutsche zu übertragen. Denn wer danach noch andere Publikationen über diese Technologie liest, wird immer die englischen Ausdrücke vorfinden.

Zu guter Letzt ist mir noch eines wichtig: Ich werde dich immer wieder dazu auffordern, selbst ins Tun zu kommen – entweder als Unternehmer oder als Angestellter. Falls du daran eigentlich kein Interesse hast, mach ich es trotzdem. Ich hoffe, dir bis zum Ende des Buchs genug Inspiration mitgegeben zu haben. Schlaue Menschen, die sich der Dezentralisierung annehmen, sind nötiger denn je. Denn wie du auf den nächsten Seiten erfahren wirst, gibt es derzeit noch mehr ungelöste als gelöste Probleme – und ich hoffe, dass genau du hier an der einen oder anderen Stelle den entscheidenden Durchbruch liefern kannst, um in Zukunft eine dezentralere Welt zu ermöglichen.

Wenn du dich in nur einem der Punkte wiederfindest, dann wirst du mehr als nur viel Spaß mit diesem Buch haben.

DOWNLOAD-TIPP

Bevor du mit der Lektüre beginnst, hier noch ein wichtiger Download-Tipp: Vieles in diesem Bereich bewegt sich mit enormer Geschwindigkeit. Sogar während ich dieses Buch schreibe, ergeben sich ständig neue Möglichkeiten. Exklusiv für Leser dieses Buchs habe ich daher eine aktuelle Liste mit Details, Videos, Blogs und weiterführender Literatur erstellt, welche sich deutlich leichter auf den neuesten Stand bringen lässt als ein ganzes Buch. Zudem führe ich dort alle Links aus dem vorliegenden Buch auf. Denn gerade bei einer gedruckten Publikation oder einem Audiobuch kann man nicht einfach auf einen Link klicken. Es ist somit deutlich nutzerfreundlicher, die betreffenden Informationen digital zu erhalten. Wenn du diese Infos als kostenlosen Bonus zum Buch haben willst, dann gehe auf www.mehralsnurbitcoin.de und hol dir die aktuellste Version.

Und noch ein Tipp: Neue ungewohnte Dinge fühlen sich am Anfang immer etwas komisch an. Wir Menschen lieben Gewohntes. Auch wenn es sich noch so unangenehm anfühlen mag – versuche dennoch, dir zu allen hier vorgestellten Ideen so spät wie möglich ein Urteil zu bilden. Lies die betreffenden Passagen nicht, indem du gleich von Anfang an mit einem Vorurteil herangehst. Denk daran: Eine falsche Meinung kann dein Unternehmen im schlimmsten Fall zerstören. Eine gute Entscheidung dagegen kann dein Leben und das deiner Nachkommen positiv beeinflussen – ganz so, wie das bei Rockefeller der Fall war. Sei also wie ein gut funktionierender Fallschirm: offen!

Viel Spaß dabei, #cryptofit zu werden!
Dein Julian

MEHR ALS NUR BITCOIN

Egal, ob man sich objektive Statistiken auf Google ansieht oder Leute rein subjektiv nach ihrer Meinung fragt, was bekannter sei – Bitcoin oder Blockchain. Die Antwort ist eindeutig[11]: Zwar können einige mit der Online-Währung Bitcoin etwas anfangen. Aber von der zugrunde liegenden Technologie Blockchain lässt sich das nicht behaupten. Ganz im Gegenteil: Nur wenige haben überhaupt schon einmal davon gehört, und von all denen, die Blockchain schon kennen, können nur die wenigsten überhaupt erklären, was das ist. Bitcoin ist zumindest den meisten als digitales Spekulationsobjekt bekannt, durch welches mancher sehr wohlhabend geworden ist. Deshalb lässt sich auch einfach beschreiben, warum Blockchain deutlich weniger bekannt ist als die Kryptowährung – auch wenn es deutlich mehr ist als nur Bitcoin.

Die Leute reden lieber über Dinge, die sie verstehen. Etwas wie Blockchain, was man nicht anfassen oder kaufen kann, eignet sich so nicht so gut als Berichtsthema in der Presse oder als Gesprächsthema am Stammtisch. Bitcoin, was man zwar auch nicht anfassen kann, kann man als Online-Währung zumindest kaufen. Dies erlaubt wiederum reißerische Pressemitteilungen wie vom 18-jährigen Bitcoin-Millionär, der als Jugendlicher die Kryptowährung geheim am eigenen Computer per Mining kreiert hat[12], oder von dem Briten, welcher seine Festplatte mit Hunderten Millionen Euro an Bitcoin auf einer Müllkippe sucht[13].

---

11 https://trends.google.com/trends/explore?q=bitcoin,blockchain

12 https://fee.org/articles/meet-the-teenage-dropout-who-became-a-bitcoin-millionaire/

13 https://www.bild.de/news/ausland/bitcoin/81-millionen-euro-weg-brite-schmeisst-festplatte-auf-den-muell-54098636.bild.html

All dies hilft, Bitcoin populärer zu machen. Dabei wird jedoch vergessen: Dasselbe Konzept, das Bitcoin im Bereich Finanzen so erfolgreich macht, könnte man in zahlreiche andere Bereiche einfließen lassen und dabei einen noch deutlicheren Mehrwert kreieren. Zum Beispiel könnten die Energie-Authentifizierung und -Bereitstellung durch Blockchain deutlich transparenter werden, und der Strom könnte dadurch deutlich günstiger werden. Das ist jedoch viel komplizierter zu erklären. Noch dazu ist es nicht für jeden so leicht greifbar wie der Vorgang, 100 Euro in Bitcoin zu investieren und darauf zu hoffen, dass man über Nacht reich wird.

Dieses Kapitel soll für Blockchain-Neulinge bereits eine erste Abhilfe schaffen. Es soll einerseits einen guten Überblick über einige Fachbegriffe geben und andererseits die Blockchain-Technologie auf simpelste Art und Weise erklären. Im Folgekapitel gehen wir dann im Detail auf die einzelnen Unterpunkte einer Blockchain ein.

Um mit all dem zu starten, müssen wir mit einer ganz banalen Frage starten: Wer entscheidet eigentlich, was passiert ist und was nicht? Was wird als Fakt angesehen und was nicht? Hier sprechen wir vom sogenannten Konsensus.

KONSENSUS

Konsensus ist die Übereinstimmung darüber, was passiert ist und was nicht.

Auf den ersten Blick glauben wir oft, dass die Geschehnisse doch ganz klar sind. Es passiert nur die eine Sache und die andere wiederum nicht. Doch wer den Klassiker *1984* von George Orwell gelesen hat, weiß: Die Erschaffung von widersprüchlichen Fakten ist nicht nur auf eine Multiversentheorie zurückzuführen. Wenn wir uns mit dem

Konsensus als Phänomen genauer befassen, erkennen wir: Wir sind es gewohnt sind, dass Regierungen, Firmen oder wichtige Personen darüber entscheiden, was passiert und was nicht. Die Geschehnisse werden also zentral beschlossen – etwa durch eine Person, Firma etc.

Internetfirmen speichern unsere Daten, oder sie tun es nicht. Wir als Bürger haben, wie man oft in den Nachrichten hört, sehr wenig Einfluss darauf. Nachrichtenfirmen schreiben die Geschichte auf die eine oder andere Weise, und wir nehmen das Geschriebene dann als Fakt an, ohne uns zu vergegenwärtigen, was durch eine solche Manipulation eigentlich passiert. Ein Land bestätigt deine Identität im Reisepass oder tut das eben nicht, und Menschen aus dem »falschen« Land haben dann keine Möglichkeit, sich zu identifizieren. Eine Bank verfügt über dein Guthaben in Höhe von Tausenden von Euro – oder sperrt es einfach über Nacht. Dann musst du handeln, um dein Geld wiederzubekommen. Konsensus wird bei uns eben nicht von vielen, sondern nur von einigen wenigen kreiert.

Dies hat einige wichtige Vorteile: Konsensus-Kreierung (also Zentralisierung) ist effizient, denn es kommt selten zu Missverständnissen. In einem zentralen System besteht nicht die Gefahr, dass einmal das eine und dann einmal das andere als »Realität« gilt. Doch mit der Zentralisierung kommt ein riesiger Nachteil auf uns zu, und das bringt uns zum nächsten wichtigen Begriff: Dezentralisierung.

DEZENTRALISIERUNG

Dezentralisierung ist das Gegenteil von Zentralisierung und bedeutet, dass etwas, wie zum Beispiel Macht, Kontrolle oder Vertrauen, nicht nur auf einige wenige fokussiert ist, sondern sich auf viele oder sogar alle verteilt.

Bei einer Dezentralisierung passiert genau das Gegenteil von dem, was die bereits angeführten Beispiele zentralisierten Handelns zeigen: Nicht eine einzelne Person ist an der Macht, sondern die Teilnehmer entscheiden selbst darüber, was passiert und was nicht. Ähnlich, wie sich der Präsident in einer Demokratie nicht einfach selbst ernennen kann, sondern vom Volk, also von vielen, gewählt wird, so kann dieses Konzept in abgewandelter Form auch auf Dinge wie Datenspeicherung, Besitz, Identität, Kommunikation und vieles mehr angewandt werden.

Für viele Menschen ist das Konzept der Dezentralisierung heute noch so neu wie vor knapp 20 Jahren das Konzept »Internet«. Bei einer Dezentralisierung bestätigt nicht die Regierung eines Landes zentral die Identität der Bürger, sondern alle Bürger bestätigen dezentral die Identität aller anderen. Das heißt: Es geht nicht alles von einer einzigen zentralen Institution aus, sondern dezentralisiert. Jeder steuert ein bisschen etwas dazu bei. In einem dezentralen System speichern nicht Google oder Dropbox zentralisiert unsere Dateien, sondern jeder Nutzer speichert dezentralisiert einen Teil der Daten von jedem anderen. Ein Vertrag zwischen zwei Parteien wird nicht zentralisiert auf einem Amt eingetragen, sondern wird von jedem anderen, der auch einen Vertrag mit jemandem abschließen will, dezentral als sogenannter Smart Contract (zu Deutsch: schlauer Vertrag) abgespeichert.

Wir werden in den späteren Kapiteln noch viele weitere Beispiele anführen, welche die zahlreichen Vorteile der Dezentralisierung verdeutlichen: Vertrauen, Macht und Kontrolle fließen weg von einigen wenigen und hin zu allen Teilnehmern. Das wird nicht nur drastische Auswirkungen auf viele Sparten unseres täglichen Lebens haben, sondern es wird auch viele Fragen zu Machtverhältnissen auf der ganzen Welt aufwerfen. Zugleich wird jedoch ebenfalls klar, dass durch Dezentralisierung eine weitaus erhöhte Datenverarbeitung bei allen Teilnehmern notwendig ist. Hier kommen Computer wie gerufen, welche solche Abläufe deutlich effizienter abspeichern und verarbeiten können als jedes Verfahren ohne EDV. Und so kommen wir zum Konzept der Dezentralen Ledger-Technologien.

DEZENTRALE LEDGER-TECHNOLOGIEN

Ein dezentraler Ledger ist eine digitale Datenbank, welche von einer Gruppe von Leuten abgespeichert und in regelmäßigen Zeitblöcken auf dem gleichen Stand gehalten wird.

Ein Ledger ist nichts anderes als eine Datenbank, die Information enthält. Ein zentraler Ledger wird demnach von einer zentralen Partei geführt, welche die Kontrolle über die enthaltenen Informationen besitzt und somit allein bestimmen kann, was darin gespeichert wird oder nicht. Wie schon zuvor erwähnt, ist ein zentrales System meist effizient, schnell und kostengünstig, doch ergibt sich zwangsläufig das Problem der Zentralisierung und damit des Vertrauens. Beim dezentralen Ledger hingegen werden die Informationen in der Datei nicht von einer einzigen Person oder Firma kontrolliert, sondern von allen Teilnehmern als Gemeinschaft. In einer zentralisierten Datenbank sind zwei sich widersprechende Fakten schon deshalb ausgeschlossen, weil es nur eine Partei gibt, welche die Datenbank bearbeitet. Wer jedoch schon einmal in einer Gruppe gemeinsam an einem Word-Dokument oder in Google Docs gearbeitet hat, der weiß: Es ist deutlich schwieriger, eine Datenbank auf einem einheitlichen Stand zu halten, an der mehrere Leute »herumpfuschen« können. Dafür braucht man sich als Nutzer aber nicht auf eine einzelne Person zu verlassen.

Damit es bei einem Daten-Update in einem dezentralen System nicht zu Missverständnissen kommt, wird ein dezentraler Ledger nicht einfach beliebig upgedatet, sondern das Update folgt bestimmten Regeln. Die bekannteste dezentrale Ledger-Technologie ist eine Blockchain. Hier funktioniert das Updaten der dezentralen Datei dadurch, dass sich die Teilnehmer einer Gemeinschaft in regelmäßigen Zeitblöcken darüber abstimmen, was in einem Zeitblock von zum Beispiel zehn Minuten passiert ist. Wenn sich die Mehrheit auf den neuen Dateneintrag geeinigt hat, wird dies als Informationsblock in der Datei festgehalten und an den vorherigen Informationsblock der Datei angehängt. Dies geschieht, indem, vereinfacht gesagt, der letzte Eintrag des vorherigen Blocks zugleich der erste Eintrag im nächsten Block ist. Im Englischen spricht man davon, dass ein Block kryptografisch an einen anderen »chained«, also gekettet wird – daher der Ausdruck Blockchain oder auf Deutsch Blockkette.

Nachdem jeder Teilnehmer die Datei bei sich gespeichert hat, weiß auch jeder, welcher Konsensus kreiert worden ist. So kann kein Teilnehmer einen anderen betrügen und zum Beispiel die Vergangenheit verändern. Auch ist es unmöglich, jemandem etwas wegzunehmen, was die betreffende Person einmal bekommen hat. Die Blöcke sind aneinandergehängt und dadurch unveränderlich, denn sobald man einen Block ändert, zerbricht ein Glied der Kette, und damit ist die gesamte Blockchain kaputt. Konsensus in einer Blockchain kann nur dadurch verändert werden, indem man die gesamte Gemeinschaft austauscht und sich die neue Gemeinschaft auf einen neuen Konsensus einigt. Je mehr Teilnehmer eine Gesellschaft hat, desto unwahrscheinlicher ist dies.

Eine Blockchain ist also nichts anderes als einer der möglichen Wege, in der digitalen Welt Konsensus dezentral zu erzeugen. Es gibt jedoch auch andere Möglichkeiten, wie zum Beispiel einerseits ein Netzgeflecht in einem Tangle oder andererseits ein Hashgraph, der auf Tratsch und Klatsch basiert. Wir werden das in den nächsten Kapiteln noch genauer betrachten, doch möchte ich dir vorerst einen groben Überblick über das Konzept geben, bevor ich anschließend tiefer ins Detail gehe. Wenn wir nun zum nächsten Punkt übergehen, so stellen wir uns die Frage, was denn genau in einer solchen dezentralen Datenbank abgespeichert wird – hier kommen wir zu den unterschiedlichen Blockchain-Anwendungen.

BLOCKCHAIN-ANWENDUNGEN

Kryptowährungen sind die derzeit populärste Blockchain-Anwendung.

Wenn wir also von der nächsten Ebene am Weg der Konsensus-Kreierung per Dezentralisierung mithilfe der Blockchain sprechen, um schlussendlich am Ende bei Bitcoin anzugelangen, so kommen wir als vorletzten Schritt zu den unterschiedlichen Blockchain-Anwendungen. Diese stellen, gemeinsam mit der letzten und fünften Ebene, wo wir einzelne Beispiele in den jeweiligen Kategorien herausgreifen, den Großteil des vorliegenden Buchs dar.

Anhand der Kryptowährungen lassen sich auch viele andere Blockchain-Anwendungen ganz einfach verstehen. Kryptowährungen greifen größtenteils auf den Mechanismus der Konsensus-Bildung durch eine Blockchain zurück. Statt einer zentralen Bank die Kontrolle über das Geld zu überlassen, wird in der Blockchain die im Geldsystem nötige Information dezentral gespeichert. Zu diesen Informationen gehören zum Beispiel die Fragen, wer wie viel Geld besitzt, wer an wen wie viele Coins schickt und wie viel Geld eigentlich überhaupt im System existiert. Da jeder Teilnehmer die Blockchain, also die dezentrale Datei mit der gesamten Info, bei sich selbst abspeichert, kann jeder transparent Einblick in die Informationen nehmen und sichergehen, dass kein Unfug getrieben wird.

Kryptowährungen gehören zur großen Gruppe des Besitztums durch Blockchain. Sie stellen eine von zirka 50 derzeit konzeptionell existierenden Blockchain-Anwendungen dar. Auf der obersten und letzten Ebene geht es um die einzelnen Anwendungsbeispiele innerhalb der circa 50 Bereiche. Sie alle bauen jeweils auf denselben Vorteil innerhalb einer Kategorie auf, und doch werden in jedem dieser Bereiche die Regelstrukturen unterschiedlich umgesetzt.

BEISPIELE

Ich will noch einmal auf das Beispiel Besitz bei Kryptowährungen zurückkommen: Bitcoin ist mit Abstand die bekannteste Kryptowährung und damit auch die bekannteste Blockchain-Anwendung. Vielleicht hast du jedoch auch schon von Ethereum, Ripple, Dash oder einigen anderen gehört. Sie alle bauen auf demselben Vorteil ihrer gemeinsamen Kategorie auf, nämlich der Unveränderbarkeit einer Blockchain, durch die sich Besitz klar definieren lässt. Durch unterschiedliche Algorithmen definieren die einzelnen Kryptowährungen allerdings jeweils anders, wie viele Coins es zum Beispiel gibt, ob es ein Maximum gibt, wie man einen Coin verschickt, ob dieser Coin einen weiteren Nutzen hat etc. Die einzelnen Kryptowährungen sind also alle unterschiedliche Anwendungsbeispiele für eine ähnliche Idee – Geld digital und dezentral zu machen. So gibt es alleine im Bereich Kryptowährungen Tausende Anwendungsbeispiele. Wie viele davon künftig tatsächlich gebraucht werden, bleibt abzuwarten.

Dasselbe trifft natürlich auch auf alle anderen der rund 50 Anwendungen zu: Sehen wir uns zum Beispiel an, wie Blockchain in der Medizin, bei einem Messaging Tool für einen noch sichereren Nachrichtenversand oder im Social-Media-Bereich für die eigene Kontrolle der Daten verwendbar ist. Rasch lässt sich erkennen, dass es allein hier wiederum Tausende von Beispielen geben wird. Smart Contracts, sprich automatische Verträge auf einer Blockchain, können in Form eines dezentralen Computers wie zum Beispiel bei Ethereum oder als transparentes Casino als eine garantierte Versicherung und auch noch in vielen anderen Beispielen angewendet werden.

Wir werden im Verlauf des Buchs alle 50 unterschiedlichen Bereiche im Detail besprechen, in denen ich aktuell enormes Potenzial der Blockchain sehe. Dies stellt sozusagen die vierte Ebene dieses Ablaufs dar. Ich werde mich jedoch gerade mit dieser fünften Ebene der Beispiele zurückhalten, da es heute nur sehr schwer abzusehen ist, wie genau die jeweiligen Bereiche umgesetzt werden. Allein die gerade gestellte Frage, wie viele Kryptowährungen denn wirklich notwendig sind, gilt als Paradebeispiel für ein »The winner takes it all«-Konzept, bei dem sich aus den heute Tausenden von Kryptowährungen in Zukunft vielleicht nur einige wenige durchsetzen werden. Um nicht in die Falle zu tappen und auf schwache Pferde zu setzen bzw. ausgerechnet sterbende Beispiele im Buch hervorzuheben, werde ich hingegen Entwicklungen ausführlich erklären, die meiner Überzeugung nach sicher kommen werden: die unterschiedlichen Bereiche selbst. Es liegt dann an dir, am Ball zu bleiben, hoffentlich eine eigene Firma in dem Bereich zu gründen oder auf gewinnende Firmen zu setzen und von sterbenden abzuspringen.

Den bisher beschrittenen Weg zu verstehen ist deshalb so wichtig, weil bisher hauptsächlich die Route

Konsensus → Dezentralisierung → Blockchain → Kryptowährung → Bitcoin

bekannt ist. Doch in Zukunft wird es anstelle der Kryptowährungen viele andere und noch weitaus wichtigere Anwendungen geben. Wenn diese immer mehr an die Oberfläche drängen, ist es umso essenzieller, nicht den Überblick zu verlieren. Genau dabei hilft dir dieses Kapitel.

Bevor wir nun tief in den Aufbau einer Blockchain eintauchen, noch einmal kurz die Erinnerung zum Download der letzten Updates und Links, damit du nichts aus diesem schnelllebigen Bereich in diesem Kapitel verpasst: www.mehralsnurbitcoin.de

BLOCKCHAIN IM DETAIL

»Wenn du es nicht einfach erklären kannst, hast du es nicht gut genug verstanden.«

Albert Einstein

In diesem Kapitel werden wir uns das Konzept einer Blockchain im Detail anschauen. Ich werde die Dinge jedoch weiterhin so einfach wie möglich erklären, damit du etwas ganz Wichtiges tun kannst: sie ebenfalls jemand anderem zu erklären beziehungsweise Fakt und Fiktion sofort voneinander unterscheiden zu können, wenn du in der Presse, im Internet oder in einem Gespräch einmal fehlerhafte Beiträge zum Thema Blockchain mitbekommst, was leider (allzu) oft vorkommt. Lass uns mit dem beginnen, womit wir im vorigen Kapitel aufgehört haben: eine Blockchain in weniger als 30 Sekunden zu erklären.

Dies ist bei mir übrigens immer die Bewährungsprobe bei selbst ernannten »Experten«: »Kannst du mir erklären, was eine Blockchain ist?«

Pseudo-Experte: »Natürlich!«

»In weniger als 30 Sekunden und ohne die Wörter ›Datenbank‹ und ›dezentral‹ zu verwenden?«

Pseudo-Experte: »Ähm, nein.«

Also, so wirst du zum wahren Blockchain-Experten:

WAS IST EINE BLOCKCHAIN? – EINE ERKLÄRUNG IN 30 SEKUNDEN

»Eine Blockchain ist eine digitale Datei, in der dieselbe Information von allen Mitgliedern einer Gesellschaft abgespeichert und Updates in regelmäßigen Zeitblöcken an die bereits bestehende Information gehängt werden, sodass jeder Teilnehmer die gesamte Information besitzt und sich nicht auf andere verlassen muss.«

Julian Hosp

Falls du es ein bisschen detaillierter wissen möchtest:

Eine Blockchain ist eine digitale Datei, welche Daten einer Gesellschaft enthält. Jedes Gruppenmitglied ist gleichwertig und niemand kann über andere bestimmen. Um der Gruppe beizutreten, kopiert man sich diese Datei von einem anderen Teilnehmer und hat auf diese Weise ebenfalls die gesamte Information. Damit alle jederzeit dieselbe Datei haben und keine Missverständnisse auftreten können, updaten sich alle bei neuen Informationen regelmäßig. So weiß jeder anhand der eigenen Datei, ob eine Aussage zum Inhalt korrekt ist oder nicht. Da diese Updates in Zeitblöcken erfolgen und in der Datei aneinandergekettet werden, nennt man eine solche Datei Blockchain.

Probier's aus – mit den Vorgaben 30 Sekunden und ohne die Wörter »dezentral« und »Datenbank« zu verwenden. Einfacher und kürzer wird es nicht!

Nachdem wir nun an das vorige Thema angeknüpft haben, starten wir mit den Details zur Blockchain. Dafür müssen wir mit der Frage starten, warum die Blockchain-Technologie überhaupt kreiert wurde, oder anders gesagt, welches Problem durch eine Blockchain gelöst wird.

WELCHES PROBLEM LÖST EINE BLOCKCHAIN?

Eine Blockchain löst das Problem, wie eine Gesellschaft digitale Informationen ohne eine zentrale Verwaltungsstelle unveränderbar abspeichern kann.

Der Grund, warum es so wichtig ist, sich zuerst das Problem und erst dann die Lösung vor Augen zu führen, wird durch die folgende mathematische Aufgabe leicht nachvollziehbar.

X + Y = 10
Was ist X, was ist Y?

Du wirst mir zustimmen, dass es bei diesem Problem für X und Y unendlich viele Lösungen gibt. Eine Summe von 10 ergeben beispielsweise 1 + 9, 2 + 8, 3 +7 usw, und das inkludiert noch nicht einmal die Zahlen mit einem Komma. Wie sieht es jedoch mit dem folgenden Problem aus (das ist keine Fangfrage)?

6 + 4 = ?

Die Lösung hierfür ist einfach. Sie lautet 10. Was hat es damit auf sich? Beim ersten mathematischen Problem (X + Y = 10) wird uns die Lösung vorgegeben, welche unendlich viele Ausgangsmöglichkeiten hat. Beim zweiten (6 + 4 = ?) gibt es ein einziges Problem mit einer einzigen Lösung.

Diese beiden mathematischen Probleme spiegeln vieles in unserer Welt wider. Eine große Anzahl nicht erfolgreicher Firmen bzw. Anbieter von Produkten und Services weiß nur allzu genau, was sie gerne tun möchten. Beispiel: »Ich habe hier eine Blockchain. Jetzt muss ich allerdings erst ein Problem finden, zu dem diese Lösung passt.« Da es in unserer Welt jedoch meist viele Faktoren gibt, welche eine potenzielle Lösung beeinflussen, und da es zudem immer Konkurrenten gibt, finden diese erfolglosen Firmen und Anbieter niemanden, der ihr Produkt oder ihren Service kauft. Natürlich kann etwas kurzfristig hypen, langfristig hat ein solches Produkt aber keinen Nutzen und verschwindet wieder vom Markt.

Ein gutes Beispiel, wie man es richtig macht, ist Apple. Als Apple 2010 das iPad auf den Markt bringen wollte, hat es jeder Analyst und Experte vorab als Misserfolg abgeschrieben.[14] Parallelen zu zahlreichen vorherigen gefloppten Entwicklungen wurden gezogen, und Apple wurde eine schwarze Zukunft prophezeit. Vermarktungsmaster Steve Jobs wusste jedoch, was er den Menschen zeigen musste: NICHT die Lösung, also das iPad, sondern das Problem, das es lösen würde. Und genau das tat er, als er der Welt zeigte, wie viele Menschen eigentlich nur im Internet surfen wollten, sich Bilder auf Social Media ansehen wollten oder ein E-Book lesen wollten – und dies nicht aufwendig auf einem unbeweglichen Computer am Schreibtisch, sondern gemütlich auf der Couch, im Bett oder im Bus. Das Handy war zu klein, ein Laptop zu groß, zu schwer und zu unflexibel. In diesem Moment konnten sich Millionen von Menschen mit diesem Problem identifizieren und wussten, dass es bisher keine gute Lösung dafür gab. Jetzt wollten sie alle eine Lösung: etwas, das größer war als ein Smartphone, aber kleiner und beweglicher als ein Computer. Und – tadaa! – Steve Jobs hatte die Lösung parat. Apple erkannte die Chance und reitet diese Welle bis heute, denn bisher hat sich diese Lösung knapp 350 Millionen Mal verkauft.[15] Apple brauchte im übertragenen Sinne lediglich die Aufgabe 6 + 4 zu lösen.

---

14 https://www.infoworld.com/article/2683548/laptop-computers/why-apple-s-rumored-itablet-will-fail-big-time.html

15 https://www.statista.com/statistics/269915/global-apple-ipad-sales-since-q3-2010/

Vergleicht man Apple mit Google, so erkennt man die unterschiedlichen Herangehensweisen: Während Apple meist mit dem Problem startet, um dann dafür eine Lösung zu finden, startet Google tendenziell eher mit einer Lösung und versucht dann, ein dazu passendes Problem zu finden. Deshalb hat Google so viele Produkte und Services, welche sich schlussendlich nicht durchsetzen. Da die Google-Entwickler jedoch genügend Projekte ins Rennen schicken, sind immer genügend dann erfolgreich. Google kann sich dies deshalb leisten, weil das Unternehmen ursprünglich mit einem Problem gestartet ist, für das Google die perfekte Lösung gefunden hat: »Wie findet man sich in diesem Chaos von Internet zurecht?« Google ist also die Ausnahme und nicht die Regel. Viel zu viele Menschen erkennen das jedoch nicht, sondern kommen oft zu mir mit: »Julian, ich möchte für mein Leben gerne XYZ machen – wie finde ich Kunden, die das kaufen?« Diese Menschen machen genau das Gleiche wie Google, nur haben sie nicht den Spielraum, den dieser Gigant hat. Sie kommen mit der Lösung von 10 und suchen jetzt nach X + Y. Sobald sie ein Problem (X) finden, gibt es jedoch meist bereits Konkurrenten, und immer, wenn sie etwas anpassen, verändern sich die Variablen. Irgendwann glauben sie, eine Zielgruppe gefunden zu haben, erkennen später jedoch, dass ihr Produkt oder ihr Service keine Lösung für irgendein wirklich vorhandenes Problem ist. Kein Wunder, dass das Vorhaben dann floppt.

Merke dir also schon einmal das Folgende für die kommenden Kapitel, wenn wir die unterschiedlichen Blockchain-Anwendungen durchgehen: Bevor du dich fragst, was eine Anwendung macht, frag dich, welches Problem sie lösen soll! Und dann frag dich, ob das betreffende Problem wirklich ein reales Problem ist oder einfach nur ein künstlich kreiertes, das es eigentlich gar nicht gibt. Ohne richtiges Problem gibt es für eine Lösung keine Daseinsberechtigung, sondern höchstens einen kurzfristigen Hype.

Genau das ist das Problem von Blockchain bzw. von der noch populäreren Blockchain-Anwendung der Kryptowährungen. Alle reden immer nur davon, was diese Neuerungen machen sollen, doch nur wenige reden von dem Problem, welches damit gelöst werden soll. Daher kommt es zu vielen Missverständnissen in der Presse bzw. unter Anhängern und Gegnern dieser digitalen Währungen. Sie wissen nicht, ob alles nur eine Blase ist, die bald platzt, oder ob es sich um die Lösung eines Problems handelt, die die Welt verändern wird. Auch wir haben dieses Kapitel mit der Lösung begonnen. Reden wir jetzt also vom Problem, zu dem einzig und alleine eine Blockchain bzw. noch weiter gefasst eine dezentrale Ledger-Technologie die Lösung ist:

Wie kann man digitale Informationen ohne eine zentrale Verwaltungsstelle unveränderbar abspeichern?

Das Grundproblem im digitalen Zeitalter besteht darin, dass Information praktisch kostenlos vermehrt, verändert oder vernichtet werden kann. Ich kann dasselbe Foto 100-mal abspeichern und hochladen, und diese Vermehrung kostet mich praktisch nicht mehr als die Zeit, dies nur einmal zu tun. Physische Gegenstände zu vermehren ist entweder schwierig oder sogar unmöglich. Wenn wir einen Vertrag in einer Word-Datei abspeichern, kann ich diesen im Nachhinein ohne Weiteres verändern. Bei einem Vertrag auf Papier geht das nicht einfach so. Ich kann auch, wenn ich versehentlich den falschen Knopf drücke, binnen Sekunden eine Datei unwiderruflich auf dem Computer löschen. Einen Gegenstand in der physischen Welt einfach so verschwinden zu lassen ist nicht ganz so einfach.

Genau aus diesem Grund gibt es, wenn wir uns im digitalen Bereich aufhalten, immer eine zentrale Partei, welche den Konsensus kreiert. Sei es eine Bank, welche unser Internetbanking verwaltet, einen zentralen Service, der unsere Online-Unterschriften abspeichert, oder zentrale Clouds, die unsere Daten sichern. Sobald man sich im digitalen Bereich aufhält, gibt es eine zentrale Stelle, welche den Überblick darüber behält, dass niemand einfach so Informationen kreiert, verändert oder löscht. Mit dieser Tätigkeit genießen alle zentralen Institutionen unser ungeteiltes Vertrauen, denn sie haben die Kontrolle über den Konsensus. Facebook kann zum Beispiel deine Daten löschen oder auch nicht. Anderes Beispiel: Nur die Bank kann Geld auf dein Konto buchen, du selbst nicht. Die Bank kann dein Geld auch einfrieren. Seither stellen sich also Menschen immer wieder die Frage: »Wie könnte ein System für digitale Informationsverarbeitung OHNE eine zentrale Institution aussehen?« Ein solches System wäre offen für jeden. Es gäbe keine Zensur. Keine Firma könnte den Account eines beliebigen Nutzers einfach schließen oder ungefragt verändern. Niemand müsste jemandem vertrauen, da jeder selbst die Kontrolle innehätte. Ein solches System zu hacken wäre praktisch unmöglich, da man alle Teilnehmer austauschen müsste.

Jeder, der schon einmal mit digitaler Information ein Problem hatte, kann sich mit den zuvor genannten Beispielen identifizieren. Bevor du also zum nächsten Kapitel übergehst, überlege einmal kurz, ob du dieses Problem der »Zentralisierung« als real und relevant ansiehst und falls ja, wie du es lösen würdest.

Schauen wir uns Beispiele aus der Geschichte an, wo dezentrale Datenbanken schon einmal verwendet worden sind.

Bereits zur Zeit der alten Ägypter gab es das Konzept der Tontafeln, auf denen zum Beispiel Besitz und Eigentum festgehalten wurde. Hätte es nur eine Tontafel gegeben, so wäre dies ein zentralisiertes System. Die Pharaonen wollten zwar in der Kontrolle der Daten bleiben, doch sie verstanden die Gefahr des Zerbrechens beziehungsweise des Verlusts dieser Tafeln. Also ließen sie zahlreiche Kopien einer jeden Tafel anfertigen, um diese dann an unterschiedlichen Orten im Reich aufzubewahren. In regelmäßigen Abständen trafen sich die beauftragten Aufsichtspersonen, um die Tontafeln zu aktualisieren und Informationskonflikte zu vermeiden. Die Tafeln waren zwar dezentral gelagert, jedoch durfte nur eine autorisierte Person Änderungen durchführen. Deshalb war es kein Problem, selbst bei einer großen Menge an Leuten sicherzustellen, dass die richtigen Eintragungen vollzogen wurden. All dies oblag dem Pharao bzw. seinen Vertrauenspersonen. Zwar war immer noch der Pharao für die Informationsspeicherung verantwortlich, doch konnten sich die Ägypter relativ sicher sein, dass ein abgeschlossener Vertrag, ein Grundstückskauf oder eine Urkunde nicht einfach durch eine zerstörte Tontafel vernichtet werden würde.

Auf der Insel Yap im Südpazifik kam ein System zum Tragen, das in Sachen Dezentralisierung noch weiter fortgeschritten war. Es funktionierte jedoch nur deshalb, weil die Gemeinschaft der Insulaner recht klein war. Das System war das der Rai-Steine. Die Insulaner wollten ein dezentrales Besitzsystem einrichten, das niemandem auf der Insel einen höheren Status verleihen und niemandem die Möglichkeit bzw. das Recht geben sollte, auf den Besitz aller anderen aufzupassen. Also begannen sie, riesige runde Steine herzustellen, die dann als Besitz verwendet wurden. Theoretisch hätte jeder Insulaner diese Steine selbst herstellen können, doch meistens wurde es zu einer spezialisierten Aufgabe, die von wenigen ausgeübt wurde, während die anderen es vorzogen, Produkte oder Dienstleistungen zu verkaufen, um so solche Steine als Bezahlung entgegenzunehmen. Somit war das System für alle offen, jeder hatte die gleichen Rechte, und niemand war mehr oder weniger wert als jemand anderes in der Yap-Inselgesellschaft.

Es war jedoch ein Albtraum, diese Steine von einem Ort zum anderen zu transportieren, da sie ja mit Absicht entsprechend groß gemacht wurden, um den Transport und die Produktion zu erschweren, damit sie rar waren. Die Lösung? Anstatt die Steine zu transportieren, begannen die Inselbewohner, die Steine an spezifischen Orten wie zum Beispiel vor einer Kirche, vor einem bestimmten Haus usw. zu lagern und dann den Besitz eines Steins bei der Bezahlung an alle zu vermitteln. Dies funktionierte, indem ein Insulaner nach einem

Bezahlvorgang alle anderen auf der Insel informierte, wem er gerade einen der Rai-Steine gegeben hatte. Es wurde also NICHT der Stein weitergegeben, sondern das Wissen darüber, wer einen Stein besaß. Der Stein selbst blieb immer am selben Platz. Alles basierte auf einem dezentralen System, bei dem jeder Insulaner wusste, wer tatsächlich einen bestimmten Stein besaß. Niemand konnte einfach einen Stein stehlen, denn es ging ja nicht mehr um den Stein selbst, sondern um das gesamte Wissen um die Besitzverhältnisse in der kleinen Gemeinschaft.

Dieses Konzept der Dezentralisierung funktionierte allerdings nur, weil es eine kleine Gruppe war, welche den Informationsaustausch vollzog. Jeder Teilnehmer kannte jeden anderen, und so brauchte es weder ein schriftliches Festhalten der Updates noch eine Autorisierung, falls jemand eine Aktualisierung vollziehen wollte. Digitalisierung betrifft jedoch die gesamte Welt, und so reicht es in einer digitalen Welt nicht aus, sich Updates lediglich zu merken. Wie konnte man also in der digitalen Welt ein dezentrales System kreieren?

Nachdem bereits zuvor viele der notwendigen Bausteine dafür kreiert wurden, kam es 2009 zur finalen Umsetzung der Lösung: die dezentrale Ledger-Technologie (DLT), und um ganz genau zu sein: die Schaffung der ersten richtigen Blockchain. Um die 30-Sekunden-Definition noch einmal zu wiederholen:

Eine Blockchain »ist eine digitale Datei, welche Daten einer Gesellschaft enthält. Jedes Gruppenmitglied ist gleichwertig, und niemand kann über andere bei der Datenverwaltung bestimmen. Damit alle jederzeit dieselbe Datei haben und keine Missverständnisse auftreten können, updaten sich alle bei neuen Informationen regelmäßig. So weiß jeder anhand der eigenen Datei, ob eine Aussage zum Inhalt korrekt ist oder nicht. Um der Gruppe beizutreten, kopiert man sich die vorhandene Datei von einem anderen Teilnehmer und hat so ebenfalls die gesamte Information. Da diese Updates in Zeitblöcken erfolgen und in der Datei aneinandergekettet werden, nennt man eine solche Datei Blockchain.«

FUNKTIONSWEISE EINER BLOCKCHAIN IM DETAIL

Eine Blockchain ist eine dezentrale und meist öffentliche Datenbank, in der Vorgänge durch kryptografische Hashes als Merkle Tree (zu Deutsch: Hash-Baum) über viele Computer hinweg aufgezeichnet werden, sodass die Datensätze nicht rückwirkend geändert werden können, ohne nicht dieselbe Energie noch einmal hineinzustecken, welche für das Kreieren der Hashes benötigt worden war.

Dies ist die Definition einer Blockchain »auf Schlau«. Sie beinhaltet schon viele Fachbegriffe, die wir jetzt durchgehen werden, wenn wir die genaue Funktionsweise einer Blockchain beschreiben. Die Bausteine einer Blockchain gibt es alle bereits seit Längerem. Bei einer Blockchain werden sie lediglich neu zusammengesetzt. Die Kommunikation zwischen den einzelnen Parteien funktioniert über das Internet. Um allmögliche Information in einer Datei unveränderbar zu speichern, muss diese Information »speicherfähig« und »einzigartig« gemacht werden. Nur so kann diese Information unveränderbar in einer Blockchain gespeichert werden. Dafür braucht es kryptografische Mechanismen, welche in vielen anderen Bereichen ebenfalls verwendet werden. Weder das Internet noch die Datenspeicherung oder Kryptografie sind etwas Neues. Sowohl das Internet als auch die Datenspeicherung sind den meisten Menschen ein Begriff. Kryptografie ist jedoch für viele etwas eher bisher Unbekanntes. Um Blockchain also im Detail zu verstehen, müssen wir einen kleinen Ausflug in die Kryptografie unternehmen – keine Sorge, das bleibt so klar und einfach wie möglich.

KRYPTOGRAFIE-BASICS

Im Blockchain-Bereich kommen vor allem zwei kryptografische Methoden zur Anwendung, welche in vielen anderen IT-Bereichen auch verwendet werden: einerseits Hashing, um Information in eine einzigartige Zahlen-Buchstaben-Kombination zu verwandeln, und andererseits Private-Public-Key-Paare, um Autorisierungen zur Dateneingabe zu erlauben oder zu verweigern.

HASHING-ALGORITHMEN

Mit dem Aufkommen digitaler Information in den 1990er-Jahren wurde an mathematischen Algorithmen gearbeitet, welche jegliche Information in eine zwar zufällige, jedoch berechenbare Buchstaben-Zahlen-Kombination mit einer fixen Länge verwandeln. Wichtig dabei ist, dass der Ablauf von der Originalinformation zum Hash (die Buchstaben-Zahlen-Kombination mit einer von vornherein definierten Länge) für jeden ganz einfach durchführbar ist, es jedoch zugleich unmöglich ist, von einem Hash zur Originalinformation zu gelangen. Des Weiteren ist es wichtig, dass eine kleine Veränderung der Originalinformation zu einem komplett anderen und unvorhersehbaren Hash führt.

MD5 war einer der ersten Algorithmen dieser Art, doch gilt er heute als »broken« (zu Deutsch: kaputt). Denn einerseits war es bei diesem Algorithmus leicht möglich, anhand der Hashes die Originalinformation rückzurechnen, und andererseits kam es zu Hash-Kollisionen. Hash-Kollisionen liegen dann vor, wenn unterschiedliche Eingaben zum selben Hash führten. Die Hashing-Algorithmen wurden weiterentwickelt, und heute werden vor allem die Algorithmen aus der

SHA-Familie verwendet, die Abkürzung steht für »Sicherer Hashing-Algorithmus«. Bei Blockchain kommt vor allem der SHA256-Algorithmus zur Anwendung, bei welchem eine Eingabe in eine binäre Ausgabe mit 256 Stellen »gehasht« wird.

Falls du jetzt denkst, dass es doch unmöglich sein muss, alle möglichen Eingaben durch 2^256 Ausgaben darstellen zu können, so führe dir Folgendes zu Gemüte: Würde jeder Mensch auf der Welt jede Sekunde eine Milliarde an Eingaben durch diesen Algorithmus schleusen, so bräuchten alle zusammen länger als die Zeit, wie lange das gesamte Universum bereits existiert, um alle möglichen Ausgaben durchzuprobieren. Es kann also durchaus sein, dass es Hash-Kollisionen gibt. Da sie jedoch aus heutiger Sicht mit vernachlässigbar geringer Wahrscheinlichkeit eintreffen, gilt SHA256 derzeit als sicher. Dies ist vergleichbar mit der Aussage, dass du, wenn du ein Deck mit 64 Karten mischst, mit hoher Wahrscheinlichkeit eine Kombination an Karten kreierst, die es zuvor in der gesamten Geschichte noch nie gegeben hat. Es gibt in beiden Beispielen einfach zu viele Möglichkeiten. Durch SHA256 kann also jegliche Information einzigartig und nicht rückrechenbar als Buchstaben-Zahlen-Kombination dargestellt werden.

Hier sind ein paar Beispiele eines SHA256-Hashes:

hello world → 98c615784ccb5fe5936fbc0cbe9dfdb408d92f0f

Schreibt man das »h« und das »w« jeweils groß, ändert sich der resultierende Hash zu etwas komplett anderem und Unvorhergesehenem:

Hello World → a830d7beb04eb7549ce990fb7dc962e499a27230

Fügt man ein Ausrufezeichen oder Komma hinzu, passiert das Gleiche:

Hello World! → 8476ee4631b9b30ac2754b0ee0c47e161d3f724c

Hello, World → 6782893f9a818abc3da35d745a803d72a660c9f5

Du siehst: Es ist komplett unmöglich, von der Eingabe auf den Hash zu schließen, und auch eine nur eine kleine Änderung der Eingabe führt zu einem komplett anderen Hash. Das Wichtige an diesen Algorithmen ist außerdem, dass sie von jedem zugänglich und einsehbar sind (*open source*). Nur so kann man sicherstellen, dass theoretisch jeder selbst diese Dinge nachvollziehen und ausprobieren kann. Falls du technisch versiert bist, kannst du dir hier den Open-Source-Algorithmus von Bitcoin anschauen und selbst Eingaben hashen: https://en.bitcoin.it/wiki/Block_hashing_algorithm.

Wenn du dazu gerne mehr Infos willst, geh auf Google und suche nach: »Julian Hosp Kryptografie«.

Man kann mit diesen Algorithmen in der Blockchain Informationen wie »Person A schickt am 1. Januar 2018 um 10:39 Uhr 3 Coins an Person B« eindeutig als Code (Hash) darstellen. Würde man den Hash nur ein bisschen verändern, würde dies die Originalinformation komplett sinnlos machen. Es würde also nicht einfach Person A die Coins an Person C schicken, sondern der Hash handelt dann zum Beispiel plötzlich von zehn Kamelen, welche eine Wüstenwanderung unternehmen. Eine Blockchain besteht also aus nichts anderem als solchen unveränderbaren Hashes, welche Originalinformation darstellen. Nachdem bei jedem Zeitblock in einer Blockchain ja mehrere Updates gleichzeitig gespeichert werden, werden diese Hashes noch einmal zu einem einzigen Hash gehasht, was dann als Merkle Root (Hash-Baum) bzw. als Block bezeichnet wird. Die unterschiedlichen Blockchain-Anwendungen wie zum Beispiel Verträge, Identifikationsdaten oder Besitz resultieren dann aus der Frage, woraus die Originalinformation besteht, welche zu den jeweiligen Blöcken gehasht wird.

Finanzinformationen werden auf diese Weise zu Kryptowährungen, Verträge zu Smart Contracts usw.

Nachdem jeder Teilnehmer einer Blockchain gleichberechtigt ist, braucht es jedoch einen weiteren Kryptografiemechanismus, welcher gewährleistet, dass nicht jeder einfach willkürlich Informationen erstellen, verändern oder löschen kann, sondern nur jemand mit der jeweiligen Berechtigung. Dies funktioniert über asymmetrische Schlüsselpaare. Dazu gleich mehr im nächsten Abschnitt.

ASYMMETRISCHE SCHLÜSSELPAARE

Schlüssel werden in der Kryptografie dafür verwendet, um Nachrichten sicher zu verschlüsseln. Bis vor nicht allzu langer Zeit verwendete man hierfür symmetrische Schlüssel. Der Schlüssel ist dabei die Regel, nach der eine Nachricht verschlüsselt wird. Man spricht von symmetrisch, weil die Ver- und Entschlüsselung über die gleiche Regel abläuft. Zum Beispiel verschiebt man bei einem Wort jeden Buchstaben um eine Stelle nach vorne. Aus A wird dann zum Beispiel B, aus B wird C und so weiter. Das Wort »Fisch« wird dann zu »Gjtdi«.

Um dies anschaulicher zu machen, stell dir symmetrische Kryptografie wie eine Box mit einem Schloss vor. Die Nachricht, welche man verschicken will, legt man in die Box und verschließt sie mit dem Schloss. Den Schlüssel zum Schloss hat man zum einen selbst, um es zu verschließen, und zum anderen hat ihn jede Person, welcher man diese Nachricht geben möchte, damit sie das Schloss aufsperren kann. Da es sich dabei um jeweils die gleichen Schlüssel handelt, bezeichnet man dies als symmetrisch. Das Konzept ist denkbar einfach, doch haben solche symmetrischen Schlüssel einige Nachteile. Erstens muss man den Schlüssel zuerst an den Empfänger schicken, sonst kann er die Nachricht nicht entschlüsseln. Die Übertragung des Schlüssels wäre dann ein Angriffspunkt für einen potenziellen Angreifer und damit eine potenzielle Schwachstelle. Zudem wird es für einen potenziellen

Angreifer immer leichter, eine Nachricht zu entschlüsseln, je länger der gleiche Schlüssel verwendet wird, da die Verschlüsselungsregel (z.B.: immer einen Buchstaben verschieben) irgendwann geknackt werden kann.

Um diese Probleme zu umgehen, entdeckten Kryptografen asymmetrische Schlüssel, um Nachrichten zu verschlüsseln. Dies funktioniert, indem man zuerst einen geheimen Private Key (zu Deutsch: einen privaten Schlüssel) erstellt und dann über eine mathematische Formel einen zugehörigen Public Key (zu Deutsch: einen öffentlichen Schlüssel) generiert. Ähnlich wie bei den Hashing-Funktionen ist es hierbei sehr einfach, vom Private Key ausgehend den Public Key zu berechnen. Es ist jedoch praktisch unmöglich, die Umkehrfunktion auszuführen und einen Private Key aus einem Public Key zu generieren. Ein leicht zu verstehendes Beispiel wäre die mathematische Funktion des Potenzierens und ihre Umkehrfunktion, das Wurzelziehen. Während es relativ leicht ist, 13 (Private Key) zum Quadrat zu nehmen, so braucht es schon deutlich länger für die Berechnung der Quadratwurzel aus 169 (Public Key). Asymmetrische Schlüsselpaare, wie sie heutzutage verwendet werden, sind natürlich um ein Vielfaches komplexer miteinander verknüpft, wie du noch gleich herausfinden wirst.

Die beiden Schlüssel erlauben es, dass eine Nachricht mit dem einen Key verschlüsselt und mit dem anderen Key entschlüsselt werden kann. Nachdem man aus dem Private Key den Public Key kreiert hat, macht man den Public Key öffentlich und hält den Private Key geheim. Nun kann jeder eine Nachricht mit dem Public Key verschlüsseln, welche nur der Besitzer des Private Keys entschlüsseln kann. Des Weiteren kann man mit seinem eigenen Private Key Information kreieren, welche dann wiederum mit dem Public Key gelesen werden können.

Stell dir diese asymmetrischen Schlüssel wie ein Spezialschloss vor, bei dem es nicht wie bei einem normalen Schloss die Position A (»geschlossen«) und die Position B (»offen«) gibt, sondern nach der Position B (»offen«) noch eine weitere »geschlossene« Position C. Die Reihenfolge wäre also: Position A (»geschlossen«) <-> Position B (»offen«) <-> Position C (»geschlossen«). Von asymmetrischen Schlüsseln spricht man deshalb, weil der Private Key das Schloss ausschließlich von A nach B nach C bewegen kann und der Public Key das Schloss ausschließlich von C nach B nach A bewegen kann. Beachte, dass das Schloss nur in der B-Position zu öffnen ist. Dies funktioniert aufgrund der mathematischen Beziehung zwischen den beiden Schlüsseln. Legt man nun eine Nachricht in die Box, während das Schloss in der Position B offen ist, und verwendet man den Public Key, den ja jeder besitzt, so bewegt man das Schloss in die geschlossene Position A. Nun kann nur noch derjenige, der den Private Key besitzt, das Schloss zurück in die offene B-Position bewegen und die Nachricht lesen. In der Kryptografie spricht man davon, dass der Public Key die Nachricht verschlüsselt und der Private Key die Nachricht entschlüsselt hat.

Es gibt jedoch noch eine andere Funktion, die des Signierens einer Nachricht. Wenn man eine Nachricht in die Box in der offenen B-Position gibt und dann das Schloss mit dem Private Key in die C-Position schiebt, kann jeder mit dem Public Key die Nachricht lesen, indem er das Schloss zurück in die offene B-Position bewegt. Zwar hat jeder den Public Key, jedoch ist zuerst der Private Key notwendig, deshalb lässt sich so beweisen, dass man den Private Key zu einem zugehörigen Public Key hat, ohne den Private Key öffentlich zu machen.

Bei Kryptowährungen funktioniert so das Senden und Empfangen von Coins. Erhält man Kryptowährungen, so werden diese Coins per Public Key verschlüsselt (in eine Box gelegt). Jeder kann dies machen, da dieser Schlüssel öffentlich bekannt ist. Coins verschicken kann man jedoch nur, wenn man den dazugehörigen Private Key hat, mit welchem man die Box erst aufmachen kann, um danach eine neue Transaktion zu kreieren, bei der man den Private Key zum Signieren verwendet. Nachdem jeder den Public Key hat, kann man

Unterschriften von einem Private Key ganz einfach auf ihre Korrektheit prüfen und weiß so garantiert, dass jemand auch wirklich den Private Key hatte und die betreffenden Transaktionen, also Blockchain-Updates, durchführen durfte. Bei anderen Blockchain-Anwendungen wie zum Beispiel Verträgen kann somit jeder mit dem Public Key einen Vertrag lesen, doch nur die Person mit dem zugehörigen Private Key kann ihn bearbeiten.

Während es zur Generierung von Private-Key-Public-Key-Paaren einige Möglichkeiten gibt wie zum Beispiel die Primzahl-Faktorierung, wird im Blockchain-Bereich meist die Formel einer elliptischen Kurve für asymmetrische Schlüsselpaare verwendet. Bei Bitcoin ist dies zum Beispiel $y^2 = x^3 + 7$. Hierbei spiegelt man, ausgehend von einem Ursprungspunkt, eine gewisse Anzahl, die dem Private Key entspricht, an der Kurve, bis man zu einer Zahl kommt, was dem Public Key entspricht. Während das Endergebnis (Public Key) durch das Spiegeln anhand der mathematischen Funktion sehr einfach zu berechnen ist, solange man die Anzahl des Spiegelns (Private Key) kennt, so ist es praktisch unmöglich zu wissen, wie oft gespiegelt wurde (Private Key), wenn man nur das Endergebnis (Public Key) hat. Man startet bei der Key-Generierung (Erstellung des Schlüssels) also immer mit der Anzahl des Spiegelns (Private Key) und erhält dann das Endergebnis (Public Key), welches man öffentlich macht. Nachdem es sich hierbei um enorm große Zahlen handelt (zum Beispiel 2^{256} Möglichkeiten bei Bitcoin), ist es praktisch ausgeschlossen, dass zwei Menschen oder Computer je denselben Private Key generieren.

Verknüpft man nun die beiden kryptografischen Methoden des Hashings mit asymmetrischen Schlüsselpaaren, lässt sich Information zwar von jedem in einer Blockchain-Community kreieren und dann durch Hashing in eine Buchstaben-Zahlen-Kombination verwandeln. Doch kann diese Information dann wiederum nur von der Person mit dem Private Key bearbeitet werden. Eine Blockchain bleibt somit zwar offen für jeden, enthält jedoch trotzdem simple Regeln, damit bei der Schaffung und Bearbeitung von Information keine Anarchie herrscht.

Im Arbeitsheftchen habe ich dir einige Unterlagen angefügt, welche noch viel weiter ins Detail gehen: www.mehralsnurbitcoin.de

Anfangs habe ich auch viel bei Professor Paar gelernt, der gern und gut ins Detail geht: https://youtu.be/2aHkqB2-46k

Wie einigt man sich nun, welche Information zuerst in der digitalen Datei der Blockchain abgespeichert wird und welche danach, wenn mehrere Updates gleichzeitig erfolgen? Um diese Frage geht es bei der Konsensus-Kreierung bzw. dem Mining.

KONSENSUS-KREIERUNG IN EINER BLOCKCHAIN (MINING)

Konsensus-Kreierung in einem dezentralen System muss per Definition etwas kosten, um alle Teilnehmer dazu zu bringen, durch einen optimalen Konsensus-Algorithmus die bestmögliche Realität abzuspeichern.

Bei einer Blockchain gibt es keinen Teilnehmer, der wichtiger oder weniger wichtig ist, sondern alle Teilnehmer sind gleich. Entsprechend hat auch jeder das gleiche Recht, eine Information auf der Blockchain einzutragen bzw. eintragen zu lassen. Dies gilt, solange natürlich die kryptografischen Regeln eingehalten werden und keine Veränderungen passieren, die eigentlich gar nicht erlaubt wären. Was geschieht jedoch, wenn ein Teilnehmer zuerst das eine Update aussendet, zum Beispiel ein »Ja«, und kurz darauf die gegenteilige Information kommuniziert, zum Beispiel ein »Nein«? Damit es bei einer Blockchain zum Konsensus kommt, müssen mindestens 51 Prozent der Teilnehmer, also die Mehrheit, einen Eintrag in der Blockchain übernehmen. Nur dann gilt dieser als »confirmed« (zu Deutsch: bestätigt). Wenn danach weitere Blöcke (Updates) folgen, so bestätigt dies die vorherige Information, da in einer Blockchain ein Block nur dann verändert werden kann, wenn auch alle folgenden Blöcke verändert werden. Aus wirtschaftlicher Sicht muss es also etwas kosten, einen Block zu kreieren, ansonsten kann Information kostenlos kreiert, verändert oder gelöscht werden. Außerdem könnte man bei einer kostenlosen Konsensus-Kreierung zahlreiche Fake Server erschaffen, welche fiktiv 51 Prozent der Teilnehmer repräsentieren und somit bei der Konsensus-Abstimmung aus einem dezentralen System ein zentrales System machen könnten, da diese Server am Ende nicht unabhängig agieren würden. Man spricht hierbei von einer Sybil-Attacke. Um eine solche zu vermeiden, benötigt ein dezentrales System faire Konsensus-Mechanismen.

Der bekannteste Konsensus-Mechanismus sieht so aus: Um einen Block (also ein Update) zu kreieren, muss ein Teilnehmer mit seinem Computer eine Rechenleistung erbringen, mit der ein zufälliger Hash zum Originalergebnis rückgerechnet werden muss. Man spricht bei dieser Hashingpower (die Macht, Hashes durchzurechnen) vom Beweis durch Arbeitsleistung bzw. auf Englisch von Proof of Work (PoW). Dieser Konsensus-Mechanismus wird als Mining bezeichnet und ist der bekannteste unter den Public-Blockchains. Der Vorteil liegt auf der Hand: Um ein Update auf der Blockchain durchzuführen, muss man einen Beweis erbringen, dass man Rechenarbeit verrichtet hat. Dieser Beweis funktioniert sehr einfach und kann auch nicht gefälscht werden. Man kann diese Rechenarbeit theoretisch selbst vollbringen und selbst einen Block minen. Doch in so ziemlich allen Blockchains bezahlt man per Transaktionsgebühr (Transaction Fee oder Tx-Fee) einen Miner, welcher das für einen übernimmt. Der riesige Nachteil ist, dass so enorm viel Energie dafür ver(sch)wendet wird, Konsensus zu kreieren. In einigen Ländern wie zum Beispiel Island fließt mittlerweile fast die Hälfte des gesamten Stromverbrauchs des Landes ins Mining. Deshalb wird fieberhaft an neuen, weniger verschwenderischen Konsensus-Mechanismen gearbeitet, wie du noch gleich lesen wirst.

Solche Gebühren zur Konsensus-Kreierung können entweder direkt in Form von Fees (zu Deutsch: Gebühren) entrichtet werden; sie können aber auch indirekt als Kosten entstehen, indem jeder Computer selbst die Arbeit verrichtet und die Gebühr auf diese Weise bezahlt. Gebühren können auch in Form von Inflation anfallen, indem Minern bei der Konsensus-Kreierung zusätzlich zu den Tx-Fees noch »kostenlose Information« auf der Blockchain gegeben wird. Das geschieht zum Beispiel bei Kryptowährungen in der Form, dass per Inflation Coins an Miner bezahlt werden. Fälschlicherweise glauben viele Leute deshalb, dass Mining bei einer Kryptowährung mit Coin-Entstehung gleichzusetzen ist. In Wirklichkeit ist dies jedoch lediglich eine Nebenfunktion des Minings und praktisch eine Konsensus-Gebühr. Bei Blockchains, welche nichtfinanzielle Informationen wie Kryptowährungen abspeichern, kann durch Mining neben den Tx-Fees ebenfalls ein Guthaben gegeben werden, um danach Informationen kostenlos eintragen zu können, je nachdem, welche Information eben abgespeichert wird. Wenn man sich Kryptowährungen ansieht, passiert hierbei nichts anderes: Dem Miner wird ein Wert gegeben, über den er danach frei verfügen kann. Bei anderen Blockchain-Anwendungen handelt es sich einfach um andere Information.

Neben Proof of Work als Konsensus-Mechanismus kann man als Gebühr auch Geld hinterlegen. Dies wird dann als Proof of Stake bezeichnet. Dieser Mechanismus ist jedoch aufgrund von einigen Problemen noch nicht sehr verbreitet und zudem ziemlich umstritten. Ebenfalls gibt es Möglichkeiten, Gebühr als »Reputationsrisiko« zu erheben. Ein solches Proof-of-Importance-Modell wäre theoretisch das Beste, da eine gute Reputation schwer aufzubauen, doch bei Fehlverhalten leicht zu zerstören ist. Dezentrale Systeme wie der Hashgraph bauen auf einem solchen Mechanismus auf, sind allerdings noch nicht vollständig getestet.

Ein dezentrales System bringt also im Vergleich zu einem zentralen System immer erhöhte Kosten mit sich. Des Weiteren hat ein dezentrales System auch gewisse Limits in der Anzahl der Updates pro Sekunde. Da jeder Teilnehmer auf dem aktuellen Stand der Datei gehalten werden muss, ist ein dezentrales System auf der Basisstruktur nicht unendlich skalierbar. Viele Blockchains versuchen hier, Abkürzungen zu nehmen, indem sie ihren Konsensus zentralisieren. Statt alle an der Konsensus-Bildung zu beteiligen, bestimmen das nur einige wenige. Wie sinnvoll dies für ein pseudodezentrales System ist, wird sich jedoch erst dann zeigen, wenn diese wenigen den Konsensus zu missbrauchen versuchen.

Immer wieder kann es zu widersprüchlichen Informationen kommen (zum Beispiel Double Spending bei Kryptowährungen), so kann zum Beispiel ein Angreifer versuchen, einen Vertrag einmal das eine und dann wiederum das andere aussagen zu lassen. Um das in einem dezentralen System zu verhindern, sieht man Konsensus erst dann als gegeben an, wenn Information wiederholt bestätigt wurde. Nachdem neue Information auf der Blockchain etwas kostet, wird es immer teurer und teurer zu versuchen, ältere Information zu ändern, da man ja immer mehr neue Information ebenfalls ändern und die Kosten dafür entrichten muss. Dies trifft natürlich nur bei einem wirklich dezentralen System zu, denn in einem pseudodezentralen System kann man, ähnlich wie in einem zentralen System, Information manipulieren.

Kommt es einmal bei einer Blockchain zu unvereinbaren Unstimmigkeiten über den Konsensus, entsteht ein Fork (zu Deutsch: eine Gabelung). Die Teilnehmer ordnen sich dann, je nachdem, welche Information sie als Wahrheit ansehen und welche nicht, der einen oder der anderen Gruppe zu. Solche Forks können »soft« als reine Updates passieren oder »hard«, wenn konträre Information auf den jeweiligen Informationssträngern gespeichert wird. Auf lange Sicht halten sich nur die wenigsten Hard Forks, da es aufgrund der Kosten irgendwann meist unrentabel bleibt, den Konsensus gespalten weiterzuführen. Dies bringt uns zum nächsten Punkt, nämlich dem, wie man eine Blockchain kreiert.

WIE KREIERT MAN EINE BLOCKCHAIN?

Technisch gesehen, kreiert man eine Blockchain, indem man anhand des Protokolls die Regeln der Blockchain festlegt und sie den Teilnehmern zur Verfügung stellt, welche dann die Blockchain up to date halten.

Wir werden noch in einem der späteren Kapitel über das unternehmerische Tun im Blockchain-Bereich sprechen. Bei der Frage, wie man eine Blockchain kreiert, soll es eher um ein paar technische Basics gehen. Doch zwei unternehmerische Fragen möchte ich dir jetzt schon aufzeigen:

1. Welche Information soll auf der Blockchain abgespeichert werden?
2. Warum wird für diese Lösung eine Blockchain benötigt?

Die erste Frage ist leichter zu beantworten. Dagegen impliziert die zweite Frage, dass du ein Problem angehen möchtest, dessen Lösung ein teures, ineffizientes und langsames System namens Blockchain ist. Dies klingt abwertend, doch die Kosten für ein dezentrales System sind nun einmal höher als für ein zentrales System. Im Unternehmerkapitel werden wir noch im Detail darauf eingehen, denn viel zu viele Unternehmer sind sich dieser Fakten nicht oder nur zu wenig bewusst und kreieren ein dezentrales System, wo gar keines notwendig ist, nur um den Hype »Blockchain« zu nutzen.

Technisch gesehen, startet man eine Blockchain mit einem Whitepaper, in welchem die Grundzüge der Idee und deren Umsetzung als Blockchain dargelegt werden. Das Ethereum Whitepaper, welches den derzeit größten dezentralen Computer definiert, findest du zum Beispiel hier: https://github.com/ethereum/wiki/wiki/White-Paper

Als Nächstes gilt es zu entscheiden, ob man für sein Unterfangen eine komplett eigene Blockchain kreieren will, also ein dezentrales Netzwerk, welches die digitale Datei stützt, oder ob sich diese digitale Datei durch eine andere, bereits existente Blockchain abspeichern lässt, deren darunterliegendes System man dafür bezahlt. Die meisten Firmen starten ihre Blockchains heute nicht mehr selbst, sondern nutzen andere Plattformen als Basisstruktur. Bitcoin, die derzeit größte Blockchain, ermöglicht dies zum Beispiel über Coloured Coins. Die zuvor genannte Kryptowährung Ethereum macht dies über ERC20-Contracts

(Verträge basierend auf dem ERC20-Standard) möglich, was auch den enormen Wert beider Blockchains untermauert.

Will man seine komplett eigene Blockchain kreieren, gilt es als Nächstes, das Protokoll hierfür klar zu definieren. Hierbei werden gewisse Regeln und Abläufe fixiert. Zum Beispiel: Welcher Konsensus-Algorithmus wird verwendet? Ist die Blockchain »public« (öffentlich einsehbar) oder »private« (nur von Teilnehmern einsehbar)? Ist die Blockchain »permissioned« (Teilnahme an eine Erlaubnis gebunden) oder »open« (offen) für jeden? Wie werden Updates der Blockchain durchgeführt? Unter folgendem Link lässt sich zum Beispiel das Protokoll der Bitcoin-Blockchain abrufen, welches regelmäßig verbessert wird: https://en.bitcoin.it/wiki/Protocol_documentation

So entstehen unterschiedliche Möglichkeiten für dezentrale Systeme:

- **Public & Open:** Dies ist der Goldstandard, da hier jeder einer Blockchain beitreten kann und auch Außenstehende alle Updates auf dem Ledger einsehen können. Die meisten großen Kryptowährungen und dezentralen Computer befinden sich auf diesem Level.
- **Public & Permissioned:** Eine solche Blockchain ist zwar öffentlich einsehbar, um ihr als Teilnehmer beizutreten und sie upzudaten sind aber Berechtigungen notwendig. Viele der Logistik- und Transport-Blockchains befinden sich in dieser Kategorie.
- **Private & Open:** Eine solche Blockchain ist theoretisch möglich, wird aber nur selten genutzt, da es recht wenige oder gar keine Anwendungen dafür gibt. Etwas von außen nicht einsehbar zu machen, zugleich aber jedem Interessenten den Zugang zu erlau-

ben ergibt in der Regel keinen Sinn. Einige dezentrale Datenspeicher-Blockchains laufen so ab oder Blockchains, welche den Nutzer identifizieren wollen (als KYC, »Know Your Customer«, oder KYB, »Know Your Business«, bezeichnet).

- **Private & Permissioned:** Diese Blockchain ist von außen nicht einsehbar und braucht eine Genehmigung, um ihr beizutreten. Die meisten Firmen-Blockchains fallen in diese Kategorie.

Achtung: Wenn etwas als »Blockchain« verkauft wird, jedoch von den Teilnehmern selbst nicht gesehen werden kann, so stellt dies per Definition ein zentrales System dar, da man sich nicht sicher sein kann, ob es wirklich dezentral ist. Viele Scams verkaufen sich als Private & Permissioned, sind jedoch nichts anderes als eine zentrale Datenbank mit all ihren Vor- und Nachteilen. Wenn dies den Teilnehmern auch offen gesagt wird, ist das okay, nur machen das viele Scams leider nicht.

Nachdem diese Regeln festgelegt worden sind, können Teilnehmer der Blockchain beitreten und Updates tätigen.

WIE NUTZT MAN EINE BLOCKCHAIN?

Jeder Private Key existiert bereits. Der Zugang zu einer Blockchain entsteht lediglich dadurch, dass man sich für einen Private Key aus der fast unendlich großen Auswahl entscheidet, um dann die Kryptografie einer Blockchain zu nutzen.

Eine Blockchain zu nutzen bedeutet nichts anderes, als durch die im Protokoll eingetragenen Regeln erst die bereits bestehenden Infos der Blockchain abzuspeichern und dann per Kryptografie an der Datenverarbeitung teilzunehmen. Hier kommt es oft zur Verwirrung. Denn den meisten Menschen sind dezentrale System noch nicht so geläufig. In zentralen Systemen wie zum Beispiel bei einem Online-Cloud-System registriert man sich zuerst und hat dann Zugriff auf den angebotenen Cloud-Speicher. Da eine Blockchain jedoch dezentral ist, gibt es keine Datenbank, bei welcher man sich registriert. Um also eine Blockchain zu nutzen, lädt man sich zuerst die bereits bestehende dezentrale Blockchain-Datei herunter und generiert danach über einen Zufallsgenerator einen Private Key. Solche Zufallsgeneratoren werden meist blockchain-spezifisch angeboten, doch könnte man je nach Algorithmus auch einen eigens konzipierten verwenden. Im Bereich der Kryptowährungen nennt man diese Zufallsgeneratoren Wallets.

Aufgrund der mathematischen Formeln gibt es fast unendlich viele Möglichkeiten für Private Keys. Somit ist es praktisch ausgeschlossen, dass je in der Geschichte des Universums zwei Menschen oder Maschinen den gleichen Private Key generieren. Aus diesem Private Key kann man nun den Public Key ableiten. Will man nun Daten von einem anderen Teilnehmer empfangen, so schickt man diesem seinen Public Key. Als Sender verschlüsselt man die Daten mit dem Public Key, und nur man selbst kann mit dem Private Key entschlüsseln, welchen man nie jemandem geben darf und welchen man sicher ablegen muss. Will man selbst Daten verschicken, so signiert man die Information mit seinem eigenen Private Key und kann so jedem Teilnehmer der Blockchain beweisen, dass man selbst diese Daten kreiert hat, da der Public Key öffentlich gemacht wird. Durch diese Verknüpfung werden Abläufe eindeutig auf der Blockchain miteinander verknüpft. Egal, ob es sich bei der Information um Kryptowährungen, digitale Verträge, Logistikabläufe oder um andere Daten handelt – die Nutzung der Blockchain funktioniert immer gleich. Allerdings glauben viele Menschen irrtümlich, dass man dafür einen Account anlegen muss. In einem dezentralen System wird die Teilnahme jedoch über Kryptografie bewerkstelligt.

Blockchains unterscheiden sich, wie bereits im Kapitel zuvor beschrieben, in ihrer Nutzung oft darin, ob sie zum Beispiel frei zugänglich und für jeden transparent sind oder ob sie andere Charaktereigenschaften haben. Öffentliche, frei zugängliche und komplett transparente Blockchains sind die einfachsten, denn jeder kann sie nutzen, ob Mensch oder Maschine. Man braucht sich nicht zu verifizieren und bleibt somit anonym. Alle Abläufe auf der Blockchain sind transparent ersichtlich.

Über gewisse Kryptografiemethoden wie zum Beispiel Ringsignaturen, Mixer oder Zero-Knowledge-Proofs kann eine Blockchain zwar komplett offen und anonym sein, jedoch werden die Abläufe auf der Blockchain nicht transparent dargestellt. Solche Blockchains bieten eine erhöhte Privatsphäre und könnten in Zukunft zum Beispiel im Medizinbereich und einigen anderen Feldern zur Anwendung gelangen. Bei keiner dieser Blockchains muss man sich bei der Private-Key-Generierung identifizieren, man bleibt also als Nutzer ebenfalls anonym.

Gerade bei Blockchains wie zum Beispiel im Logistikbereich, wo es wichtig ist, Abläufe festzulegen und Transparenz für alle Teilnehmer zu schaffen, können Algorithmen erstellt werden, welche die Teilnehmer zwingen, sich vorab zu verifizieren, um danach die Blockchain zu nutzen.

Blockchains, welche firmenintern für Prozessabläufe verwendet werden, können zusätzlich noch nicht einmal von außen eingesehen werden. Hier kann die Blockchain nur innerhalb einer definierten Gruppe verwendet werden.

Man tritt der Blockchain also durch die Private-Key-Generierung bei, lädt sich die bestehende Blockchain herunter und interagiert über Kryptografie mit den anderen Teilnehmern. Während theoretisch jeder Teilnehmer gleichwertig ist, hat sich jedoch gezeigt, dass sich meist drei Gruppen innerhalb einer Blockchain bilden:

1. **Konsensus-Kreierer:** Bei Kryptowährungen heißen die betreffenden Teilnehmer Miner, Masternodes oder Delegates. Sie kreieren den Konsensus durch diverse Konsensus-Mechanismen und bekommen dafür Gebühren von den Nutzern.
2. **Nutzer:** Sie verwenden die Blockchain und bezahlen bei Updates etwas an die Konsensus-Kreierer. Diese Gebühr muss nicht immer direkt entrichtet werden, das kann auch über Inflation oder eigene Arbeit indirekt erfolgen.
3. **Full Nodes**: Sie stellen sicher, dass die gesamte Information einer Blockchain gespeichert wird. Sie können, müssen aber nicht dafür bezahlt werden.

Wichtig: Bei einer wahren dezentralen Blockchain muss es für jeden Teilnehmer zu jedem Zeitpunkt möglich sein, mehrere oder alle Rollen auszuüben. Viele Blockchains versuchen, hier Kompromisse einzugehen, was mit einer Verminderung der Dezentralität einhergeht und damit der eigentlichen Problemlösung entgegensteht. Eine Möglichkeit der Effizienzsteigerung innerhalb einer Blockchain durch freiwillige Zentralisierung ist okay, doch muss zu jedem Zeitpunkt eine vollständige Dezentralisierung realisierbar sein. Daher müssen die Regeln für die jeweiligen Rollen auch offen dargelegt werden; nur so entsteht Unabhängigkeit von angebotenen Lösungen. Das heißt nicht, dass jede Nutzeroberfläche open source sein muss, sondern nur, dass die zugrunde liegenden Regeln offengelegt sein müssen. So können Firmen eine User-Interface für eine Blockchain nicht nur bauen, sondern diese auch wirtschaftlich vermarkten. Ein Nutzer braucht jedoch nicht die Angst zu haben, dass die zugrunde liegende Blockchain weg ist, wenn eine Firma verschwindet, die den Zugang zu dieser Blockchain gewährt. Im betreffenden Fall wäre zwar die Nutzeroberfläche weg; die auf der Blockchain eingetragenen Informationen blieben jedoch erhalten.

Nachdem wir uns nun eine Blockchain tiefgründiger angeschaut haben, wollen wir die daraus resultierenden Vor- und Nachteile besprechen. Dies machen wir mithilfe der SWOT-Analyse.

SWOT-ANALYSE

Die SWOT-Analyse ist eine gängige Analysemethode, bei der Strengths (zu Deutsch Stärken), Weaknesses (Schwächen), Opportunities (Möglichkeiten) und Threats (Gefahren) zu Strategie, Entwicklung oder technischer Lösung ausgelotet werden. Sie erlaubt uns auch im Fall von Blockchain, klar zu analysieren, ob der Hype um diese Technologie gerechtfertigt ist oder nicht. Außerdem lässt sie Schlüsse darauf zu, welche unterschiedlichen Anwendungsmöglichkeiten es für die Blockchain-Technologie gibt und welche potenziellen Alternativen eine Blockchain ersetzen könnten. Man muss eine Sache schlussendlich immer aus unterschiedlichen Blickwinkeln betrachten, um am Ende ein möglichst vollständiges Bild zu erhalten.

Falls du alle Links und vertiefenden Videos zu diesem Kapitel haben willst, schau in die regelmäßig upgedatete Arbeitsmappe, welche du dir entweder schon per E-Mail geholt hast oder dir sonst hier noch kostenfrei holen kannst: www.mehralsnurbitcoin.de

DIE SIEBEN STÄRKEN DER BLOCKCHAIN-TECHNOLOGIE

Die Stärken der Blockchain bedingen auch gleichzeitig ihre Schwächen.

Die Stärken einer Blockchain lassen sich in sieben Kategorien einteilen und bilden in den späteren Kapiteln auch die sieben großen Blockchain-Kategorien für die unterschiedlichen Anwendungsbereiche. Darin finden sich natürlich Überlappungen, doch meist zielt eine Blockchain-Umsetzung hauptsächlich auf einen der Bereiche ab und nimmt die anderen Vorteile nebenbei mit. Die sieben Vorteile der Blockchain lauten:

1. Unveränderbarkeit
2. Privatsphäre
3. Vertrauen
4. Kompatibilität
5. Transparenz
6. Redundanz
7. Offenheit

Gehen wir nun auf jeden Punkt im Detail ein.

1. UNVERÄNDERBARKEIT

Jedes Mal, wenn Daten auf der Blockchain eingetragen werden, muss die Community zum Konsensus kommen und die Daten auf allen bereitgestellten Servern unabhängig abspeichern. Dies kreiert aufgrund der unterschiedlichen Konsensus-Mechanismen (PoW, PoS, PoI etc.) Kosten. Will man die Daten nachträglich verändern, so müssen die gleichen Kosten noch einmal aufgewendet werden. Nachdem die Informationsblöcke einer Blockchain über die Merkle Roots kryptografisch miteinander verknüpft sind, muss man zur Veränderung älterer Daten nicht nur den einen Block austauschen, in dem sie abgespeichert sind, sondern auch alle folgenden. Je älter also die eingetragene Information ist, desto teurer ist es, Information nachträglich auszutauschen. Je größer die Community ist, desto schneller ist der Punkt erreicht, dass die Kosten der Änderung weitaus teurer sind als der Wert der neu eingetragenen Information. Es würde also einen wirtschaftlichen Verlust bedeuten, die Blockchain nachträglich zu verändern. Es ist für keine Partei sinnvoll, dies zu versuchen. Aus diesem Grund wird eine Blockchain als unveränderlich angesehen, da einmal eingetragene Information nur unter immensen Verlusten geändert werden könnte. Auf der ältesten Blockchain, der von Bitcoin, wurden zum Beispiel noch nie Daten geändert, die auch nur ein paar Stunden alt waren. Tage-, wochen- oder monatealte Information zu ändern würde recht rasch Milliardenkosten verursachen. Neben Kryptowährungen bauen noch viele andere Anwendungsbereiche auf diesen Vorteil auf.

2. PRIVATSPHÄRE

Eine Blockchain basiert auf Kryptografie, und so kann man allein durch die Erstellung eines Private Keys ohne weitere Verifizierung an der Datenverarbeitung teilhaben. Dies steht im drastischen Gegensatz zu den meisten im Internet angebotenen Services, bei denen man sich mit E-Mail-Adresse oder Handynummer registrieren und somit seine Identität preisgeben muss. Man kann daher auf einer Blockchain anonym agieren, was bedeutet, dass per se niemand weiß, wer oder was einen Private Key kontrolliert. Allerdings lassen sich je nachdem, ob der Ledger (die Update-Historie) einlesbar, sprich transparent ist oder nicht, durch bestimmte Rückrechnungen gewisse Rückschlüsse zur Identität eines Nutzers ziehen. Man bezeichnet viele Blockchains daher als pseudoanonym. Leider gibt es hierzu in der Presse viel falsch gestreute Informationen, denn fälschlicherweise wird oft behauptet, Blockchains würden aufgrund der erhöhten Privatsphäre illegale Verwendungszwecke begünstigen, was jedoch nachweislich nicht stimmt. Ganz im Gegenteil: Blockchains begünstigen aufgrund ihrer Transparenz die Dokumentation möglicher Straftaten, welche sonst gar nicht nachweisbar wären.

3. VERTRAUEN

Eine der wichtigsten Stärken einer Blockchain ist ihr Rückgrat bestehend aus Mathematik und Kryptografie, welche sich von jedem, unabhängig von Kultur, Religion, Rasse, Geschichte oder Glaubensstrukturen, klar nachrechnen lassen. Auf fast keinem Gebiet einigt sich die Welt so widerspruchslos auf die Fakten wie in der Mathematik. Ich habe noch nie jemanden getroffen, der ernsthaft geglaubt hätte, dass 1 + 1 die Zahl 3 ergeben würde oder dass die Quadratwurzel aus 9 die Zahl 4 wäre. Die universelle Sprache der Zahlen gilt im uns bisher bekannten Universum überall gleichermaßen und diese offenen Regeln einer Blockchain bilden den Grundstein für das Vertrauen. Gewiss: Wenn Leute zum ersten Mal davon hören, ist alles noch ungewohnt, und es dauert ein wenig, bis das Fremde gewohnt und vertraut ist. Vielleicht kannst du dich selbst noch an deine ersten Online-Einkäufe erinnern. Die Kreditkartennummer online einzugeben erzeugte anfangs sicherlich ein mulmiges Gefühl. Doch heute sind Online-Shops wie Amazon ein fester Bestandteil des täglichen Lebens. Genauso wird es auch mit dem Vertrauen in die Blockchain-Algorithmen sein.

4. KOMPATIBILITÄT

Einer der machtvollsten Vorteile der Blockchain-Technologie ist es, interoperabel zu sein. Blockchains können über Protokolle miteinander kommunizieren und Information ohne Mittelsmann vertrauenslos miteinander austauschen. Eine Identitäts-Blockchain kann zum Beispiel frei mit einer Immobilien-Blockchain kommunizieren und einen Käufer automatisch verifizieren. Ähnlich wie das Internet Informationsbarrieren niedergerissen hat, werden Blockchains Vertrauensbarrieren Schritt für Schritt beseitigen. Dies ist auch ein Grund, warum viele Regierungen, die für gewisse Abläufe gar keine Blockchain bräuchten, trotzdem an dieser Technologie forschen. So können sie im eigenen System deutlich effizienter Information austauschen. Meine Firma TenX forscht genau in diesem Feld über den Research-Arm CoBloX mit dem COMIT-Protokoll, und deshalb liegt mir dieser Vorteil natürlich ganz besonders am Herzen.

5. TRANSPARENZ

Falls eine Blockchain mit einem Algorithmus kreiert worden ist, welcher eine transparente Update-Übersicht zulässt, erlaubt sie die volle Transparenz. Man muss nicht mehr der Aussage einer Firma oder einer Audit-Gesellschaft vertrauen, sondern jeder kann sich selbst überzeugen, dass das, was behauptet wird, auch wahr ist. Spenden, Wahlen, Steuern, Firmen-Audits und vieles mehr können durch diesen Vorteil revolutioniert werden.

6. REDUNDANZ

Nachdem eine Blockchain per Definition dezentral sein muss, liegt immense Redundanz an Datenspeicherung vor. Was einerseits Ineffizienz bedeutet, bedeutet andererseits, dass es unmöglich ist, einmal kreierte Daten zu vernichten. Dadurch lassen sich gewisse Programme, Dokumente, Verträge etc. auf der ganzen Welt und in Zukunft im ganzen Universum verteilen und so vortrefflich vor praktisch jeder Naturkatastrophe schützen. Um solche Redundanz zu erzeugen, muss ein System natürlich nicht vollständig dezentral sein. Es reicht, wenn die gespeicherten Informationen weit genug verteilt sind. Eine Blockchain bietet zwar diesen Vorteil, doch wenn die alleinige Aufgabenstellung darin besteht, Redundanz zu erzeugen, würde auch ein zentrales, jedoch weit verteiltes System reichen. Hier ist es wichtig, sich genau zu überlegen, welches Problem man lösen will und wie die optimale Lösung hierfür aussehen soll. Die Details dazu sehen wir uns im Anwendungskapitel genauer an.

7. OFFENHEIT

Eine Blockchain kann so konzipiert sein, dass alles und jeder einen Private Key kreieren und der Community damit beitreten kann. Dieses Prinzip, auf jegliche Zugangsbeschränkung zu verzichten, erlaubt völlige »Inclusiveness«, zu Deutsch: vollständige Einbindung aller Interessenten. Sieht man sich die Probleme vieler Flüchtlinge oder Dritte-Welt-Staaten an, erkennt man, dass viele zentralisierte Services einem elitären Prinzip folgen. Wer oben an der Nahrungs- oder Verteilungskette sitzt, hat es leichter, wer unten sitzt, hat es schwerer beziehungsweise hat überhaupt keinen Zugang. Eine Blockchain kann hier Abhilfe schaffen. Sie kennt keine Grenzen, kein Alter, kein Geschlecht, keinen Status, keine Hautfarbe, keine Religion usw. Per Definition ist jeder Teilnehmer der Blockchain gleich, denn jeder Mensch und jede Maschine kann einen Private Key generieren und an der Kryptografie teilnehmen. Natürlich können Blockchains auch »permissioned« konzipiert sein, also für die Teilnahme eine Erlaubnis fordern, was zum Beispiel innerhalb von Firmen relevant ist. Dennoch werden gerade viele Initiativen weltweit im Blockchain-Bereich gestartet, welche diese Offenheit als Vorteil nutzen und deshalb die Grundlage für viele Blockchain-Applikationen bilden.

Jede Münze hat jedoch auch eine Kehrseite, und diese schauen wir uns im nächsten Kapitel an: die Schwächen.

DIE SIEBEN SCHWÄCHEN DER BLOCKCHAIN-TECHNOLOGIE

Die Schwächen der Blockchain-Technologie unterstreichen, dass man eine Blockchain nur dann verwenden sollte, wenn sie ein Problem besser löst als ein zentrales System.

Dass eine Blockchain nicht nur bestechende Vorteile hat, ist klar. Zwangsläufig muss eine solche Technologie auch Nachteile mit sich bringen, denn die eierlegende Wollmilchsau gibt es nicht. Oft werden diese Nachteile unter den Tisch gekehrt, da Blockchain-Anhänger Angst haben, ihr »Baby« (kein Mensch, sondern die noch junge und zerbrechliche Technologie) könnte das »Erwachsenwerden« nicht erleben. Dies ist jedoch absoluter Blödsinn. Es führt lediglich dazu, dass sich wie in einer Sekte eine Fan-Boy-Gemeinschaft bildet, in der nicht mehr rational überlegt, sondern nur noch blind nachgeplappert wird. Dies ist für die Blockchain-Entwicklung nicht nur hinderlich, sondern sogar gefährlich, denn wie man seinem Kind sagen sollte, dass nicht jeder Mensch auf der Welt gut ist, so muss man sich im Klaren sein, dass Blockchain sich nicht für jeden Anwendungsfall eignet. Sonst lässt man sich auf etwas Falsches ein, was gerade heutzutage leider viel zu oft vorkommt, wenn Blockchain-Lösungen für etwas konzipiert werden, wofür es gar keine Blockchain braucht. Es wird nicht überlegt, welches Kernproblem eine Anwendung lösen soll, sondern vielmehr was die eigene Lösung erreicht, ungeachtet dessen, ob dies Sinn ergibt oder nicht. Hauptsache, das Trendwort Blockchain steckt im eigenen Lösungsansatz.

Die sieben Nachteile einer Blockchain sind:

1. Nutzerunfreundlichkeit
2. Kosten
3. Ressourcenverschwendung
4. Skalierungslimitierung
5. Starrheit
6. Privatsphäre
7. Eigenverantwortung

Da ich in den späteren Kapiteln über die unterschiedlichen positiven Blockchain-Anwendungen sprechen möchte, habe ich das vorige Kapitel zu den Vorteilen einer Blockchain als Übersicht eher kurz gehalten – über die positiven Beispiele werden wir eh noch oft genug »fachsimpeln«. Dagegen werde ich das vorliegende Kapitel zu den Nachteilen ein bisschen ausführlicher gestalten, um auch wirklich auf ein paar »Fails« einzugehen.

1. NUTZERUNFREUNDLICHKEIT

Auch wenn bei dieser neuen Technologie anfänglich alles so toll klingt, so erkennt man rasch, dass (noch) wenige Funktionen nutzerfreundlich sind. Nachdem vieles open source und nicht kommerzialisiert ist, fokussieren sich Firmen eher auf die technische Lösung eines Problems. Das aber trägt selten zur Anwenderfreundlichkeit bei. Ebenfalls ist es für den Kunden extrem umständlich, den Private Key so zu sichern, dass dieser nicht verbrannt oder anderweitig zerstört werden kann. Auch das Vererben von auf der Blockchain gespeicherten Informationen gestaltet sich aufgrund des dezentralen Systems als ausgesprochen schwierig.

Hat man ein Problem, gibt es bei einer Blockchain auch keinen Kundensupport. Niemand ist verantwortlich, also gibt es auch niemanden, an den man sich wenden kann. Falls du dich also zum Beispiel schon einmal gefragt hast, warum große Firmen trotz der vielen Vorteile noch nicht auf den Blockchain-Zug aufgesprungen sind, so liegt dies teilweise daran, dass es ihnen davor graust, wenn sich plötzlich Millionen Menschen unwiderruflich nicht mehr einloggen können, weil sie ihren Private Key nicht mehr wissen.

Unternehmer, Regulatoren und Kunden dürfen jedoch das Baby nicht mit dem Bade auskippen. Nur weil heute in diesem Feld noch nicht alles so funktioniert, wie es soll, muss man nicht gleich die gesamte Blockchain-Zukunft abschreiben. Erwartungsgemäß wird sich im Bereich der Nutzerfreundlichkeit noch unglaublich viel weiterentwickeln. Auch das Internet war vor 20 Jahren mit einem Modem, einer nicht intuitiv zu bedienenden Oberfläche und umständlichen Schritten noch nicht massentauglich. An einem ähnlichen Punkt steht heute die Blockchain-Technologie. Mit der Zeit wird sich dies durch den Einsatz schlauer Unternehmer bessern, genau wie das auch beim Internet der Fall war.

2. KOSTEN

In einem zentralen System vertrauen alle Teilnehmer der zentralen Partei. Diese muss mehr oder weniger Energie dafür aufbringen, dieses Vertrauen aufrechtzuerhalten. In einem dezentralen System muss ein Dateneintrag immer etwas kosten, denn nur so kann sichergestellt werden, dass die Information unveränderlich ist. Würde es größeren Profit bringen, auf der Blockchain abgespeicherte Informationen zu verändern, käme immer irgendwann der Punkt, an dem dies von einem Teilnehmer ausgenutzt wird. Die Kosten einer Blockchain können, wie bereits erwähnt, auf vielfältige Weise entstehen. Entweder handelt es sich um direkte Transaktionsgebühren oder um indirekte Kosten wie Inflation, verrichtete Arbeit, hinterlegtes Geld etc. Sollte ein dezentrales System behaupten, es wären keine Kosten für den Konsensus notwendig, so kann dies nur Folgendes bedeuten: Entweder ist das System in Wirklichkeit nicht dezentral, sondern zentral, oder das Marketing macht keine korrekten Angaben, oder das System ist eine Abzocke, weil es ohne Weiteres gehackt werden kann.

Gerade dieser Kostenpunkt wird immer falsch verstanden: Menschen glauben dann fälschlicherweise, dass ein dezentrales System günstiger wäre als ein zentrales. Das Gegenteil ist der Fall. Umso wichtiger ist es, sich die Frage zu stellen, ob die zwangsläufig erhöhten Kosten bei einer dezentralen Lösung in Kauf genommen werden wollen. Nur weil zentrale Systeme bisher meist durchaus Gebühren für einen Service verlangen konnten, heißt das nicht, dass sie dies immer weiter tun werden. Theoretisch kann ein zentrales System die Kosten fast auf null senken. In einem dezentralen System geht das nicht so einfach, und die zwangsläufig existenten Kosten müssen bezahlt werden. Wären sie bei null, könnte man den Konsensus auch wieder kostenlos ändern. Dies bringt uns zum nächsten Nachteil, der Ressourcenverschwendung.

3. RESSOURCENVERSCHWENDUNG

Im Kapitel der Konsensus-Algorithmen haben wir besprochen, wie die Kosten für die Konsensus-Bildung zustande kommen. Das gängigste Prinzip ist Proof of Work, bei welchem jeder, der am Konsensus mitwirken will, eine mehr oder weniger sinnlose Rechenaufgabe lösen muss. Wie man vielleicht schon erahnen kann, ist dieser Prozess, der auch Mining genannt wird, extrem verschwenderisch. Es ist definitiv kein umweltfreundliches System, an jedem Tag Millionen von Euro für Elektrizität zu verwenden, um Konsensus zu erzeugen. Länder wie Island verbrauchen mittlerweile mehr als die Hälfte ihres Stroms für Mining. Andere Algorithmen wie Proof of Importance und Proof of Stake versuchen, dies zu lösen, doch haben diese Systeme inhärente Nachteile gegenüber Proof of Work.

Die Tatsache, dass der ökologische Footprint durch das traditionelle Proof-of-Work-Mining so schlecht ist, ist ein Grund dafür, warum hierzu zu Recht Kritik von Umweltschützern kommt und warum viele auf Konsensus-Alternativen oder zumindest auf wirtschaftlich sinnvolle Rechenaufgaben drängen. So wird versucht, Rechenaufgaben zu kreieren, durch deren Lösung tatsächliche Vorteile im Leben entstehen könnten. Entsprechende Möglichkeiten umfassen etwa DNA-Rekombinations-Berechnungen, Primzahlrecherchen und einiges mehr. Ein paar scheinen vielversprechend zu sein, doch konnten einige Hürden auf dem Weg zu einer vollständigen Implementierung noch nicht überwunden werden. Auch wenn es die optimale Lösung noch nicht gibt, so besteht Hoffnung, diesen Nachteil der Blockchain in Zukunft deutlich zu minimieren, auch wenn er heute noch ein zu Recht kritisierter Punkt ist. Der nächste Nachteil einer Blockchain besteht darin, dass jeder innerhalb der Gemeinschaft über jedes Update Bescheid wissen muss. Das limitiert die mögliche Anzahl der Updates und wird als Skalierungsproblem bezeichnet.

4. SKALIERUNGSLIMITIERUNG

Innerhalb einer Blockchain muss jeder Teilnehmer dieselbe Kopie der digitalen Datei besitzen, damit vollständiger Konsensus vorherrscht. Dies führt zu einem Limit an möglichen Updates pro Zeiteinheit, da jeder Teilnehmer die technischen Möglichkeiten besitzen muss, up to date zu bleiben. Die Limitierung wird anhand der Blockgröße festgelegt. Wenn man zum Beispiel weiß, dass ein Update circa 250 Byte, also 0,25 Kilobyte, groß ist und ein Block maximal 1 Megabyte, also

1000 Kilobyte, groß sein soll, so können in diesem Fall maximal circa 4000 Updates pro Block und Zeiteinheit durchgeführt werden.

Wollte man auf der Blockchain selbst eine höhere Skalierung erreichen, so muss man die Update-Größe verringern. Das jedoch ist nur zu einem gewissen Grade möglich, denn Information benötigt zumindest ein bisschen Datenspeicher. Alternativ kann man die mögliche Speicherkapazität, also die Blockgröße, erhöhen. Dies verursacht allerdings eine erhöhte Datenmenge. In diesem Fall bräuchte jeder Teilnehmer nicht nur mehr Speicherplatz, sondern auch eine höhere Übertragungsgeschwindigkeit. Um wirklich dezentral und inclusiv zu bleiben, muss man sich also am schwächsten Glied der Kette orientieren und muss den langsamsten und speicherschwächsten Standard nehmen. Sonst kreiert man eine Oligarchie, in der nur ein paar wenige Teilnehmer mit gut ausgerüsteten Rechnern vollständig am Konsensus teilnehmen können.

Einige Blockchains versuchen, hier Kompromisse einzugehen, um diesen Nachteil auszuräumen. Sie verringern die Dezentralität, indem sie die Bedingungen für den Konsensus verschärfen. So nehmen nicht mehr alle am Konsensus teil, sondern nur mehr ein paar auserwählte Teilnehmer. Persönlich stehe ich dem sehr skeptisch gegenüber, denn dies führt an dem ursprünglichen Problem vorbei, zu dessen Lösung eine Blockchain eigentlich kreiert wurde. Will man Effizienz, so braucht man lediglich ein zentrales System. Ein System, das nicht zu 100 Prozent dezentral ist, wird im falschen Moment von der kontrollierenden Partei missbraucht. Deshalb glaube ich, dass solche pseudodezentralen Blockchains nur des Hypes wegen und nicht um der eigentlichen Lösung willen kreiert werden.

Auch wenn es heute noch keine perfekte Skalierungslösung gibt, so halte ich persönlich die Off-Chain- oder 2nd-Layer-Möglichkeiten für die vielversprechendsten. Hier wird der Basis-Layer (Grundlage) als komplett dezentrale Blockchain mit all den Vor- und Nachteilen geführt. Danach können sich Teilnehmer der Blockchain zu einem 2nd Layer (einer zweiten Ebene) zusammentun und einen Teil-Konsensus auf Basis der Blockchain kreieren. Man braucht innerhalb dieser Gruppe nicht alle anderen außerhalb der Gruppe über die Updates zu informieren, außer diese Updates haben Auswirkungen auf Leute außerhalb der Gruppe. Wir werden auf diese Lösungen noch im Detail in einem späteren Kapitel eingehen. Fürs Verständnis wichtig ist hier lediglich, dass es essenziell für eine Blockchain ist, dass das Basis-Layer komplett dezentral und damit resistent gegen Zensur ist. So hat man immer ein Auffangnetz und braucht sich nicht auf andere Systeme zu verlassen. Will man dagegen eine Grundstruktur mit Zentralisierung bauen, so bringt man relativ rasch die Nachteile einer Zentralisierung in das System hinein, und das ganze Konstrukt fällt in sich zusammen. Dies wird auch spannend, wenn wir uns am Ende des Buchs mögliche Blockchain-Alternativen wie das Tangle oder den Hashgraph ansehen.

5. STARRHEIT

Das Einzige was sich nie ändert, ist die Änderung selbst. Basierend auf diesem Credo kommt ein weiterer Schwachpunkt einer Blockchain zum Vorschein: Es ist unglaublich schwer, Upgrades zu integrieren, weil dafür die Zustimmung der Mehrheit der Community notwendig ist. Wie wir wissen, gibt es jedoch dazu, wie etwas sein soll, meist so viele unterschiedliche Meinungen, wie es Teilnehmer gibt. Dass Blockchains nicht von einer Partei übernommen werden können, ist einerseits ein riesiger Vorteil, andererseits führt dies zu einer Starrheit, welche auf lange Sicht auch eine einst erfolgreiche Blockchain veralten lassen kann.

Einigt sich eine Blockchain-Gemeinschaft nicht auf einen Konsensus, spaltet sich dieser in unterschiedliche Forks (Gabelungen) auf. Solche Forks entstehen entweder mit Absicht, weil sich ein Teil der Community abspalten will, oder unabsichtlich, weil man sich nicht nachhaltig auf einen Konsensus einigen kann. Forks besitzen eine gemeinsame Konsensus-Geschichte, stimmen dann aber ab einem gewissen Zeitpunkt nicht mehr überein. Sieht man sich die meisten großen Blockchains heute an, so erkennt man anhand der zahlreichen Forks, wie oft es zu solchen ungelösten Unstimmigkeiten kommt. Um die Starrheit einer Blockchain und das Aufkommen neuer Forks zu vermeiden, sind sich viele über die Notwendigkeit sogenannter Smart Rules einig. Dabei handelt es sich um schlaue Regeln, welche die Zukunft der Blockchain entweder mit oder ohne die Mitwirkung der Teilnehmer regulieren. Einige Smart Rules gibt es bereits, wie zum Beispiel die Mining Difficulty. Dies ist die Rechenschwierigkeit, um beim Proof-of-Work-Konsensus erfolgreich zu sein. Je mehr Teilnehmer am Mining teilnehmen, desto schwieriger ist es, eine Lösung für die gestellt Rechenaufgabe zu finden, die gelöst werden muss, um einen Block zu vervollständigen. Durch diese Regelung bleibt die Geschwindigkeit über die gesamte Gruppe verteilt und über die Zeit ziemlich gleich. Da diese Vorgabe ein voreingestellter Algorithmus ist, entspricht sie einer Smart Rule. Es könnten jedoch auch Smart Rules für neue Upgrades oder neue Features integriert werden – Algorithmen, welche es heute bei Blockchains erst im Ansatz gibt. Solche integrierten Smart Rules werden jedoch flächendeckend notwendig sein, ansonsten wird eine einst erfolgreiche Blockchain von einer neueren, besseren so schnell ersetzt werden wie die einstigen »Dumb Phones« von den Smartphones.

6. PRIVATSPHÄRE

Der vorletzte Nachteil überrascht dich vielleicht ein wenig, da die Privatsphäre schon bei den Vorteilen aufgelistet war. Vielleicht denkst du jetzt, dass ich hierbei auf die mögliche illegale Nutzung von Blockchains durch die Anonymität der Nutzer hinauswill, wie es die Presse oft beschreibt. Dies ist jedoch größtenteils nicht korrekt, da viele Untersuchungen klar belegen, dass Blockchains für deutlich mehr legale Anwendungen genutzt werden, als dies bei Nicht-Blockchain-Anwendungen der Fall ist. Nein, bei diesem Nachteil geht es um die fehlende Privatsphäre durch die Nutzung einer Blockchain bedingt durch die hohe Transparenz. Da bei einer Blockchain in den meisten Fällen bis in Ewigkeit nachvollziehbar ist, welche Updates durchgeführt worden sind, kann man durch ihre Nutzung zu einem gläsernen Menschen werden. Dies ist natürlich nicht wünschenswert, denn es wird wohl niemand wollen, dass zum Beispiel seine Versicherungen öffentlich sind oder dass jeder weiß, welche Investments der oder die Betreffende besitzt. Wie bereits im Blockchain-Kapitel angesprochen, gibt es Lösungen, in denen das Nutzerverhalten durch zusätzliche Kryptografiemethoden maskiert wird, jedoch wird hierbei dann alles maskiert. Optimal wäre also ein Mix, bei dem ein gewisser Teil der Information maskiert ist und ein anderer Teil wiederum nicht. An solchen Möglichkeiten wird gerade gearbeitet, was diesen Nachteil größtenteils aushebeln kann.

7. EIGENVERANTWORTUNG

Der letzte Nachteil ist der Grund, warum sich so viele Menschen mit der Nutzung einer Blockchain so schwertun: Nachdem niemand die Verantwortung hat, ist jeder für sich selbst verantwortlich. Auch wenn viele Menschen glauben, dass sie gerne mehr Eigenverantwortung hätten, so zeigt sich immer wieder: Der Großteil der Menschen gibt diese dann doch lieber an jemand anderen ab. Dies erklärt, warum sich so viele Menschen nicht für ihre Finanzen oder für ihre Gesundheit interessieren. Im Endeffekt geben sie die Verantwortung dafür lieber anderen Menschen – leider oft ohne Erfolg.

In einem zentralen System hat eine Partei ganz klar die Kontrolle, und damit liegt auch die Verantwortung bei ihr. Dies fehlt in einem dezentralen System. Auch wenn ich mich selbst gerne in der Eigenverantwortung sehe, so bin ich jedes Mal bei einem Hotelaufenthalt dankbar, dass ich an der Rezeption eine neue Zimmerschlüsselkarte holen kann, wenn ich die ursprünglich erhaltene verloren habe. Dies funktioniert natürlich nur, weil das Hotel eine zentrale Zimmerverwaltung hat. Eine kleine lustige Anekdote ist ein Video über einen armen Hotelgast, der dies am eigenen Leib miterleben muss. Du kannst es unter folgendem Link abrufen:
https://www.youtube.com/watch?v=Qnxq-1Qmg5Y

Facebook könnte theoretisch auch ein dezentrales Account-Management haben, bei dem man sich mit einem Private Key einloggt und dann als Public Key das eigene Profil erstellt. Nur würden, so vermute ich, über die Zeit so ziemlich alle Nutzer irgendwann ihren Private Key und damit den Zugang zu ihrem Account verlieren und könnten deshalb Facebook nicht mehr nutzen. Facebook würde dadurch sein Geschäftsmodell der Datennutzung verlieren. Wenn du schon einmal dein Passwort bei einem Service anfragen musstest, denke daran, dass dies nur deshalb funktioniert, weil das System zentralisiert ist und dein Passwort in verschlüsselter Form in einer Datenbank gespeichert worden ist.

Auch wenn ich durch meine #CRYPTOFIT-Bewegung hier nachhelfen will, so wird es komplett dezentral wahrscheinlich nicht funktionieren. Menschen brauchen einen Kunden-Support und wollen bei gewissen Dingen an die Hand genommen werden. Genau deshalb glaube ich auch, dass in Zukunft ein Mix aus dezentral und zentral vorherrschen wird. Dies ist ähnlich, wie niemand eine reine Anarchie oder Monarchie will, auch wenn beides theoretisch auf dem Papier funktionieren würde – solange alles perfekt läuft. Probleme entstehen immer, wenn etwas nicht perfekt läuft und ausgeholfen werden muss. So bevorzugen wir lieber etwas in der Mitte zwischen Monarchie und Anarchie, und eine ähnliche Entwicklung wird sich auch bei der Frage nach Zentralisierung oder Dezentralisierung vollziehen. Entscheidend wird jedoch sein, dass sich diese Systeme ergänzen müssen und dass sie sich zugleich nicht vermischen dürfen. Es darf also nicht ein System aus 60 Prozent Dezentralisierung und 40 Prozent Zentralisierung sein, sondern ein zu 100 Prozent dezentrales System muss mit einem zu 100 Prozent zentralen System zusammenarbeiten, wobei jedes System die Nachteile des jeweils anderen Systems ausmerzt.

Wenn wir jetzt gleich zu den unterschiedlichen Blockchain-Anwendungen (Opportunities der SWOT-Analyse) kommen, werden wir genau auf diese Fragen eingehen und auch mögliche Lösungsmodelle ausarbeiten. Wir teilen die Anwendungen nach den sieben unterschiedlichen Vorteilen auf, und es wird wiederum wichtig sein, sich zu vergegenwärtigen, dass eine Anwendung nur dann eine Daseinsberechtigung hat, wenn durch die Dezentralisierung ein wirkliches Problem gelöst wird. Wie du noch merken wirst, ist dies leider nicht immer der Fall.

BLOCKCHAIN-ANWENDUNGSBEREICH I: BESITZ

Durch die Unveränderbarkeit einer Blockchain eignet sie sich hervorragend, um Besitz unzensierbar und unwiderruflich darzustellen.

Wir starten nun in die Anwendungskapitel. Darin werde ich dir über 100 Felder vorstellen, welche durch Blockchain im Sinne einer disruptiven (das heißt, das Alte verdrängenden) Technologie revolutioniert werden. Die Bereiche werden nach dem Hauptvorteil sortiert, den ihnen die Nutzung einer Blockchain bringt. Selbstverständlich gibt es den Fall nicht, dass ein Bereich nur einen einzigen Vorteil nutzt, und so fasse ich die einzelnen Felder zu knapp 50 Gruppen zusammen und spreche die anderen Vorteile durch Cross-Referenzierungen ebenfalls an. Jedes der folgenden sieben Kapitel beginnt mit der Erinnerung an den Vorteil, auf welchen sich die jeweilige Gruppe stützt. So auch in diesem Kapitel – dem Kapitel über den Anwendungsbereich »Besitz«.

Wenn ich die unterschiedlichen Anwendungen bespreche, folge ich jedes Mal demselben Ablauf, der mir aus unternehmerischer Sicht sinnvoll erscheint, um dir einen möglichen Einstieg in ein besprochenes Feld zu vereinfachen:

1. **Problembeschreibung:** Den Anfang bildet stets das Problem, welches durch eine Blockchain in diesem Bereich gelöst werden soll. Denke daran, eine Blockchain-Lösung ohne real existierendes Problem wird sich nicht durchsetzen.

2. **Lösungserklärung:** Hier beschreibe ich die Blockchain-Anwendung, welche (hoffentlich) einer optimalen Lösung entspricht.
3. **Herausforderungen:** Die wenigsten Lösungen wurden bereits umgesetzt – ganz im Gegenteil. Sie alle straucheln aufgrund von irgendwelchen Challenges, welche oft gar nichts direkt mit dem Blockchain-Bereich zu tun haben. Diese zähle ich hier auf, denn oft braucht es Leute außerhalb der Community, welche eventuell eine gute Idee haben, um der Blockchain-Lösung zum Durchbruch zu verhelfen. Damit sich zum Beispiel Online-Shops durchsetzen konnten, brauchte es gute Logistikanbieter für schnelle Warenauslieferungen.
4. **Alternativmöglichkeiten:** Ist die Blockchain die einzige Lösung, um das besprochene Problem zu beheben, oder gibt es noch andere? Hier geht es nicht so sehr um alternative, dezentrale Lösungen, sondern wir durchleuchten die Notwendigkeit einer Blockchain. Teilweise ist zur Lösung des Problems gar keine Blockchain nötig, aber Unternehmen starten eine solche nur um des Hypes willen.
5. **Praxisbeispiele:** Hier geht es weniger darum, einzelne Projekte in der Theorie aufzulisten, sondern vielmehr, ein paar relevante Beispiele aus der Praxis zu zeigen. Nachdem der Blockchain-Bereich generell noch sehr jung ist und es sehr schwer ist, in einem so frühen Stadium zu wissen, welche Blockchain-Lösung Erfolg haben wird und welche nicht, werde ich Projektnamen tunlichst nicht explizit erwähnen, um so neutral wie möglich zu bleiben.

Außerdem wirst du im Anschluss an die Anwendungskapitel noch ein kurzes generelles Unternehmerkapitel für den Blockchain-Bereich finden, um dich über Fragen wie Mitarbeiterrekrutierung, Finanzierung und allgemeine Strategien zu informieren. Starten wir also nun mit der ersten Blockchain-Anwendung in der Kategorie »Besitz«.

KRYPTOWÄHRUNGEN (FINANZBEREICH)

Problembeschreibung: Auch wenn dieses Buch so wenig wie möglich zum Thema Kryptowährungen enthalten soll, so müssen diese als der derzeit größte Anwendungsbereich einer Blockchain als Erstes genannt werden. Ich werde dieses Kapitel trotzdem relativ kurz halten. Wenn du hier mehr Interesse hast, so kannst du dir *Kryptowährungen einfach erklärt* holen, welches sich mittlerweile über 100.000 Mal in über zehn Sprachen verkauft hat: http://cryptofit.community/de

Fragt man Leute, welches Problem Kryptowährungen wie Bitcoin eigentlich lösen sollen, so erhält man die unterschiedlichsten Antworten, so zum Beispiel: Schutz vor Inflation! Sofortige Transaktionen! Günstigere Zahlungen! Leider stimmen die wenigsten Antworten. Zum Beispiel sind viele Kryptowährungen zwar in sich selbst rar, sie können jedoch beliebig geforkt und damit kopiert werden. Des Weiteren sind die Transaktionsgeschwindigkeiten bei dezentralen Systemen generell langsamer als bei zentralen, und die Kosten sind höher und nicht niedriger. Genau diese Missverständnisse führen dann dazu, dass die Masse der Leute, angefeuert durch Medien, unsicher ist, ob Kryptowährungen tatsächlich ein Problem lösen oder nicht.

Welches Problem lösen Kryptowährungen nun? Wenn man sie heute eher als digitales Gold ansieht, so lösen sie das Problem der Absicherung: Eine dezentrale Währung kann ein Staat seinem Besitzer nicht einfach wegnehmen. Inhaber von Gold können enteignet werden, Inhaber von Krypto-Coins, die durch einen Private Key kontrolliert werden, dagegen nur bedingt. Versucht man also, das Problem einer universalen Absicherung gegen die zentrale Finanzwelt zu lösen, so kommt man um rares »digitales Gold« nicht herum. Dies entspricht den Kryptowährungen. Aus meiner Sicht trifft dieser Use Case heute am ehesten zu. Der Währungsaspekt wird sich eher in Zukunft entwickeln.

Lösungserklärung: Bei Kryptowährungen werden die Kontoguthaben der Teilnehmer nicht zentral von einer Bank oder einem Staat kontrolliert, sondern dezentral von der Gemeinschaft über eine Blockchain. Der Grund, warum sich diese Anwendung 2009 als Erstes durchgesetzt hat, besteht darin, dass Geld relativ einfach digital dargestellt und verwendet werden kann. Die erste Kryptowährung namens Bitcoin wurde von einem unbekannten Erfinder mit dem Pseudonym Satoshi Nakamoto 2008 in einem Whitepaper definiert und Anfang 2009 aktiv gestartet. Seitdem ist der Wert eines Bitcoins ums Tausendfache gestiegen, was größtenteils zu dem Kryptohype der letzten Jahre geführt hat.

Kryptowährungen bergen das Versprechen in sich, von jedem verwendet werden zu können, nicht kontrollier- oder zensierbar sowie extrem schnell zu sein. Außerdem sollen sie einer Hyperinflation vorbeugen können. Seit den Anfangsjahren gibt es Tausende von Kryptowährungen, und die Presse feiert oder beschimpft sie wahlweise. Der Grund hierfür ist neben der volatilen Preisentwicklung eben die unklare Frage danach, für welches Problem denn Kryptowährungen genau als Lösung geschaffen worden sind.

Herausforderungen: Die größte Herausforderung, welche Kryptowährungen meistern müssen, ist die des Marketings. Damit meine ich nicht, dass viele Leute glauben, Kryptowährungen würden hauptsächlich für illegale Zwecke eingesetzt, was nachweislich nicht stimmt. Vielmehr meine ich damit, dass die Menschen Kryptowährungen heute eher als »Versicherung gegen die Finanzwelt« ansehen und (noch) nicht so sehr als Währung. Im Englischen spricht man hier von

Crypto-Asset (Krypto-Vermögenswert) und eben nicht von der Crypto-Currency (Kryptowährung). Mit dem richtigen Verständnis kommen später auch die Akzeptanz und somit die Nutzung selbst.

Eine weitere Herausforderung ist die der Regulation. Man kann zwar dezentrale Währungen schwer regulieren, doch Tauschbörsen können sehr wohl reguliert werden. Einer der Gründe, warum ich Teil der Blockchain-Initiativen bei der Europäischen Union bin, ist genau dieser. Für Firmen ist es ratsam, eng mit dem Regulator zusammenzuarbeiten, um Missverständnisse auszuräumen und regulatorische Möglichkeiten, so gut es geht, zu nutzen.

Falls du dich fragst, wann Kryptowährungen als Währung verwendbar sein werden, so wird das sicher noch ein bisschen dauern. Bis dahin braucht es noch »Überbrückungsprodukte«, wie wir sie zum Beispiel bei TenX in der Zwischenzeit mit der Krypto-Debitkarte anbieten, mit der man Kryptowährungen online und offline überall auf der Welt ausgeben kann. Auf www.tenx.tech kannst du dich daher näher informieren.

Alternativmöglichkeiten: Dass sich Kryptowährungen als »Vermögenswert«, also als Crypto-Asset durchsetzen werden, betrachte ich als sehr wahrscheinlich bzw. als schon geschehen. Hierfür gibt es keine wirkliche Alternative, da es per Definition eine Versicherung gegen das zentral geführte Fiat-Geldsystem ist. Ob sich Kryptowährungen jedoch als wahre Währung behaupten können, bleibt abzuwarten. Es gibt schlichtweg genug Alternativen, die ja gar nicht perfekt sein müssen. Sie müssen nur gut genug sein, vor allem, wenn sie bereits dem Hauptverwendungszweck dienen. Es ist die Trägheit eines bestehenden Netzwerks, die es so schwer macht, neue Vernetzungen zu installieren. Zentral geführte Währungen können aufgrund der Zinsen agil auf wirtschaftliche Veränderungen reagieren – oder natürlich auch durch Hyperinflation viel kaputtmachen. Dennoch wird es für Kryptowährungen schwer werden, Fiat-Währungen komplett zu ersetzen.

Dass Länder grundsätzlich gegen Kryptowährungen sind, ist ein Mythos, der sich hartnäckig hält. Banken und Staaten sind aber prinzipiell offen für Kryptowährungen, nur weiß noch niemand, wie die perfekte Kryptowährung aussieht. Alle warten, während es nur eine Person bräuchte, die Bewegung in die Sache bringt. Dies wird auch passieren. Denn wie es nur eine gute zentrale Währung braucht, um den dezentralen Währungen fast keine Chance zu lassen, so reicht eine weithin akzeptierte dezentrale Währung, um den zentralen Währungen den Kampf anzusagen.

Neben den zentralen Währungen stehen natürlich alle dezentralen Währungen untereinander stark in Konkurrenz. Mittlerweile gibt es Tausende von Kryptowährungen, welche alle den Charakter »digitalen Goldes« für sich beanspruchen wollen. Wie viele wirklich notwendig sind, bleibt allerdings abzuwarten. Ich vermute, gerade mal ein paar Handvoll. Bereite dich deshalb lieber schon mal drauf vor, dass 99 Prozent aller bereits existierenden Kryptowährungen wieder verschwinden werden. Eine Kryptowährung ist zwar in sich selbst rar, jedoch nicht in der Gesamtheit der Kryptowährungen, da man sie immer kopieren kann. Das bleibt ein Risikofaktor, der bei der Frage berücksichtigt werden muss, ob es mögliche Alternativen zur aktuellen Lösung gibt.

<u>Praxisbeispiele:</u> Weil es so einfach ist, eine Kryptowährung zu kreieren, gibt es mittlerweile Tausende Variationen, von denen manche permissionfree und transparent sind, andere wiederum permissioned und nicht transparent. Bei manchen ist eine stetige Inflation eingebaut, andere sind mengenmäßig auf ein Maximum (einen »Cap«) beschränkt und daher deflationär. Manche Kryptowährungen besitzen

starre Regeln, andere wiederum besitzen Smart Rules und teilweise sogar einen Development Fund, der die Entwickler der Kryptowährung bezahlt. Ob du in Kryptowährungen investieren solltest oder nicht, ist einfach zu beantworten: ein klares »Ja«. Das Problem ist nur, in welche von den Tausenden sich ein Investment lohnt. Persönlich würde ich es als höchstwahrscheinlich einstufen, dass eine der bestehenden Kryptowährungen dominant werden wird, doch niemand weiß, welche es sein wird. Deshalb muss man jedes Investment in den Krypto-Bereich als Hochrisikoinvestment einstufen.

Kryptowährungen werden den Finanzbereich massiv umwälzen:

- Banken werden sich überlegen müssen, wie sie bei den Kunden noch mehr Vertrauen durch dezentrale Systeme gewinnen können.
- Nachdem Transaktionsgebühren weltweit gegen null gehen werden, müssen sich Firmen wie Western Union andere Umsatzmodelle überlegen.
- Wechselstuben werden auch straucheln, da durch Währungen, welche global eingesetzt werden können, Geldwechseltransaktionen weniger wichtig werden.
- Online-Bezahldienstleister wie PayPal müssen umdenken. Anstatt die komplette Kontrolle über das Geld der Kunden zu erlangen, müssen sie eher einen Service mit Schnittstellen bieten als eine Komplettlösung für die Abwicklung von Zahlungen.
- Kunden werden in Zukunft ihr Geld wirklich selbst besitzen wollen und dies ist nun einmal nur mit einer Blockchain umsetzbar.

Wenn innovative Finanzinstitute heute schon erste Versuche in diesem Bereich machen wollen, so bietet sich auf jeden Fall ein Service-Angebot an, durch das Kunden der Zugang zu Kryptowährungen ermöglicht wird, gewisse Kontrollen jedoch zentral bleiben. Wer glaubt, dass das Finanzmodell der letzten 100 Jahre noch weitere 100 Jahre funktionieren wird, braucht sich nur all jene Bereiche ansehen, welche durch das Internet komplett revolutioniert worden sind. Blockchain wird die Frage nach der Vertrauenswürdigkeit eines Anbieters auf den Kopf stellen, und Banken haben bisher sehr von dem Vertrauen profitiert, das ihre Kunden ihnen entgegengebracht haben. Wenn allerdings Vertrauen anders geschaffen werden kann, so wird auch der Profit anders gemacht. So kann ich jedem Akteur im Finanzsektor nur raten, diese Konsequenzen genauestens zu durchdenken und Blockchain ins eigene Business-Modell einfließen zu lassen.

Nun ist das Thema Kryptowährungen abgeschlossen, und wir können uns den anderen, teilweise viel spannenderen Blockchain-Bereichen widmen.

MEILEN UND PUNKTE (TREUEPROGRAMME, KREDITKARTEN, AIRLINES ...)

Problembeschreibung: Viele kennen sicher Miles & More, das größte Meilensammelprogramm europäischer Fluggesellschaften. Payback, Kreditkartenpunkte und ähnliche Treueprogramme sind ähnlich gestrickt. Diese Meilenprogramme oder Sammelpunkte funktionieren fast wie eine Währung, nur dass sie intern von einer Firma oder einem Firmenzusammenschluss ausgegeben und verwendet werden. Die Programme werden entwickelt, um die Kundentreue gegenüber dem eigenen Unternehmen zu erhöhen. Deshalb verwendet auch jede Firma ihr eigenes Programm. Einige der Punkte von Kryptowährungen treffen auch hier zu, doch es gibt noch weitere Herausforderungen.

Im Zuge eines Consultingauftrags bei einer der größten Banken in Europa kam das Thema Treueprogramm ins Gespräch. Auf meine Frage hin, was die Bank denn bräuchte, antwortete man mir: Der größte Wunsch der meisten Menschen, die an einem Treueprogramm teilnehmen, bestehe darin, mehr Akzeptanzstellen für die gesammelten Punkte zu haben und nicht Tausende unterschiedlicher Programme zu benötigen. Ein Treueprogramm sei aber nicht dafür gedacht, die gesamte Macht abzugeben, und auch nicht dazu, alles komplett transparent machen. Außerdem hätten die Verantwortlichen nicht die Zeit, sich um Akzeptanzstellen auf der ganzen Welt zu kümmern. Wie also diese Probleme lösen?

Lösungserklärung: Meilen und Punkte werden normal in einer zentralen Datenbank gespeichert, können unlimitiert inflationiert (kreiert) werden. Für Außenstehende sind solche Systeme komplett intransparent. Sie sind gleichzeitig komplett von anderen Programmen abgeschottet, was zu den zuvor beschriebenen Problemen führt. Um einem Unternehmen weiterhin die Kontrolle über das Programm zu geben, jedoch dem Kunden mehr Transparenz und Interaktion mit anderen Programmen zu ermöglichen, könnte man nun einen Mix kreieren: Einerseits eine zentrale Datenbank, in der die Punkte der Kunden kreiert werden und welche von außen nicht einsehbar ist, und andererseits eine Wechselmöglichkeit, bei der Punkte von der Datenbank in eine öffentliche Blockchain gewechselt werden. Dieser sogenannte Peg kann in beide Richtungen funktionieren oder auch nur in eine. Es kann auch eine Wechselrate erfolgen. Dies ist essenziell, da auf einer Blockchain plötzlich ganz andere Möglichkeiten für Kunden entstehen als in einer zentralen Datenbank. Punkte sind nun mit anderen Coins austauschbar und praktisch ubiquitär verwendbar, obwohl die Firma immer noch die Kontrolle des Systems innehat.

Ein Treueprogramm auf die Blockchain zu bringen kreiert einen zusätzlichen Vorteil, wenn andere dies auch machen und so eine Interoperabilität entsteht. Natürlich kann ein Treueprogramm mit einer Kryptowährung verknüpft werden. Richtig spannend wird es jedoch, wenn viele Treueprogramme sich auf diese Weise zu einem Metaprogramm zusammenschließen. Anders als bei vielen anderen Anwendungen erfordern Treueprogramme wenig Kommunikation mit der physischen Welt, sodass es hier keine Reibungspunkte gibt. Doch gerade ein neuer Bereich, welcher auf einem Netzwerkcharakter aufbaut, benötigt noch andere Parteien. Dies führt zu einigen Herausforderungen.

Herausforderungen: Einerseits ist es ein Henne-Ei-Problem, bei dem jeder auf den anderen wartet. Dies ist bei vielen technischen Innovationen so. Eine weitere Herausforderung ergibt sich aus der teilweisen Transparenz des Programms und den damit verbundenen Konsequenzen. Kunden könnten eventuell überrascht sein, wie viele Punkte es tatsächlich gibt, und Regulatoren könnten zusätzliche finanzielle Rückstellungen einfordern, um die Einlösung der Punkte zu garantieren. Ob dies die Anbieter von Treueprogrammen wollen oder nicht, ist alleine ihnen überlassen. Nichtsdestotrotz liegt es im Bereicht des Möglichen, zur Lösung des geschilderten Problems Blockchains zu verwenden – etwas, was ich der Bank im Consulting-Gespräch nicht nur gesagt, sondern vielmehr betont habe: Aufgrund der Vorteile wird es ein Muss sein, das eigene Treueprogramm open zu machen.

Alternativmöglichkeiten: Natürlich könnten sich Treueprogramme auch zentralisiert zusammenschließen. Payback, Miles & More und viele Kreditkartenprogramme versuchen dies ja bereits. Zusätzlich könnten Punktebestände transparenter für Kunden dargestellt werden. Dies wäre eine klare Alternativmöglichkeit und würde eine Blockchain ineffizient machen. Welche Umsetzung sich schlussendlich durchsetzen wird, wird sich zeigen. Doch die Vergangenheit zeigt, dass sich offene Systeme meist leichter tun als geschlossene und stark kontrollierte.

Praxisbeispiele: Wir bei TenX integrieren viele andere Kryptowährungen über unsere Karte, und allein dadurch sehen wir die zahlreichen Anfragen vieler großen Firmen, welche sich überlegen, ihr Treueprogramm auf eine Blockchain zu bringen. Sogenannte Token sind leicht zu kreieren und zu testen. Banken, Kreditkartenfirmen,

Airlines, Hotels, Mietwagenfirmen und sogar Unternehmen wie Grab oder Uber sollten hier auf jeden Fall aufpassen, um ihr Treueprogramm attraktiv zu halten. Das Gleiche gilt für Supermarktketten, Payback, Deutschland Card und vielen weiteren. Die Kunden wünschen sich zahlreiche Akzeptanzstellen und Interoperabilität zwischen den unterschiedlichen Programmen. Des Weiteren könnten Statuslevel durch die erhöhte Transparenz noch besser genutzt und sogar über Treueprogramme hinaus verwendet werden. Nachdem sowohl Status als auch das ganze Punktegeschäft oft ein Basisbestandteil vieler Airlines oder Kreditkartenfirmen ist, muss hier ganz besonders genau hingeschaut werden. Oft ergeben sich nämlich neue Ideen erst, wenn man viele schlaue Leute auf ein Problem ansetzt. Diese finden dann oft zuvor unvorhergesehene Lösungen. Gerade zu Zeiten des Internets und der Globalisierung gibt es dann ein »The winner takes it all«-Ereignis – was in diesem Fall bedeuten kann: Wenn ein Treueprogramm den optimalen, dezentralen Punkt erwischt, könnte es alle anderen Programme auslöschen.

GAMING TOKEN (COMPUTERSPIELE)

Problembeschreibung: Gaming Token verstehen sich ähnlich wie eine Währung in einem Computerspiel, die ein abgeschlossenes System darstellt. Diese Token können in spezielle Features im Spiel geändert werden. Zum Beispiel man kann ein besonderes Schwert kaufen, besondere Kostüme für die Spielfigur erwerben oder sie in andere sogenannte Skins wechseln. Gaming Token kann man entweder mit regulärem Geld kaufen, durch Tausch mit anderen Spielern erwerben oder sie im Spiel durch Erreichen gewisser Ziele erhalten. Gaming Token werden von der Spielefirma zentral über eine Datenbank kontrolliert, und jedes zentrale System braucht das Vertrauen der Community, in diesem Fall der Mitspieler. Viele der digitalen Skins oder

Waffen in einem Spiel, welche gekauft werden können, haben deshalb einen Wert, weil der Spielehersteller verspricht, sie rar zu halten. Zum Beispiel gibt es das große goldene Schwert nur einmal im gesamten Spiel. Nur wie kann ein Spieler sichergehen, dass dies auch so ist?

Lösungserklärung: Über eine Blockchain wäre der Besitz von Token oder Skins ganz einfach transparent darstellbar. Ähnlich wie bei Treueprogrammen könnten auch die Gaming Token zusätzlich über eine Blockchain mit anderen Programmen kompatibler gemacht werden, und so wären die Probleme vieler Gaming Token ganz einfach gelöst.

Herausforderungen: Die große Herausforderung bei dieser Anwendung besteht darin, dass es bei Computerspielen nur wenige Anbieter gibt, welche den gesamten Bereich dominieren. Im Prinzip gibt es vielleicht fünf bis zehn Firmen, welche sich den Computerspielekuchen aufteilen.[16] Auch wenn der Wettbewerb zwischen den einzelnen Parteien hoch ist, so ist Interoperabilität nicht ganz so essenziell wie zum Beispiel bei Treueprogrammen, von denen es Tausende gibt. Es ist also nicht im absoluten Interesse der Großen, hier viele Vorteile für Kunden zu erzeugen, und eine außen stehende Firma wird sich schwertun, ihre Blockchainlösung an eine der Computerspielefirmen zu verkaufen.

Alternativmöglichkeiten: Solange eine Computerspielefirma die Spieler nicht betrügt, Gaming Token nicht unendlich inflationiert und Skins rar hält, wird der Ruf nach einer zwar dezentralen, doch deutlich ineffizienteren Lösung nicht allzu schnell laut werden. Interoperabilität oder Transparenz können, wenn auch nur bedingt, durch zentrale Lösungen ebenfalls geschaffen werden. So scheint die Gaming-Token-Lösung zwar interessant, doch die genaue Umsetzung wird noch ein bisschen auf sich warten lassen.

16 https://www.zippia.com/advice/biggest-video-game-companies-in-america/

Praxisbeispiele: Von Vitalik Buterin, einem der Gründer der Ethereum-Blockchain, stammt das berühmt gewordene Zitat, dass er »von 2007 bis 2010 glücklich *World of Warcraft* gespielt hat, bis die Firma Blizzard eine Zerstörungskomponente seines Verwünschungsspruches geändert hatte. Er heulte sich in den Schlaf und wusste, dass Zentralisierung der Horror war.[17]« Ob sich das wirklich so abgespielt hat oder nicht, ist absolut nicht wichtig. Gleichwohl verdeutlicht diese humorige Äußerung auf anschauliche Art und Weise, welche Macht Dezentralisierung bei einem Computerspiel hätte: Der Spieler wäre wirklich in Besitz und damit in Kontrolle der digitalen Dinge, welche er im Spiel gekauft hat.

2017 wurde das Sammelspiel Cryptokitties auf der Ethereum-Blockchain vorgestellt, bei welchem man digitale Katzen sammeln kann. Das habe ich im betreffenden Jahr als eine der wichtigsten Blockchain-Entwicklungen angesehen. Zum ersten Mal konnten Leute nämlich wirklich dieses digitale Asset eines Spiels besitzen und brauchten sich nicht auf andere Firmen zu verlassen. Cryptokitties ist keine wirklich relevante Blockchain-Applikation. Doch war es das erste Mal, dass ein Spieler seine Katzen auch weiter besitzen konnte, selbst wenn die Firma pleitegehen würde. Vergleichbares wäre es auch mit speziellen Waffen oder Kostümen bei Anwendung einer Blockchain im Bereich der Computerspiele denkbar. Ginge ein Spiel pleite, könnten diese aufgrund ihrer Rarität sogar noch wertvoller werden.

Sollten sich also große Computerspielehersteller dazu entschließen, Token und Skins zu dezentralisieren, hätte dies einen enormen Einfluss auf die anderen Hersteller. Je nach Erfolg der Umsetzung wäre Transparenz und Interoperabilität in ganz anderen Maßen möglich als bisher. Ob und wann das passiert, wird sich jedoch erst zeigen.

17 https://about.me/vitalik_buterin

MEDIA-INHALTE (INSTAGRAM, YOUTUBE …)

Problembeschreibung: Digitale Inhalte wie Fotos oder Videos umgeben uns mittlerweile tagtäglich im Netz. Wir können sie auf zahlreichen Plattformen hochladen, kopieren oder löschen. Stellt man diese digitalen Inhalte jedoch erst einmal online, wird es recht schnell ziemlich schwierig zu wissen, wem das betreffende Foto oder Video ursprünglich gehört hat. Handelt es sich noch um das Originalfoto, oder wurde es verändert? Wie könnte man also den Besitz solcher digitalen Inhalte vertrauenslos dokumentieren?

Lösungserklärung: Anstatt einer zentralen Firma zu vertrauen, welche den Besitz dokumentiert, könnte dies über eine Blockchain ganz einfach vertrauenslos dezentral dargestellt werden. Lädt man ein Foto oder Video hoch, wird der Besitz auf einer Blockchain registriert und damit dokumentiert. Würde dann die Plattform selbst schließen, wären die eigenen hochgeladenen Dateien nicht einfach weg. Der Nutzer besitzt die Daten wirklich selbst. Zusätzlich kann über einen Hash das Foto oder Video so kodiert werden, dass eine Veränderung der Originaldatei zu einem veränderten Hash führen würde. Möchte man den Besitz beweisen, kann man, ähnlich wie bei Kryptowährungen, einfach mit demselben Private Key, mit welchem das Foto kreiert worden ist, etwas signieren und den ursprünglichen Besitz nachweisen.

Herausforderungen: Die große Herausforderung bei dieser Blockchain-Anwendung sind die zahlreichen Möglichkeiten, wie und wo wir digitale Dinge ins Netz hochladen. Es bräuchte also einen Blockchain-Standard, welcher allen Besitz festhält. Ob dies die großen Spieler wie Facebook, Google usw. zulassen, wird eine essenzielle Frage sein, die über den potenziellen Erfolg einer solchen Anwendung entscheidet. Dass eine solche Blockchain zumindest in einer Nische startet, ist vorstellbar. Eine Skalierung braucht hingegen auf jeden Fall viel politische und wirtschaftliche Power. Nur weil also Firmen eine solche Anwendung versprechen, heißt das noch lange nicht, dass sich diese auch flachendeckend durchsetzen wird.

Alternativmöglichkeiten: Alternativen gibt es viele. Entweder wird ein solches System gar nicht gestartet, oder einer der großen Player im digitalen Bereich kreiert eine zentrale Datenbank, in der die Hashes der digitalen Dateien als Besitznachweis gespeichert werden. Wenn man dann zum Beispiel ein Foto auf Instagram hochlädt, erhält man einen eindeutigen Hash, welcher mit einem Zeitstempel kombiniert werden kann und so den Nachweis des Besitzes darstellt. Dies wäre dann eine zentrale Alternativlösung für dieses Problem.

Praxisbeispiele: Ob sich dezentral oder zentral durchsetzen wird, hängt immer vom Vertrauen in die Unternehmen ab. Missbrauchen diese unsere Daten, wird der Ruf nach dezentralen, jedoch nicht so effizienten Lösungen schnell laut. Wir werden in einem der nächsten Kapitel noch einmal von Privatsphäre sprechen, welche durch Blockchain geschaffen werden kann. Ob und inwiefern Fotos, Videos oder andere digitale Dateien im Netz gespeichert werden, wird also nicht nur von einem, sondern von ganz vielen Faktoren abhängen. Jede Firma, welche digitale Speicher anbietet, sollte sich jedoch die unterschiedlichen Möglichkeiten genau anschauen, wenn es darum geht, digitalen Besitz über eine Blockchain darzustellen. Damit meine ich bei Weitem nicht nur Instagram und YouTube.

DOKUMENTE (PDFS, NOTARIELLE URKUNDEN ODER VERTRÄGE …)

Problembeschreibung: Auf den ersten Blick könnte man meinen, dass Dokumente auf einer Blockchain einen ähnlichen Verwendungszweck haben wie Fotos oder Videos: Es geht hauptsächlich um den Nachweis ihres ursprünglichen Besitzers. Dies mag bei E-Books teilweise der Fall sein. Doch ein noch viel wichtigeres Problem ist hier die klare Dokumentation von einem Schriftstück oder von dessen Versionen im Entstehungsprozess. Will man eine Abmachung über eine Word-Datei festhalten und sicherstellen, dass nachher niemand etwas daran verändert, führt praktisch kein Weg an einer PDF-Datei vorbei. Sonst kann man aus einer »1000« ganz einfach eine »10.000« machen. DocuSign sichert zum Beispiel digitale Verträge online ab. Wie jedoch lässt sich ohne zentrale Partei ein Dokument unveränderlich abspeichern, sodass auch sichergestellt ist, dass bei einem erneuten Aufruf der Inhalt genauso ist wie zuvor?

Lösungserklärung: Mit einer Blockchain ist das ohne Weiteres möglich. Das Dokument wird gehasht und erhält eine eindeutige Hash-ID. Diese wird auf der Blockchain abgespeichert und stellt sicher, dass andere Dokumentenversionen durch eine andere ID klar erkennbar sind. So könnten sogar unterschiedliche Dokumentversionen mit Zeitstempel unterschiedlich verwendet werden, und jeder könnte ein solches Dokument mit eigenem Private Key unterschreiben. Wenn Menschen extrem misstrauisch gegenüber dem Staat sind und Angst haben, dass dieser fälschlicherweise belastende Dokumente auf ihren Computer einschmuggeln könnte, ließe sich so sogar eine ganze Festplatte hashen. Wird bei einem externen Zugriff auf die Festplatte etwas verändert, kann man unweigerlich nachweisen, wie die Festplatte zuvor ausgesehen hat. Inwiefern dies einmal ein Anwendungsfall für Blockchains wird, bleibt abzuwarten. Doch muss man immer wieder betonen, wie wichtig ein dezentrales System als Absicherung gegen Zentralisierung sein kann.

Herausforderungen: Die Herausforderungen sind ähnlich der einer Blockchain für Foto- und Videodateien. Abgesehen von einem fehlenden Standard, kommt der notwendige Speicherplatz noch hinzu. Dateien brauchen Speicherplatz. Dieser ist nicht nur nötig, um das Original zu dokumentieren, sondern auch, um es im ursprünglichen Zustand abzuspeichern. Sonst hat man zwar einen eindeutigen Hash auf der Blockchain, doch wenn die Originaldatei weg ist, weiß man nur, dass eine vorliegende Datei nicht dieselbe Datei ist wie diejenige, welche den Hash kreiert hat. Den Inhalt des Originals kennt man dann aber nicht. Wir werden noch über die Vor- und Nachteile dezentraler Datenspeicherung sprechen. Dies ist jedoch derzeit ein noch ungelöstes Problem, welches sich aber hoffentlich durch bessere Speicher- und Übertragungsmöglichkeiten bessern sollte.

Alternativmöglichkeiten: Zentrale Alternativen wie DocuSign gibt es bereits. Bis sich dezentrale Versionen durchsetzen, muss der richtige Standard hierfür definiert und müssen Speichermöglichkeiten gefunden werden.

Praxisbeispiele: Es gibt bereits erste Tests, bei denen Dokumente gehasht werden und daraufhin der Seed auf der Blockchain gespeichert wird. Aufgrund der relativ geringen Kosten kann dies bei wichtigen Dokumenten sogar bei jeder neuen Dokumentversion getan werden. Hier muss man jedoch die Dateien selbst abspeichern, und nur der Hash ist dezentral. Sollten sich solche Proof of Concepts durchsetzen, würde dies den Weg für größer angelegte Projekte ebnen. Das hätte dann heftige Auswirkungen auf Notariate und alle anderen Firmen im Offline- und Onlinebereich, welche Verträge für Kunden zentral als Vertrauenspartner abspeichern.

GRUNDBUCH (LÄNDEREIEN, LIEGENSCHAFTEN, IMMOBILIEN ...)

Problembeschreibung: Der Besitz von Ländereien und Grundstücken gilt seit Jahrhunderten oder vielleicht sogar Jahrtausenden als eines der wichtigsten Symbole für Wohlstand und Status. Für viele Menschen ist es ein Traum, ein eigenes Stück Land mit einem Häuschen darauf zu besitzen. Wenngleich solche Besitzinformationen in den meisten Industriestaaten vertrauenswürdig in einem Grundbuch eingetragen werden, so gibt es weitaus mehr Länder, in denen ein solcher Eintrag keine Garantie für den wirklichen Besitz darstellt. Auch wenn in Europa oder Nordamerika Enteignungen der Vergangenheit angehören, so sind diese bis heute in manchen Ländern Südamerikas, Afrikas und Asiens an der Tagesordnung. Dies verunsichert die eigene Bevölkerung und führt zu Aufständen. Zudem hält die Ungewissheit über Hab und Gut ausländische Firmen davon ab, notwendige Investitionen in einem Land zu tätigen. Es fehlt an Vorhersehbarkeit, ob eine Regierung trotz entsprechendem Grundbucheintrag nicht einfach hergeht, diesen für nichtig erklärt und den dort eingetragenen Land-, Liegenschafts- oder Immobilienbesitzer enteignet.

Lösungserklärung: Eine Blockchain könnte hier Abhilfe schaffen. Anstatt den Besitz von Land nur in einem zentralen Register einzutragen, speichert zum Beispiel jeder Landbesitzer den Landbesitz jedes anderen ebenfalls ab. Die Kosten für diese Blockchain könnten durch eine kleine Steuer auf den Landbesitz getragen werden. Das würde gleichzeitig die Dezentralisierung der Blockchain absichern. Damit man zum Beispiel nicht einen Private Key verlieren kann, könnten, je nach Regelung, gewisse Schritte nur nach zentraler Erlaubnis unternommen werden. Auf diese Weise könnte man seinen Private Key nach Verlust irgendwie wieder zurückbekommen; jedoch kann keine zentrale Partei ohne Erlaubnis etwas verändern, was in diesem dezentralen System dargestellt ist.

Herausforderungen: Die Herausforderungen dieser Lösung sind oft emotionaler Natur. Einerseits ist den Menschen nichts so wichtig wie das eigene Heim. Sie wollen sicherstellen, dass niemand es ihnen wegnehmen kann. Doch andererseits erscheint es manchem unheimlich, wenn der eigene Besitz plötzlich nicht mehr in einem Grundbuch nachlesbar ist, sondern über zahlreiche Computer verteilt gespeichert wird. Ich erinnere mich noch gut an eine hitzige Diskussion mit meinem Vater, in der er wutentbrannt vom Esstisch beim Abendessen aufgesprungen ist, weil er sich nicht vorstellen konnte, dass Grundstücke jemals nicht in einem zentralen Register abgespeichert werden würden. So, wie das für ihn vielleicht heute noch unvorstellbar ist, so wird das für viele Menschen noch ein Weilchen dauern, sich mit dem Gedanken anfreunden zu können. Die Lösung hier besteht darin, zunächst zwei Systeme parallel zu betreiben, ein zentrales Grundbuch und eine Grundstück-Blockchain – Letztere am Anfang wahrscheinlich auf freiwilliger Basis. Nach einiger Zeit, eventuell erst nach Jahren oder sogar Jahrzehnten, wird dann vollständiges Vertrauen in das dezentrale System vorhanden sein. Dann kann das Grundbuch weggelassen werden. Vergleichbar ist das mit Wörterbüchern, deren Online-Version anfangs eher als Zusatz zu physischen Wörterbüchern angesehen wurde, die heute jedoch in der Regel als Hauptnachschlagewerk verwendet wird.

Alternativmöglichkeiten: Natürlich müssen hier Vorteile für alle Parteien entstehen – nicht nur für die Grundstücksbesitzer. Auch der Staat muss profitieren, sonst wird er nicht so einfach die Macht der Grundstückskontrolle aus der Hand geben. Will ein Staat Vertrauen bei ausländischen Partnern gewinnen, so muss Vorhersehbarkeit existieren. Gerade für Entwicklungsländer ist das essenziell. Dafür muss natürlich nicht unbedingt eine Blockchain ins Leben gerufen werden, doch könnte dies enorm helfen. Wie immer ist das zentrale System, das allgemeines Vertrauen genießt, eine Topalternative – solange dieses bestehende Vertrauen nicht missbraucht wird. Andererseits könnte auch eine distributed (also verteilte) anstatt dezentrale Lösung kreiert werden. Hier kann zwar eine zentrale Partei über die Eintragungen entscheiden, es bleiben jedoch zahlreiche Kopien des Eintragungsregisters bei den Beteiligten. Diese können bei Missbrauch aufgrund der Dokumentation auf einfachere Weise Anklage erheben. Gerade bei einem solchen Anwendungsfall ermöglichen Geschwindigkeit und Skalierung ein dezentrales System. Bei vielen anderen Anwendungsfällen wie Währungen führen Update-Limits oft zum Problem. Bei Ländereien, wo nicht jede Millisekunde ein Update erfolgt, wird dies jedoch wahrscheinlich eher nicht so ins Gewicht fallen.

Praxisbeispiele: Viele Länder weltweit forschen glücklicherweise in dieser Richtung. Vor ein paar Jahren war ich zum Beispiel für ein Consulting-Projekt in diesem Bereich in Indien. In einem Investoren-Pitch haben wir 2015 eine Summe von 15.000 USD für ein solches Projekt in Afrika gewonnen; und auch Länder in Südamerika oder die US-Bundesstaaten testen unterschiedliche Möglichkeiten in dieser Anwendungskategorie. Ein Vorteil, welcher bei einer Blockchain-Lösung zusätzlich hinzukommt, ist der der Blockchain-Interoperabilität, welchen wir später noch besprechen werden. Diese Interoperabilität erlaubt einen einfacheren Austausch von Werten auf einer Blockchain. So könnten theoretisch irgendwann Gold, Treuepunkte und vieles mehr direkt in Grundstücke getauscht werden, ohne dass es auf die zusätzlichen Kosten und Transaktionsgeschwindigkeiten von Währungen ankäme.

IDENTITÄT (STAATSANGEHÖRIGKEIT, PÄSSE, PERSONALAUSWEISE …)

Problembeschreibung: Menschen identifizieren sich seit Jahrhunderten durch Ausweise. Egal ob Reichszugehörigkeitsnachweise im Mittelalter oder Pässe heute – diese von einer zentralen Behörde ausgestellten Identifikationsnachweise belegen, wer wir sind und woher wir kommen. Egal, ob wir von Identifikationsdiebstahl sprechen, welcher mittlerweile zu einem der häufigsten Diebstähle überhaupt zählt[18], oder von dem Problem, überhaupt kein Ausweisdokument zu haben, entweder weil es verloren ging, gestohlen wurde oder es aufgrund politischer Probleme nicht mehr anerkannt wird – der Nachweis der eigenen Identität ist eine uns täglich umgebende Herausforderung. Was, wenn jemand eine Kopie deines Reisepasses hat

18 https://archive.is/20070630200700/http://www.ojp.usdoj.gov/bjs/abstract/it05.htm

und sie dafür nutzt, Fake-Profile im Internet anzulegen? Was, wenn ein Land einen Krieg eingeht und dessen Einwohner zu politischen Flüchtlingen ohne gültige Dokumente werden? Viele dieser Probleme könnten dadurch verhindert werden, dass Identifikation nicht zentral, sondern dezentral vollzogen wird.

Lösungserklärung: Bei einer Identifikations-Blockchain könnten die Teilnehmer andere Teilnehmer eindeutig verifizieren. Anstatt eines Reisepasses hättest du also einen einzigartigen Public Key, welcher durch Interaktion mit anderen auf der Blockchain an Verifikation und damit Reputation gewinnen würde. Ein Staat hätte also zum Beispiel einen Schlüssel für einen Staatsnachweis und würde deinen Public Key signieren. Das Krankenhaus könnte zur Erstellung der Geburtsurkunde dasselbe machen. Am Ende entsteht eine digitale Identität, welche online zwar anonym ist, über einen Key jedoch klar der betreffenden Person zuzuordnen wäre. Man bräuchte für eine Identifikation keinen Reisepass mehr vorzuzeigen oder dessen Daten einzugeben, sondern könnte mit seiner Identität etwas schlichtweg signieren. So ließe sich beweisen, wer man ist, und niemand könnte hergehen und mit der Identität eines anderen etwas anderes signieren. Die Zahlen von Identitätsdiebstahl würden merklich sinken. Zudem wäre es deutlich schwerer, gefälschte Identitäten zu kreieren. Denn anstatt einen Pass zu fälschen, müsste man aus dem Nichts unterschiedliche Schlüssel inklusive der zugehörigen Zeitstempel kreieren. Weil Zeitstempel, also die Angabe, wann etwas passiert ist, auf einer Blockchain nicht zu faken sind, müsste man zum Beispiel 25 Jahre warten, bis ein nun 50-Jähriger, welcher aussehen müsste wie ein 25-Jähriger, einen gefälschten Ausweis nutzen könnte. Jegliche Änderung würde klar ersichtlich sein, und Prozesse, welche keinen Sinn ergeben, würden von einer anderen Partei nicht anerkannt werden. Gleichzeitig wäre eine solche Identität jemandem nur schwer zu entziehen. Es wäre, als wenn man jemandem Bitcoins stehlen wollte. Sicherlich ist das möglich, doch es ist deutlich schwerer, als jemandem einfach den Pass zu sperren oder wegzunehmen. Politische Flüchtlinge hätten also immer noch die Möglichkeit, sich auszuweisen, und der Pass eines Edward Snowden hätte dann zum Beispiel nie für ungültig erklärt werden können.

Herausforderungen: Natürlich gibt es für die Identifikation auf der Blockchain noch mehr Herausforderungen zu bewältigen, als bereits an Teillösungen existieren. Einerseits muss geklärt werden, wie der Private Key gespeichert wird. Das Risiko, diesen kreiert zu haben und ihn dann zu verlieren, ist viel zu hoch. Die beste Möglichkeit bestünde darin, den Private Key aus biologischen Merkmalen zu kreieren, indem man zum Beispiel den Fingerabdruck, Iris-Scan oder Gesichtsmerkmale dafür nimmt. Leider sind diese teilweise leicht zu fälschen. Daher wird diese Blockchain-Lösung meiner persönlichen Meinung nach erst dann massentauglich, wenn unser Gehirn direkt mit einem Computer interagieren kann. Dies wird wahrscheinlich in nicht so weiter Ferne der Fall sein. Dieser Schluss liegt nahe, wenn man sich die technischen Möglichkeiten rund um bionische Prothesen ansieht, bei welchen Patienten künstliche Gelenke allein durch ihre Gedanken bewegen können. In Zukunft wird man also wahrscheinlich seinen Private Key für die eindeutige Identifikation fälschungssicher durch das eigene Gehirn kreieren.

Neben diesem Problem der Mensch-Blockchain-Interaktion, welches übrigens noch ein oft genanntes Problem vieler Blockchain-Lösungen sein wird, gibt es natürlich das Problem des Vertrauens in ein solches System. Plötzlich hat man keinen Reisepass mehr in der Hand, sondern muss darauf vertrauen, dass alle anderen Nodes im Netzwerk bestätigen, dass man ist, wer man vorzugeben scheint. Und des Weiteren braucht eine solche Lösung nicht dezentral zu erfolgen.

Alternativmöglichkeiten: Theoretisch könnte eine solche Identifikationslösung auch über ein zentrales System erfolgen. Facebook könnte zum Beispiel eine Art Ausweisdokument erzeugen, was ja bereits teilweise bei Online-Verifikationen verwendet wird. Auch Zusammenschlüsse von Staaten hätten die Möglichkeit, zwar zentral, aber dennoch verteilt die Ausweisdokumente ihrer Bürger abzuspeichern und so die Möglichkeiten der Identifikation zu verbessern.

Praxisbeispiele: Versuche, die in diese Richtung laufen, gibt es bereits viele – sowohl positiver als auch negativer Natur. In Südafrika zum Beispiel wurde der erste Bierautomat präsentiert, der dezentral nachprüft, ob du älter als 21 Jahre bist, und damit, ob du die rechtlichen Voraussetzungen dafür erfüllst, ein Bier zu bekommen.[19] Natürlich sind diese Beispiele nichts anderes als ein Proof of Concept und eher als Gag zu sehen. Doch größer angelegte Projekte von Regierungen sind bereits im Anfangsstadium. Der Ruf nach zu großer Transparenz und absoluter Kontrolle durch Big Brother darf hierbei jedoch nicht vergessen werden. In China gibt es zum Beispiel erste Versuche, durch eine solche Identität komplette Kontrolle über die Bürger zu bekommen und so eine Einteilung der Gesellschaft nach ihrem Wohlverhalten zu erreichen.[20] Wie schon bei den Stärken und Schwächen dezentraler Systeme angesprochen, müssen solche Dinge auf jeden Fall bedacht werden, damit am Ende nicht ungewollt ein Szenario wie bei George Orwell eintritt, bei dem jeder komplett überwacht wird. Das wäre das Gegenteil dessen, was man eigentlich erreichen wollte.

PATENTE UND MARKEN (PATENTAMT, IP-VEREINIGUNGEN …)

Problembeschreibung: Jeder, der schon einmal eine Firma gründen, eine Marke registrieren oder eine Erfindung sichern wollte, stand schon vor der gleichen Frage: Wann soll ich eine Marke oder ein Patent eintragen? Wie teuer ist eine Eintragung? Wo muss ich die Marke

19 https://www.coindesk.com/the-worlds-first-crypto-beer-vending-machine-has-arrived/
20 https://en.wikipedia.org/wiki/Social_Credit_System

oder das Patent eintragen lassen? Gibt es hierfür bereits eine Eintragung von einer anderen Person beim Patentamt? All diese Fragen sind leider nicht allzu leicht zu beantworten, denn weltweit sind die Patentanmeldungen in jedem Land anders geregelt, und es gibt zahlreiche unterschiedliche Vereinigungen. Eintragungen sind teuer und (patent-)anwaltliche Nachforschungen aufwendig.

Lösungserklärung: Aus den oben genannten Gründen sind Patente ein Paradebeispiel für eine Blockchain. Vereint man Timestamps (Zeitstempel) mit einem von einem Patentinhalt ausgehenden Hash, so erhält man eine Blockchain, welche den genauen Zeitpunkt einer Patentanmeldung und den genauen Inhalt des Patents definiert. Noch dazu ist diese Blockchain komplett transparent und für jeden zugänglich. Hash-Kollisionen wären teilweise als bereits existierendes Patent erkennbar und würden (Patent-)Anwaltskosten senken. Der Patentbesitz wäre so sowohl zeitlich als auch besitzbezogen eindeutig definiert und zu geringeren Kosten zu haben als die komplexen heutigen Lösungen.

Herausforderungen: Abgesehen davon, dass sich Vereinigungen weltweit auf einen Blockchain-Standard für Patente einigen müssten, gibt es immer noch die Herausforderung, wie man unterschiedliche Patente in Hashes einheitlich umwandelt. Dies sind jedoch Probleme, mit welchen viele andere Blockchain-Anwendungen ebenfalls zu kämpfen haben und die wahrscheinlich in absehbarer Zeit gelöst werden.

Alternativmöglichkeiten: Wie bei vielen Blockchain-Alternativen könnte auch hier ein nicht rein dezentrales System zum Tragen kommen. Denkbar wäre stattdessen ein vereinheitlichtes verteiltes System. Des Weiteren müsste das Rechtssystem, wie bei den anderen Anwendungen auch, die Information auf der Blockchain als rechtskräftig anerkennen.

Praxisbeispiele: Derzeit sind mir noch keine Beispiele bekannt, bei denen eine Blockchain dezidiert für diese Anwendung verwendet wird, allerdings integrieren Menschen vielfach Hashes aus Timestamps als Nachricht in andere Blockchains, um einen zusätzlichen Nachweis für ihr Patent zu besitzen, auch wenn dieser Nachweis heutzutage wahrscheinlich noch nicht gerichtsfest wäre. Ob ich heute einem Unternehmen zutrauen würde, den Patentschutz über eine Blockchain erfolgreich zu etablieren, das traue ich mich nicht vollständig überzeugt zu sagen. Ich glaube fast, dass eine solche Innovation von Regierungen selbst kommen muss, um einen Standard festzulegen.

Viele der Anwendungen aus diesem Kapitel profitieren nicht nur vom klaren Eigentumsnachweis einer Blockchain, sondern auch von anderen Vorteilen eines dezentralen Systems. Im nächsten Kapitel geht es um Privatsphäre und deren Anwendungen.

BLOCKCHAIN-ANWENDUNGSBEREICH 2: DATENSCHUTZ

Durch Anonymisierung und teilweise Intransparenz bietet eine Blockchain eine undurchdringliche Privatsphäre für jeden und alles.

Wir haben das Thema der Privatsphäre bei einer Blockchain schon an anderer Stelle in diesem Buch besprochen. Es geht hier darum, Anonymität, also das Wissen darüber, wer sich hinter einer Adresse verbirgt, zu verbinden mit Transparenz, also dem Wissen, welche Abläufe auf einer Blockchain gespeichert werden. Im Abschnitt über die Kryptowährungen hast du die Gegenargumente etwa bei Geldwäsche kennengelernt. In diesem Kapitel jetzt geht um Blockchain-Applikationen für Probleme, welche aufgrund fehlender Privatsphäre aktuell noch gar nicht gelöst sind, oder die sich durch die Blockchain deutlich verbessern und sicherer machen ließen.

MEDIZIN (PATIENTENDATEN, VERSCHREIBUNGEN, IMPFPÄSSE …)

<u>Problembeschreibung</u>: Diese Blockchain-Applikation liegt mir ganz besonders am Herzen, da sie mich 2014 als Exmediziner in die Blockchain-Welt gebracht hat. Nur allzu oft habe ich es erlebt, dass bewusstlose Patienten in die Unfallchirurgie kamen und wir nichts über ihre Patientengeschichte wussten. Keine Angaben über Allergien, über Vorerkrankungen, nichts! Hoffentlich musstest du noch nie wegen eines schweren Unfalls ins Krankenhaus. Aber vielleicht hast du dich schon einmal gefragt, warum du dieselben Untersuchungen wie-

der und wieder über dich ergehen lassen musst und warum denn dein Arzt einen Laborbericht oder eine Röntgenaufnahme nicht einfach speichern und anderen Ärzten zugänglich machen kann.

Es ist der jahrzehntelange Kampf von Datenschutz versus Informationsbereitstellung. Eigentlich wäre es ein riesiger Vorteil, wenn alle Tests, Bildaufnahmen und Befunde über uns gespeichert würden. Wenn wir dann zu einem Arzt gingen, könnte er alle Infos mit unserer Erlaubnis per Knopfdruck abrufen. So bräuchte er sich nicht durch wiederholte medizinische Tests die Informationen beschaffen, welche sich wahrscheinlich bereits zahlreiche andere Ärzte vor ihm beschafft haben. Doch die Aussage »mit unserer Erlaubnis« stellt ein gewisses Problem dar. Unsere eigenen medizinischen Daten sind enorm kostbar. Fallen diese Informationen in die falschen Hände, könnte ein Mensch zum Beispiel plötzlich unversicherbar sein. Denn eine Versicherung könnte zu der Auffassung kommen, dass er aufgrund seiner gesamten medizinischen Geschichte, verbunden mit seiner genetischen Disposition, ein viel zu hohes Risiko für Krankheit X oder Y aufweist. Werden Kreditkartendaten von einem Server gestohlen, ist das zwar ärgerlich, man kann jedoch ganz einfach seine Karte sperren lassen und eine neue beantragen. Geraten aber deine genetischen Informationen oder deine Krankheitsgeschichte in unbefugte Hände, so kannst du diese nicht einfach verändern oder ungültig machen. Du musst dann damit leben, dass Firmen sie gegen dich verwenden.

Die Herausforderungen im Bereich der medizinischen Datenspeicherung sind ein Paradebeispiel für die Abwägung eines enormen Nutzens gegenüber einem Worst-Case-Szenario: Eigentlich hätte gerne jeder Patient ein solches Datenregister für sich, um einem behandelnden Arzt das Maximum an Information zu geben, das dieser für eine sichere Diagnose, Therapie oder Beschwerdelinderung braucht. Das potenzielle Risiko eines Datenmissbrauchs ist aber viel zu hoch. So gibt es bis heute keine überzeugende Lösung, und in Zeiten der Datenschutzgrundverordnung (DSGVO) scheint dieses Bestreben in noch weitere Ferne zu rücken. Wäre da nicht die Blockchain-Technologie ...

Lösungserklärung: Die dezentralen Datenspeicherungsmöglichkeiten einer Blockchain sind wie gemacht für dieses Problem. Liegen zum Beispiel auf einem zentralen Server einer Firma Daten im Wert von 1 Milliarde Euro von einer Million Nutzer, so würde es für einen Angreifer reichen, 900 Millionen Euro zu investieren, um 100 Millionen Euro Gewinn zu machen. Dies macht es so unglaublich schwierig, zentrale Server abzusichern. Je mehr Leute einen Service nutzen, desto riskanter wird es für alle. In einem dezentralen System ist aufgrund der gebotenen Privatsphäre genau das Gegenteil der Fall. Bei einer Blockchain gibt es keinen Server, der gehackt werden kann. Daten werden von jedem dezentral gespeichert. Um daran zu gelangen, muss jedes einzelne Private-Key-Public-Key-Paar der Nutzer gehackt werden. Angenommen, eine Million Nutzer speichert jeweils ebenfalls Daten im Wert von 1000 Euro pro Nutzer. Diese Daten im Gesamtwert von 1 Milliarde Euro liegen nirgendwo auf einem Haufen. Sie sind auf die Nutzer verteilt. Das Maximum, was ein Angreifer hier herausbekommt, sind 1000 Euro pro Angriff. Zugleich kostet im Fall von Blockchain ein Angriff fast gleich viel wie der Angriff auf einen großen Server. Auch wenn ein solcher Angriff nur ein Tausendstel kosten würde, so würde dieser 100.000-Euro-Angriff einen Verlust von 99.000 Euro bringen. Es würde sich also nie lohnen, einen Hack auf ein solches dezentrales System zu versuchen.

Die Privatsphäre einer Blockchain stellt also eine optimale Lösung für die Medizin dar. Ein Patient kreiert einen Private Key, speichert seine Daten komplett anonym, und wenn er bei einem Arzt ist, kann nur der Patient selbst die Daten entschlüsseln. Das sind die Vorteile eines von überallher zugänglichen Systems, das zugleich die Gewissheit bietet, dass niemand an die Daten heran kommt außer dem rechtmäßigen Eigentümer des Private Key. Es gibt jedoch noch ein paar Herausforderungen, welche hierfür gemeistert werden müssen.

Herausforderungen: Die Herausforderungen sind nicht anders, als bereits bei anderen Anwendungen besprochen. Einerseits gilt es die Frage der Datenspeicherkapazitäten zu lösen. Laborberichte, Scans und Unterlagen benötigen enormen Speicherplatz, welcher so bisher auf der Blockchain noch nicht zur Verfügung steht. Zudem ist die Private-Key-Generierung wie beim dezentralen Identitätsnachweis eine Herausforderung. Wie generieren? Wie speichern? Wie sichern? Wie abrufen? Die Unterschiede definieren zum Beispiel, ob der Private Key eines Patienten auch abgerufen werden kann, wenn dieser etwa bewusstlos ist, oder ob er nur nutzbar ist, wenn der Patient dies bewusst entscheidet und auch entscheiden kann. Schlussendlich ist die Frage nach einem Standard gerechtfertigt. Denn nur, wenn man sich hierauf irgendwie einigt, können die eigenen Daten auch von allen potenziell involvierten Ärzten gelesen werden.

Alternativmöglichkeiten: Zum ersten Mal sehe ich bei einer möglichen Blockchain-Anwendung keine zentralisierte Applikation als Alternative. Sowohl bei Kryptowährungen als auch bei vielen anderen Applikationen ist dies nämlich immer ein Diskussionspunkt. Bei unseren Daten sehe ich eher das Gegenteil. Ich wage die Behauptung, dass hier das Risiko einer zentralen Konkurrenz praktisch ausgeschlossen ist. Die einzige Alternative, die ich sehe, besteht darin, dass man keine Blockchain nutzt, sondern dass jeder Patient die eigenen Daten irgendwie selbst speichert oder bei sich aufbewahrt. Wenn wir Menschen in Zukunft immer mehr mit Maschinen verschmelzen, ist so etwas auch in digitaler Form denkbar. Man könnte sich einen kontaktlosen Chip implantieren, auf dem alle Daten gespeichert sind und wieder abgerufen werden könnten. So wäre gar nichts in der Cloud gespeichert, und nur der Patient selbst hätte Zugriff auf die Daten. Wenn dir das zu futuristisch klingt, dann lass mich dir sagen: Ich habe schon Menschen persönlich getroffen, welche dies zur gesundheitlichen Vorsorge bereits machen. Vieles, was heute verrückt klingt, kann in 20 Jahren ganz normal sein. Denk einfach an Social

Media usw. Als Unternehmer gilt es, solche Wellen kommen zu sehen. Der Nachteil einer solchen Lösung der Chipimplantierung wäre die der fehlenden Redundanz: Geht der Chip kaputt oder verloren, sind die Daten für immer weg. Bei einer Blockchain wäre das unmöglich. Eventuell gibt es also gerade am Anfang eine Kombination aus beiden? Wir werden sehen.

Praxisbeispiele: Lösungsansätze gibt es schon viele. Fast täglich erhalte ich Anfragen von Start-ups, ob ich nicht als Advisor (Berater) mitwirken will. Auch wenn ich großes Interesse hätte, mitwirken könnte ich nur, wenn ein solches Start-up schon ein bisschen formiert wäre und eine klare Idee zur Umsetzung hätte. Persönlich würde ich hier mit einer Nische an Patienten starten und zum Beispiel mit Impfpassdaten oder Rezepten starten. Jeder, der schon mal seinen Impfpass verloren hat, weiß, wie ärgerlich dies ist. Die Impfdaten zu speichern, das wäre noch keine allzu schwierige Blockchain-Anwendung. Es wäre ein guter Proof of Concept, welcher später auf andere Bereiche ausgeweitet werden könnte. Solltest du hier schon einige gute Umsetzungen haben, kannst du mich und mein Team gerne kontaktieren. Details dazu findest du im Unternehmerkapitel am Ende. Auf jeden Fall sollten sich Firmen im Gesundheitsbereich sowie Chiphersteller diese Dinge ganz genau anschauen.

Die ersten Abschnitte über Blockchain-Anwendungen sind meist ein bisschen länger. Die darauffolgenden bauen dagegen in anderen Bereichen auf ähnlichen Prinzipien auf, und die Schilderung der Vor- und Nachteile kann teilweise entfallen. Das heißt: Die nächsten Abschnitte können kürzer ausfallen. Schauen wir uns also im nächsten Abschnitt das Thema Datenschutz in Kommunikation, Social Media und bei Passwörtern an.

KOMMUNIKATION (WHATSAPP, E-MAIL, SMS ...)

Problembeschreibung: Ähnlich wie bei anderen Datenschutzanwendungen ist Vertrauen in der elektronischen Kommunikation ein essenzielles Problem. Zu oft hört man, wie der US-Geheimdienst NSA E-Mails mitliest, Nachrichten abgreift und Telefonate mitschneidet. Zudem können zentrale Behörden Kommunikation unterbinden, was gerade bei Aufständen schon häufiger vorgekommen ist.

Lösungserklärung: Eine Blockchain könnte Kommunikation dezentralisieren und damit einem Unternehmen die Macht entziehen, Kommunikationsdaten entweder selbst auszulesen, sie an staatliche Behörden weiterzuleiten oder sie zu blockieren. Der Ablauf ist der gleiche wie bei anderen Blockchain-Applikationen auch. Anstatt alles über einen zentralen Server laufen zu lassen, wird Information dezentral geroutet, sodass niemand die Daten selbst hat. Somit kann auch niemand sie blockieren, auslesen oder weitergeben.

Herausforderungen: Die wichtigste Herausforderung hierbei ist dieselbe, welche dezentrale Peer-to-Peer-Systeme (also Rechnernetzwerke ohne Zentralrechner) beim Routing haben: Mit jedem zusätzlichen Teilnehmer steigt die Anzahl der möglichen Routingmöglichkeiten exponentiell an. Gibt es die vier Teilnehmer A, B, C, D, so gibt es sechs Routingmöglichkeiten (3+2+1). Bei fünf Teilnehmern sind es jedoch schon zehn Möglichkeiten und bei sechs Teilnehmern 15. Ein optimaler Kommunikationskanal ist schon ab einer relativ überschaubaren Teilnehmerzahl ohne zentrale Routingstelle, welche die Informationsweitergabe kontrolliert, nicht mehr möglich. Deshalb leiden sowohl die Übertragungsgeschwindigkeit als auch die Skalierungsmöglichkeiten in einem solchen System.

Alternativmöglichkeiten: Während ein solches System für Basistextübertragung denkbar wäre, so wird es hier eher in die Richtung einer zentralen Kommunikationslösung mit hervorragender End-to-Endkommunikation gehen. Ähnliche Lösungen werden bei

Signal, WhatsApp und Pretty Good Privacy (PGP) teilweise schon angewandt. Läuft die entsprechende Lösung auf einem Open-Source-System, wie Signal das zum Beispiel macht, kann sie auch nicht so einfach von einem Staat blockiert werden.

Praxisbeispiele: Aus meiner Sicht sind derzeit die meisten Blockchain-Firmen im »Kommunikationsbereich« eher auf dem Holzweg als auf dem Weg, ein wahres Problem zu lösen. Trotzdem sollten sich E-Mail-Provider und Nachrichtenprogramme solche dezentralen Lösungen ansehen. Vielleicht lässt sich ein Teil der Kommunikation, welcher nicht so datenintensiv ist, dezentral anbieten, um von den Vorteilen einer Blockchain zu profitieren.

SOCIAL MEDIA UND SUCHMASCHINEN (FACEBOOK, GOOGLE ...)

Problembeschreibung: Social Media und Suchmaschinen rücken aus naheliegenden Gründen oft in den Fokus der Datenschützer. Für die Nutzer ist die Verwendung von Facebook, Google und Co. vermeintlich kostenlos. Doch wie wir gerade 2017 bei dem Schlamassel mitbekommen haben, welchen Facebook mit dem Datenklau angerichtet hat, bezahlen wir alle mit unserer Privatsphäre. Abgesehen davon stellt sich oft die Frage, wie Social-Media-Plattformen sich dagegen wappnen könnten, von einzelnen Nutzern oder Nutzergruppen missbraucht zu werden, etwa um Wahlen und dergleichen zu beeinflussen.

Lösungserklärung: Hier kommt Blockchain wie gerufen. Einerseits gibt ein Nutzer seine eigenen Daten nicht aus der Hand, andererseits gibt es keine zentrale Einheit, welche Fotos, Posts oder Videos zensieren könnte. Wer die Inhalte bereitstellt, könnte zusätzlich direkt an den Werbeeinnahmen beteiligt werden. Damit ließe sich eine Win-win-win-Situation herbeiführen, bei der Betreiber, Kreierer und Nutzer gleichermaßen gewinnen.

Herausforderungen: Was in der Theorie gut klingt, lässt sich in der Praxis oft schwer umsetzen. Menschen agieren schlichtweg ganz anders, wenn ihnen klar ist, dass sie ungestraft alles tun dürfen. So werden auf den derzeitigen dezentralen Social-Media-Plattformen viele rassistische und religionsfeindliche Inhalte hochgeladen, welche auf zentralen Plattformen sofort zensiert würden. Nachdem die Uploader nicht ausfindig gemacht werden können, stellt sich somit auch die Frage, wie dies in Zukunft unterbunden werden sollte. Der schlechte Content zeigt zusätzlich noch einen Trägheitseffekt: Leute nutzen gerne Netzwerke, wo möglichst viele ihrer Bekannten und Freunde ebenfalls sind. Nur wenn genug Antrieb zum Wechseln vorherrscht, werden andere Plattformen genutzt. Als Content-Creator bietet man seine Inhalte ebenfalls nur dort an, wo man auf die meisten Konsumenten trifft und man entsprechend die größten finanziellen oder gesellschaftlichen Auswirkungen hat.

Alternativmöglichkeiten: Google, Facebook und Co. werden also definitiv noch länger ihre zentralen Lösungen anbieten. Solange dadurch eine passende Balance zwischen Privatsphäre und Leistung gewährleistet ist, wird sich daran noch für längere Zeit nichts ändern. Persönlich stehe ich daher dezentralen Socia-Media-Plattformen sehr skeptisch gegenüber. Sie anzubieten klingt in der Theorie gut, in der Praxis bringen sie aber viele Probleme mit sich, welche zentrale Plattformen eben nicht haben.

Praxisbeispiele: Dezentrale Proof of Concepts gibt es bereits einige. Doch gleichgültig, ob dezentrale Blogs, Video-Plattformen, Instagram-Wettbewerber oder Podcast-Seiten, sie alle scheitern derzeit am fehlenden Interesse und an der fehlenden Qualität. Zwar glaube ich, dass sich das irgendwann bessern wird. Doch wird dies noch deutlich länger dauern, als manche vorhersehen. Denn die Trägheit eines Netzwerks wirkt hier jeglicher Neuerung entgegen. Schauen wir, ob sich die bestehenden Social-Media Firmen und Suchmaschinen irgendwann einen so drastischen Schnitzer leisten, dass die Menschen gewillt sind, auf andere dezentrale Plattformen umzusteigen und deren Probleme in Kauf zu nehmen.

DATEN UND PASSWÖRTER (KREDITKARTENDATEN, ZUGANGSDATEN ...)

Problembeschreibung: Neben den bereits erwähnten Anwendungen gibt es natürlich noch zahlreiche andere, welche von einem perfekten Datenschutz profitieren könnten. Die Frage, wie man sein Passwort oder andere Zugänge hochsicher abspeichern könnte, besteht schon lange; und alle bestehenden Passwörter und Zugangsdaten stellen bei zentralen Systemen ein attraktives Angriffsziel dar.

Lösungserklärung: Dezentrale Systeme könnten hier zum Beispiel alle Passwörter über einen eigenen Private Key sichern. Nachdem dies auf allen Computern gleichzeitig passiert, wäre ein Hacker-Angriff praktisch ausgeschlossen.

Herausforderungen: Dieses Problem via Blockchain zu lösen, dazu ist auf jeden Fall noch viel Aufklärung nötig, damit immer mehr Menschen die Probleme bei Passwörtern, Kreditkartendaten usw. klarer werden. Gerade bei den rein digitalen Anwendungen fallen ja viele der physischen Herausforderungen weg, wie sie etwa beim Thema Identität bestehen. Aus diesem Grund wären Blockchains hier ausgesprochen gut geeignet.

Alternativmöglichkeiten: Verliert man jedoch zum Beispiel den Private Key zu seinem dezentralen Passwort-Manager, dann war's das mit den Passwörtern. Nötig ist hier eventuell die eine oder andere Kombinationslösung, um nicht einen K. o. des Nutzers zu verursachen.

Praxisbeispiele: Datenschutz wird immer wichtiger; und je mehr Hacks und negative Nachrichten es bei zentralen Services gibt, desto eher gebe ich Start-ups in diesem Bereich eine Chance. Gründet man in einer strategischen Nische im digitalen Bereich, so sind die physischen Herausforderungen anderer Blockchain-Anwendungen nicht existent, und die Vorteile einer Blockchain kommen zum Vorschein. Neben Passwort-Managern sollte man als Leser an alle Dienstleistungen denken, welche man selbst verwendet und bei denen man seine Daten eingeben muss. Wie könnte man diese dezentralisieren? Die besten Ideen entstehen oft aus der Lösung eines eigenen Problems.

Nach dem riesigen Anwendungsbereich »Datenschutz« kommen wir jetzt zur nächsten großen Anwendungsgruppe: den Smart Contracts.

BLOCKCHAIN-ANWENDUNGSBEREICH 3: SMART CONTRACTS

Kombiniert man digitale Verträge mit einer Blockchain, so stellt eine gesamte Community sicher, dass diese sogenannten Smart Contracts garantiert ausgeführt werden.

Nick Szabo war 1994 der Erste, der den Begriff Smart Contract einführte und damit einen Ablauf beschrieb, bei dem ein Vertrag durch ein digitales Programm mit dem Rückhalt einer Gemeinschaft umgesetzt wird. Die Blockchain übernimmt damit die Funktion einer neutralen dritten Partei. Wo solche Smart Contracts angewendet werden können, beschreibe ich in diesem Kapitel.

TREUHÄNDERSCHAFT (NOTARE, ANWÄLTE, EBAY ...)

Problembeschreibung: Für jeden offensichtlich auf der Hand liegt das Problem der Treuhänderschaft. Bei jeder Übertragung von Wert, bei der man dem Gegenüber nicht vertraut, hat sich dasselbe Konzept durchgesetzt: Die beiden am Vertrag beteiligten Personen nutzen eine neutrale dritte Partei, die das Geld etwa für einen Kauf zunächst vom Käufer entgegennimmt und dem Verkäufer den Geldeingang bestätigt. Dann kann der Verkäufer getrost die Waren dem Käufer aushändigen, denn sobald der Käufer den Erhalt der Waren bestätigt, wird die neutrale dritte Partei dem Verkäufer das Geld geben. Gleichgültig, ob beim Immobilienkauf, bei eBay-Auktionen oder zahlreichen anderen Anwendungsfällen: Der Ablauf ist immer ähnlich, aber ähnlich sind stets auch die Probleme, die sich daraus ergeben: Eine solche dritte Partei muss wirklich vertrauenswürdig und neutral sein. Sie kostet außerdem Geld, und es ist nicht immer einfach, eine solche Partei zu finden.

Lösungserklärung: Eine Blockchain kann hier auf einfachste Art und Weise Abhilfe schaffen: Ein Vertrag wird als Smart Contract angelegt, bei dem sich zwei Parteien eine oder mehrere Ursachen und eine oder mehrere Konsequenzen überlegen. Passiert A, stellt der Smart Contract sicher, dass B folgt (»Gibst du mir dies, bekommst du garantiert das!«). Möglich ist das auch mit mehr als zwei Vertragsparteien (»Geben Person 1, 2 und 3 jeweils XXX an Person 4, so ist sichergestellt, dass Person 5 jeweils YYY an Person 6, 7 und 8 gibt.«). Smart Contracts können also ohne Weiteres recht komplex gestaltet werden und eine neutrale dritte Partei ersetzen. Die Details werden mithilfe der Blockchain festgehalten und von einer gesamten Community getragen.

Herausforderungen: Die Herausforderungen solcher Smart Contracts bestehen vor allem darin, sie für nichtdigitale Vertragsgegenstände einzusetzen. Denn derzeit funktionieren sie nur bei digitalen Dingen. »Schickst du mir Datei X, dann bekommst du Summe Y«, ein solcher Smart-Contract-Deal funktioniert hervorragend, weil alles digital nachvollziehbar ist und somit als Wenn-Dann-Schleife ohne Weiteres programmiert werden kann. Schwieriger wird es, wenn es um physische Dinge geht, welche ohne eine dritte Partei (noch) keinen Zugang zur Blockchain haben. Wenn es sich zum Beispiel um das physische Buch X und die Papiergeldsumme Y handelt, so ist es ohne Schiedsrichter vielleicht nicht möglich zu verifizieren, ob du mir das Buch ausgehändigt hast und ich dir wirklich die vereinbarten Papierscheine dafür gegeben habe.

Des Weiteren kann sich der Wert innerhalb des Smart Contracts komplett unabhängig vom Wert der Blockchain entwickeln. Das kann zu Problemen im Garantieablauf führen. Angenommen, wir gehen eine Wette ein, bei der wir auf die Anzahl der Sonnentage in einem Jahr wetten. Für jeden Sonnentag bekommst du 1000 Euro von mir, für jeden Regentag bekomme ich 1000 Euro von dir. Wenn die Statistik eine 50/50-Verteilung vermuten lässt, so ist es unwahrscheinlich, dass sich je ein großes Ungleichgewicht bildet. Wir brauchen also keine große, starke Gemeinschaft, wie eine Blockchain sie gewährleistet. Denn vielleicht geht es zwar manchmal um ein paar Tausend Euro, doch im Durchschnitt sollten sich die gegenseitig ausgezahlten Summen über die Zeit immer auf null ausgleichen. Manchmal schuldest du mir etwas, manchmal ich dir. Was, wenn jedoch 100 Sonnentage in Folge vorkommen? Der Smart Contract wäre dann 100.000 Euro wert. Wenn die Community durch Konsensus jedoch lediglich 50.000 Euro an Wert festgelegt hätte, so könnte der Verlierer des Smart Contracts einen Gewinn daraus ziehen, die Blockchain-Teilnehmer zu bestechen und den Smart Contract nichtig zu machen. Normalerweise speichern Blockchains einen inhärenten Wert, und so kommt es meist zu einer gemeinschaftlichen Wertsteigerung oder -minderung. Bei Smart Contracts kann sich das jedoch komplett unabhängig vom Rest entwickeln und dabei Probleme kreieren.

Alternativmöglichkeiten: Alternativen zu Smart Contracts gibt es nur insofern, als doch vertrauenswürdige zentrale dritte Parteien hinzugezogen werden.

Praxisbeispiele: Wie schon häufiger erwähnt, gibt es genug Anwendungsbereiche. Treuhandbüros sollten sich diese Technologie auf jeden Fall anschauen. Ebenso sollten sich Online-Versandhäuser wie Amazon, eBay, Alibaba etc. auf jeden Fall auch mit Smart Contracts befassen. Ein Grund, warum so viele Leute PayPal gerne nutzen, ist die mögliche Erstattung des gezahlten Gelds bei einer Abzocke. Smart Contracts wären hier eine tolle Anwendung vor allem, da sich ein solches System mit der Postzustellung kombinieren ließe. Der Versand und Erhalt einer Lieferung könnten auf diese Weise relativ neutral dokumentiert werden. Auch der Milliardenmarkt Immobilien wird durch Smart Contracts revolutioniert werden, wenn man keinen Treuhänder mehr für einen Millionendeal braucht. In Zukunft könnten allerdings auch Themen wie Lösegeldforderungen oder Erpressungen deutlich sicherer und garantierter ablaufen. Dieses Thema erwähne ich jedoch aus moralischen Gründen hier nur am Rande und will es im Detail nicht näher ausführen.

Viele der folgenden Beispiele sind Untergruppen dieses Anwendungsbereichs. Da sie jedoch teilweise ganze Industrien beeinflussen werden, habe ich sie als separate Blockchain-Applikationen aufgelistet.

DEZENTRALE COMPUTERPROGRAMME (REGULIERTE PLATTFORMEN ...)

Problembeschreibung: Abgesehen von der Nutzung als Treuhänderersatz können Smart Contracts als dezentrale Computerprogramme eingesetzt werden. Jedes Computerprogramm läuft heute entweder auf einem zentralen Computer oder auf einem Server. Fällt dieser aus bzw. wird er abgeschaltet, läuft das Programm nicht mehr. Durch Cloud-Server, welche verteilt sind, wird das Ausfallproblem zumindest teilweise behoben. Doch was, wenn etwa eine Regierung ein bestimmtes Programm nicht mehr erlaubt und abschalten will?

Lösungserklärung: Genau hier können dezentrale Computerprogramme Abhilfe schaffen und als Smart Contracts auf Tausenden von Computern gleichzeitig laufen. Der derzeit größte dezentrale Computer Ethereum bietet seinen Nutzern genau dies an und hat bereits Standards etabliert, welche Hobbyprogrammierer nutzen können. Durch Umsetzung von »Turing Complete« bei Ethereum ließen sich sogar recht komplexe Anwendungen konzipieren, welche dann von niemandem mehr gestoppt werden können.

Herausforderungen: Die größte Herausforderung hierfür ist die Ressourcenkapazität. Komplexere Computerprogramme benötigen enorm viel Rechenleistung, welche auf allen Computern gleichzeitig vorhanden und nutzbar sein muss. Dies ist der Hauptgrund, warum bisher eher Basic angewendet wird.

Alternativmöglichkeiten: Einige Alternativen zu einer vollständig dezentralen Blockchain gehen den Weg einer nicht vollständigen Dezentralisierung. Dies erlaubt eine deutlich bessere Skalierung als zum Beispiel bei Ethereum. Doch stellt man sich zu Recht die Frage, inwiefern diese Lösungen zensurresistent sind und ob sie damit überhaupt besser sind als eine vollständig zentrale Umsetzung.

Praxisbeispiele: Anwendungsmöglichkeiten gibt es viele. Ganz egal, ob ERC20- oder ERC721-Contracts auf Ethereum, ob dezentrale Börsen oder ob Alternativen zu dem verbotenen MegaUpload: Firmen auf der ganzen Welt sehen sich Anwendungsfelder im dezentralen Computing-Bereich an. Es wird allerdings essenziell sein, ob solche Anwendungen eher für legale oder für illegale Zwecke verwendet werden. Wenn dezentrale Börsen ausschließlich dafür verwendet werden, illegale Verträge abzuschließen, so werden die Regierungen irgendwie einzuschreiten versuchen, so, wie sie es bei MegaUpload getan haben. Genau wie man Dynamit für den Wegebau, aber auch für die Kriegsführung verwenden kann, so geht es auch bei Dezentralisierung darum, sie für den richtigen Zweck zu nutzen und nicht für kriminelle oder gefährliche Machenschaften zu missbrauchen.

WETTEN (WETTBÜROS, LOTTOSTELLEN ...)

Problembeschreibung: Wetten sind ein interessanter Verwendungszweck von Smart Contracts. Sieht man sich die Basiskonstellation einer Wette an, so erkennt man, dass sich zwei oder mehrere Parteien auf unterschiedliche Resultate bei gewissen Ereignissen einigen. Was jedoch, wenn sich eine Partei nicht an die Abmachung hält?

Lösungserklärung: Smart Contracts finden hier eine einfache Umsetzung. Anstatt eine Wette durch eine dritte Partei abzusichern, kann ihre Einhaltung dezentral durch eine Blockchain gewährleistet werden. Je nach Höhe der Wette kann dies sogar deutlich günstiger und zuverlässiger sein. Gewinnwahrscheinlichkeiten könnten sich durch Angebot und Nachfrage automatisch über den freien Markt ergeben. So wären teilweise viel bessere Quoten möglich, als etwa bei Wettbüros von einer zentralen Partei vorgegeben.

Herausforderungen: Neben den zuvor beschriebenen Herausforderungen aller Smart Contracts stellt sich die Frage, worauf mithilfe der dezentralen Blockchain-Technologie gewettet wird. Wenn niemand die Verantwortung trägt, wer stellt dann sicher, dass auf nichts Unmoralisches gewettet wird? Was, wenn etwa auf den Tod eines Menschen gewettet wird?

Alternativmöglichkeiten: Fragen zur Ethik sind noch nicht eindeutig geklärt, und vielleicht können sie auch nie geklärt werden. So können Wetten vielleicht nur in der Theorie dezentral abgewickelt werden, sie werden jedoch praktisch nie umgesetzt werden können.

Praxisbeispiele: Anwendungsbeispiele gäbe es jedoch einige. Egal, ob man zensurfreie Wetten auf Präsidentschaftskandidaten abschließt oder auf sich selbst wettet: Die Relevanz wäre enorm, solange es um legale und moralisch unbedenkliche Dinge geht. Zum Beispiel könnte man wetten, dass man Projekt X schafft. Andere Menschen können die Gegenwette eingehen, weil sie glauben, dass man es nicht schafft. Je nach Wahrscheinlichkeit und Gewinnhöhe könnte so eine für alle Beteiligten faire Verteilung von Strafen und Belohnungen entstehen. Wettet man zum Beispiel 1000 Euro, dass man etwas recht Unwahrscheinliches schafft, und 1000 Leute wetten jeweils 10 Euro dagegen, so entsteht ein interessanter Anreiz, sein Bestes zu geben und es auch zu schaffen. Schafft man es auch wirklich, bekommt man die 10.000

Euro. Schafft man es nicht, verliert man 1000 Euro. Sprechen wir als Nächstes von einer Sonderform der Wetten, nämlich den Casinos.

GLÜCKSSPIEL (CASINOS, POKER ...)

Problembeschreibung: In Casinos spielt sich im Prinzip nichts anderes ab als Wetten auf gewisse Wahrscheinlichkeiten. Gerade im Online-Bereich werden Internet-Casinos immer populärer, da sich auf diese Weise das Staatsmonopol auf Glücksspiel, das in den meisten Ländern existiert, umgehen lässt. Wie kann man jedoch als Nutzer sicherstellen, dass ein Online-Casino die Wahrscheinlichkeiten nicht manipuliert? Woher weiß man, dass alles wirklich fair abläuft? Wie weiß man zum Beispiel im Fall eines Computer-Sieges bei einem Kartenspiel, ob der beteiligte Computer nicht etwa die Karten seines realen Gegenspielers gekannt und deswegen gewonnen hat? Was, wenn ein Online-Casino einfach zusperrt und das eingesetzte Geld weg ist? Im Online-Bereich legt man hier als Nutzer 100 Prozent seines Vertrauens in die zentrale Partei.

Lösungserklärung: Eine Blockchain mit Smart Contracts könnte dies ganz einfach lösen: Regeln und Wahrscheinlichkeiten werden komplett transparent über die Blockchain offengelegt, und anhand der Smart Contracts kann jeder sehen, dass diese auch in der bestehenden Form umgesetzt werden. So gibt es garantiert keinen Betrug mehr in der Form, dass Casinos zwar das eine sagen, dann jedoch etwas komplett anderes tun. Bei einem Onlinekartenspiel könnten die Karten komplett transparent von einer Mischmaschine mit Open-Source-Code verteilt werden. Jeder Spieler sieht zwar, dass der andere Spieler korrekt ausgegebene Karten hat. Jedoch kann niemand auf die Karten des anderen zugreifen, weil diese bei jedem Spieler durch einen eigenen geheimen Schlüssel maskiert sind. Am Ende können die Schlüssel offengelegt werden; und jeder Teilnehmer kann klar erkennen, dass beim

Austeilen nicht geschummelt wurde und dass alles fair abgelaufen ist. Zudem würde man durch die Blockchain das eingesetzte Geld immer selbst besitzen. Ein Online-Casino könnte sich also nicht einfach mit dem Einsatz eines Spielers aus dem Staub machen.

Herausforderungen: Nachdem in einem Online-Casino oder Online-Wettbüro alles im Internet abläuft, ist dieser Anwendungsfalls tatsächlich prädestiniert für die Blockchain-Technologie. All jene Casinos, welche dies online bereits schon so anbieten, sind in einem der wenigen Businesses unterwegs, die ein aktives Geschäftsmodell besitzen. Die größte Herausforderung besteht hier darin, die Regularien des Gesetzgebers einzuhalten. Du solltest also auf rechtliche Streitigkeiten vorbereitet sein, wenn du in diesem Bereich ein Unternehmen gründen willst.

Alternativmöglichkeiten: Ich sehe hier recht wenige Alternativen zu einer Blockchain. Nachdem es Glückspiel noch lange geben wird, handelt es sich hier sicher auch um einen attraktiven, jedoch nicht innovativen Geschäftsbereich der Dezentralisierung.

Praxisbeispiele: Die unterschiedlichen Anwendungsbeispiele haben wir bereits bei den Lösungen besprochen. Für dich stellt sich eher die Frage, ob du einfach nur ein bisschen Geld verdienen willst, indem du ein solches Online-Casino anbietest, oder ob du wirklich einen Mehrwert für die Gesellschaften erbringen möchtest. Diese Online-Wetten gehen fließend in einen anderen Anwendungsbereich über – den der Versicherungen. Um diese jedoch zu verwirklichen, müssen wir zuerst über Prognosen sprechen.

ORAKEL (GUTACHTEN, SACHVERSTÄNDIGENRAT ...)

Problembeschreibung: Bisher haben wir uns hauptsächlich auf Use Cases konzentriert, bei denen Blockchains innerhalb einer Community Vertrauen dezentral kreieren. Wie kommunizieren diese Blockchains jedoch mit ihrer Umwelt? Wenn wir uns zum Beispiel eine Wette über das Wetter anschauen und sagen: »Wenn morgen um 12:00 Uhr die Sonne scheint, bezahlst du mir 100 Euro; wenn es bewölkt ist, bezahle ich dir 100 Euro.« Wir können diesen Smart Contract zwar auf einer Blockchain eintragen, doch wie entscheidet die Blockchain-Community dezentral, ob die Sonne schien oder nicht? Die Blockchain selbst weiß es nicht, außer es gibt eine vertrauenswürdige andere dezentrale Möglichkeit, beispielsweise in Form von 500 Sensoren, angeschlossen an die Blockchain. Diese würden dann klar feststellen, ob die Sonne scheint oder eben nicht. Bis eine solche Technologie jedoch funktioniert, stellt sich die berechtigte Frage, wie Information vertrauenslos von einem Bereich außerhalb der Blockchain in die Blockchain eingebracht wird. Es geht also darum, wie eine Gemeinschaft, in der niemand die Verantwortung trägt, neue Information von außen in die Gemeinschaft integrieren kann, ohne dafür einer einzelnen Partei Vertrauen entgegenbringen zu müssen. Wir haben dieses Problem in vielen Blockchain-Anwendungen bereits angesprochen, und hier möchte ich ein paar der möglichen Lösungen besprechen.

Lösungserklärung: Die derzeit am meisten praktizierte Lösung ist die eines sogenannten Orakels, auch wenn sie noch nicht wirklich in Verwendung ist. Ein Orakel basiert auf einem spieltheoretischen Trick: Man koppelt ein Wahlsystem vom Ausgang der Entscheidung ab. Mehrere Beteiligte votieren dabei im Nachhinein über den Ausgang des Ereignisses, auf das im Vorfeld gewettet wurde. Eine Belohnung gibt es für diejenigen, die bei der Mehrheit der Entscheidung liegen. Wenn wir also das Beispiel der Sonnenwette verwenden, so werden von den zwei Mal 100 Euro Wetteinsatz zum Beispiel 5 Prozent, also 10 Euro, für das Orakel aufgewendet. Per Zufall wird durch einen Algorithmus eine Gruppe aus den Blockchain-Teilnehmern ausgewählt, die so klein wie möglich, aber so groß wie nötig ist.

Zum Beispiel könnten das in diesem Fall zehn Personen sein. Diese stellen das Orakel dar, und ihre Aufgabe ist es, die Wahrheit herauszufinden – im Beispiel also zu eruieren, ob die Sonne geschienen hat oder nicht. Der Zeitpunkt, an dem das Orakel tätig wird, muss so nahe wie möglich am Zeitpunkt liegen, auf den sich die Wette bezieht. Zugleich aber muss dem Orakel auch wirklich genug Zeit für die Messung beziehungsweise die Abgabe seines Votums blieben. In unserem Fall wäre das beispielsweise eine Stunde vorher. Jeder der zufällig ausgewählten Menschen schaut dann nach, ob die Sonne scheint oder nicht, und jeder von ihnen gibt seine Meinung ab. Was die Mehrheit entscheidet, wird dann als Faktum festgelegt, welches die Blockchain als neue Information annimmt.

Damit das Orakel, so gut es geht, »richtig« abstimmt, werden die 10 Euro Belohnung auf all jene Orakelmitglieder aufgeteilt, die der Mehrheit angehören. Angenommen, von den zehn Leuten stimmt eine Person gar nicht ab, und von den anderen neun sagen fünf, die Sonne habe geschienen, und vier, dass es wolkig gewesen sei. Die fünf Leute entsprechen also der Mehrheit und teilen sich die 10 Euro auf, sodass jeder 2 Euro bekommt. Selbstredend dürfen sich die Orakelmitglieder untereinander nicht kennen. Zudem muss die Wahlzeit so knapp wie möglich sein, damit Orakel im Eigeninteresse als Gesamtes versucht, die »Wahrheit« herauszufinden. Jeder will bei der Mehrheit sein, welche hoffentlich die Wahrheit herausfindet, um die Belohnung zu erhalten.

Natürlich gibt es an diesem Modell berechtigte Kritik.

Herausforderungen: Einerseits stellt sich bei Orakeln die Frage, ob Menschen wirklich versuchen, korrekt abzustimmen, oder ob sie einfach nur das System auszutricksen versuchen, indem sie unabhängig von der Wahrheit ihr Votum nach dem ausrichten, was die anderen mutmaßlich als Wahrheit anerkennen. Wenn hier jedoch genug Anonymisierung existiert, sollte niemand erraten können, welches Votum andere abgeben. Jeder Teilnehmer muss dann wirklich selbst für »die

Wahrheit« abstimmen. Gibt es zusätzlich noch eine Vielzahl an gleichzeitigen Abstimmungen, zum Beispiel 1000 Orakelaufgaben in jeder Stunde, und bleibt dabei unbekannt, welchem Zweck das jeweilige Orakel dient, so sollte sich hoffentlich jedes Orakelmitglied darauf fokussieren, die »Wahrheit« herauszufinden. Nur dann besteht die Chance, der Mehrheit anzugehören und die Belohnung zu bekommen. Spieltheoretisch wären Orakel also gerade bei hohen Orakelzahlen konzeptionell möglich.

Dennoch stellt sich zudem Frage, ob die Mehrheit immer recht hat – oder ob nicht eine kleine Gruppe an Experten der Wahrheit weitaus näher kommt. Sieht man sich Aktienmärkte an und vergleicht man die Entscheidungen des Investment-Gurus Warren Buffett mit denen der Masse, so ist man definitiv besser beraten, sein Geld wie Buffett anzulegen und nicht wie die Masse der Investoren. Ob sich das jedoch bei allen Fragen so verhält oder ob dies nur Expertenfragen betrifft, lässt sich nur schwer abschätzen. Eventuell wird sich bei Orakeln jedoch auch ein Expertenkonzept ergeben, bei dem bestimmte Leute entsprechend ihrer Reputation für spezielle Fragen besser geeignet sind als für andere.

Die letzte Herausforderung ist die von Dezentralität. Diese ist ja eigentlich erwünscht. Ein Orakel wird jedoch wie andere dezentrale Systeme immer langsamer und teurer sein als ein zentrales System. So wird sich ein Orakel meiner Ansicht nach nicht für kleine belanglose Dinge durchsetzen, sondern eher für größere, essenzielle Fragen, bei denen man sich nicht auf einen unabhängigen Schiedsrichter einigen kann. Es gibt jedoch mehrere Alternativmöglichkeiten zu Orakeln.

Alternativmöglichkeiten: Die erste Alternative bleibt ein zentraler Bestätigungsprozess. Solange genug Vertrauen besteht, geht das ohne Weiteres. Eine andere Möglichkeit wäre die Bestätigung des Sachverhalts durch eine ganze Kaskade an kleinen Bestätigungen. Wenn wir in den nächsten Kapiteln über Transparenz-Blockchains sprechen, wird etwa bei der Logistik oder anderen Anwendungsbereichen dieses Konzept noch häufiger vorkommen. Die Idee ist einfach: Es braucht keine zentrale Partei, welche ein ganzes Ereignis bestätigt, sondern vielmehr eine Reihe an vielen unterschiedlichen Parteien, die jeweils einen kleinen Teil des Größeren bestätigt. Um zum Beispiel einen Hausbrand zu bestätigen, den wir im Versicherungsbeispiel des nächsten Abschnitts besprechen, wird deshalb nicht auf die finale Aussage eines einzelnen Versicherungsgutachters gesetzt, sondern vielmehr eine Bestätigung von der Feuerwehr, von der zuständigen Gemeinde, von einem unabhängigen Sachverständigen usw. Sie alle bestätigen einen Teil des Gesamtereignisses: Dass es gebrannt hat, wann die Feuerwehr ausgerückt ist, welche Schäden entstanden sind etc. Damit ließe sich eine Logik erschaffen, bei der zum Beispiel mindestens sechs von zehn möglichen Parteien zustimmen müssen, damit ein Sachverhalt auch wirklich auf der Blockchain als bestätigt gilt. Zwar existiert dann immer noch eine leichte zentrale Abhängigkeit. Es herrscht jedoch mehr Transparenz und eine größere Verteilung als bei einer rein zentralen Alternative.

Praxisbeispiele: Inwieweit sich Orakel oder auch transparente Bestätigungsketten als Alternative durchsetzen, bleibt abzuwarten. Dass etwas in der Theorie funktioniert, heißt noch lange nicht, dass dies in der Praxis auch so ist. Die Sonnenwette ist wahrscheinlich ein schlechtes Beispiel, weil das Prozedere bei einer solchen Anwendung zu langsam, zu teuer und wohl auch zu belanglos ist. Genau dieses Beispiel wird aber oft von Firmen zur Demonstration angeführt, welche in diesem Bereich forschen. Eine wunderbar klingende Lösung für ein gänzlich irrelevantes Problem findet man allerdings häufiger im Blockchain-Bereich. Die Zukunft wird jedoch definitiv eine direkte Blockchain-Interoperabilität bringen, bei der Orakel gar nicht mehr gebraucht werden. Denn Blockchains können dann direkt miteinander kommunizieren. Trotzdem würde ich Orakel als Lösungsansatz auf keinen Fall komplett abschreiben. Gerade bei größeren Konsensus-Problemen können sie als optimale dezentrale Lösung eingesetzt werden.

VERSICHERUNGEN (SCHADENSFÄLLE, REGULIERUNGEN ...)

Problembeschreibung: Eine Versicherung ist nichts anderes als eine Wette auf ein Ereignis. Das Spannende an einer Versicherungswette ist jedoch, dass eigentlich beide Wettparteien auf den gleichen Ausgang hoffen. Dies mag überraschend klingen. Aber denk einmal an ein Haus, welches beispielsweise 250.000 Euro wert ist. Der Hauseigentümer schließt nicht deshalb eine Versicherung ab, weil er darauf spekuliert, dass dieses Haus abbrennt. Vielmehr hofft er darauf, dass es nicht abbrennt. Für den unwahrscheinlichen Fall, dass es jedoch trotzdem abbrennen sollte, will er abgesichert sein und im Schadensfall die Versicherungssumme von 250.000 Euro erhalten. Wer ist nun die Gegenpartei der Wette? Der Versicherer. Denn diese Firma glaubt ebenfalls eher nicht, dass besagtes Haus abbrennt. Warum also funktioniert eine solche Wette, bei der eigentlich beide Parteien sich den gleichen Ausgang erhoffen?

Einerseits funktioniert sie, weil eine Versicherungsfirma die Wahrscheinlichkeiten für den Brand besser kalkuliert als der Versicherungsnehmer. Andererseits basiert eine solche Wette darauf, dass sie nicht nur mit einer Person, sondern mit vielen anderen auch abgeschlossen wird. Die Wette, welche ein Versicherungsunternehmen also eingeht, beinhaltet somit die Annahme, dass zwar ein Haus von vielen irgendwann einmal abbrennen wird, aber dass es nicht unbedingt ein spezifisches Haus treffen wird. Durch diese Kalkulation in Kombination mit Wahrscheinlichkeiten entsteht ein meist hochlukratives Geschäftsmodell. Denn mit einer Schnittmenge, welche groß genug ist, gleichen sich die bestehenden Risiken aus. So kann sich ein jeder Einzelne absichern, und die Versicherung profitiert ebenfalls.

Welche Herausforderungen kann eine Blockchain nun bei Versicherungen lösen? Wie bei jedem Unternehmen zahlt der Kunde die Unternehmenskosten und die Gewinne des Versicherers in Form einer monatlichen oder jährlichen Prämie. Um ein Haus für 250.000 Euro zu versichern, zahlt er zum Beispiel 100 Euro pro Monat als Versicherungsgebühr. Davon kann der Versicherer jedoch leicht 50 Euro selbst einstreichen. Nur die anderen 50 Euro kommen in den Rücklagen-Pool, mit dem die versicherten Häuser gegen den Brand- oder einen sonstigen Schadensfall abgesichert werden. Gäbe es also eine Alternative zum Abschluss dieser speziellen Wette, so könnte sich ein Versicherungsnehmer die Hälfte der Kosten sparen und hätte immer noch den gleichen Versicherungsvorteil. Des Weiteren kann es durch die Zentralisierung eines Versicherungsunternehmens, wie bei allen zentralen Instituten, zu willkürlichen Entscheidungen kommen, welche negativ für den Kunden sein können. Viele von uns haben schon von Fällen gehört, in denen sich eine Versicherung nach einer Schadensmeldung aus der Verantwortung zieht und sich auf irgendwelche Klauseln beruft, um nicht zahlen zu müssen. Dies ist der Albtraum eines jeden Versicherten. Wäre es nicht spitze, eine komplett neutrale Partei einzubeziehen, die erstens ganz wenig kostet und zweitens im Schadensfall eine Regulierung durch die Versicherung garantiert?

Lösungserklärung: Die Lösung dazu ist ein Smart Contract auf der Blockchain. Genauso, wie auch ein Versicherungsalgorithmus die Kosten für eine Versicherung berechnet, kann das jemand für einen Smart Contract programmieren. Hierfür ist kein Unternehmen notwendig ist, sondern theoretisch kann das ein schlauer Jugendlicher in seinem eigenen Schlafzimmer machen. Entsprechend könnten sich die Kosten dann nicht auf 50, sondern lediglich auf 1 Prozent der eingezahlten Prämie belaufen. Außerdem lassen sich die Algorithmen und Kosten auf der Blockchain komplett transparent darstellen. Jeder, der den Smart

Contract als Versicherung nutzt, weiß damit, worauf er sich einlässt. Zudem wird der Smart Contract hoffentlich nicht nur von einer Person, sondern von Tausenden oder Millionen an Menschen genutzt. Auf diese Weise entsteht ein gut verteilter Rücklagen-Pool, welcher die Leistungsfälle aus dem Kreis der Einzahler leicht decken kann. Um das Haus von 250.000 Euro zu versichern, braucht man somit keine 100, sondern vielleicht lediglich 60 Euro pro Monat zu bezahlen. Man hat also nicht nur enorme Kostenersparnisse, sondern auch noch die Garantie, dass die Versicherung auch bezahlt, wenn es zu einem Schaden kommt, da der Smart Contract garantiert umgesetzt wird.

Herausforderungen: Die berechtigte Frage lautet natürlich, woher der Smart Contract weiß, dass auch wirklich ein Schaden vorgefallen ist. Hier kommen wir wieder zum Problem der Kommunikation einer Blockchain mit der physischen Umwelt, welches wir schon öfter angesprochen haben. Bis Blockchains untereinander kommunizieren können, werden die bereits erwähnten Orakel oder Verantwortungsunterteilungen unabdingbar nötig sein. Dies ist bei Weitem keine perfekte Lösung und davon hängt es letztlich auch ab, ob sich dezentrale Lösungen bei Versicherungen durchsetzen können oder nicht. Ein weiteres Problem bei jeder dezentralen Lösung ist per Definition die Frage nach dem Verantwortungsträger. Bei einer Versicherung kann dies jedoch drastische Folgen haben. Hier ein Beispiel:

Wenn ich meine 60 Euro pro Monat in den Smart Contract bezahle, um mein Haus mit einer Schadenssumme von 250.000 Euro zu versichern, so kann der Smart Contract nicht beurteilen, ob ich mein Haus versichere oder ein anderes. Jetzt wirst du vielleicht fragen, warum ich denn ein anderes Haus versichern sollte. Na ja, Nachbar A sieht, was ich mache, und sagt: »Sehr schön, ich bezahle jetzt auch 60 Euro und versichere dein Haus. Wenn dein Haus abbrennt, bekomme ich ebenfalls 250.000 Euro.« Nachbar B macht das auch. Nachbar C, D, E, usw. ebenfalls. Plötzlich wird aus der ursprünglichen Versicherung eine Wette, bei der viele Leute jeweils dann 250.000 Euro bekommen, wenn mein Haus abbrennt. Ein Ereignis, welches eigentlich unwahrscheinlich sein sollte, könnte nun wahrscheinlich werden, da zahlreiche Leute einen Vorteil davon hätten, wenn mein Haus abbrennen würde. Stell dir vor, wie das dann erst bei Lebensversicherungen wäre, wenn man eine 1-Millionen-Euro-Police hätte und plötzlich andere Leute auf den Tod des Menschen zu wetten anfingen. Dies würde das Geschäft mit den Auftragsmorden komplett neu beleben.

Bei zentralen Systemen hat zwar jemand die Verantwortung, aber damit hat auch niemand die Macht, solche Szenarien zu verbieten. Bei dezentralen Systemen fehlt eine solche Steuerungsmöglichkeit. Das führt oft zu Ausgängen, welche ursprünglich nicht bedacht worden sind. Genau solche Szenarien werden aber oft von Unternehmen, welche dezentrale Versicherungslösungen anbieten wollen, nicht durchdacht. Deshalb ist die Frage durchaus gerechtfertigt, ob sich nicht eher die denkbaren Alternativen durchsetzen werden.

Alternativmöglichkeiten: Geht es um das Thema Kostenoptimierung bei Versicherungen, so bieten mittlerweile viele Online-Versicherungen eine schlanke Mobile- oder Web-Variante ohne einen großen Wasserkopf durch Personalüberhänge oder riesige Marketingbudgets an. Solche, wenn auch zentralisierten Lösungen stellen definitiv eine attraktive Alternative zu dezentralen Lösungen dar, solange die zentral organisierten Versicherer das Vertrauen ihrer Kunden nicht missbrauchen. Ein gütiger und gerechter Diktator wäre eben immer noch das effektivste System.

Praxisbeispiele: Theoretisch könnte natürlich jegliche Art von Versicherungen durch ein solches dezentrales System revolutioniert werden, gleichgültig ob bei Lebens- oder . Sachversicherungen. Sobald blockchainbasierte Firmen jedoch Orakel verbessern und gewisse Regeln in die Smart Contracts einbauen, wäre dies eine klare Kampfansage an zentralisierte Versicherungen. Nachdem einige Firmen an diesen Dingen bereits arbeiten, kann ich nur jedem klassischen Versicherer die Gründung einer Abteilung empfehlen, die sich um Fragen der Blockchain und der Dezentralisierung kümmert. Wie Pferdekutschen durch Autos ersetzt worden sind, könnte ein dezentrales System zentrale Versicherungen in die ewigen Jagdgründe schicken. Wohlgemerkt: Dieses Szenario könnte passieren, es muss aber nicht zwangsläufig eintreten, und dieser Fakt darf ebenfalls nicht unterschätzt werden. Allzu oft hört man Falschaussagen dazu, dass die Versicherungsbranche durch Blockchain garantiert revolutioniert werden wird. Garantien gibt es jedoch nur bei einem Toaster, und so sollte man jede dieser Aussagen im Blockchain-Bereich rational auf ihre Plausibilität hin überprüfen.

ANREIZE (MOTIVATION, BELOHNUNGEN, SANKTIONEN BEI FEHLVERHALTEN ...)

Problembeschreibung: Eine Wette kann natürlich jeder auch mit sich selbst abschließen. Wie könnte man zum Beispiel eine Diät noch erfolgreicher machen? Oder wie ließe sich ein anderes Ziel, welches man anvisiert, noch sicherer erreichen? Wie könnten Teams die Motivation der einzelnen Mitglieder steigern? Wie also Belohnungen und Bestrafungen erfolgreich nutzen und umsetzen?

Lösungserklärung: Natürlich lassen sich Anreize und Sanktionen auch über zentrale Lösungen schaffen, doch eine Blockchain kann das dezentral lösen. Man wettet zum Beispiel, 20 Kilogramm abzunehmen oder zu den nächsten zehn Meetings pünktlich zu erscheinen. Die Wette wird als Smart Contract auf der Blockchain abgespeichert und durch ein Orakel überprüft. So hat man eine höhere Motivation, seine Ziele umzusetzen.

Herausforderungen: Die größte Herausforderung, abgesehen von denselben Problemen wie bei Wetten oder Versicherungen, ist die der Relevanz. Ist wirklich eine Blockchain notwendig um dies alles zu verwirklichen?

Alternativmöglichkeiten: Die Website www.stickk.com ist zum Beispiel eine zentrale Plattform, bei der sich Leute durch Wetten auf sich selbst zusätzlich motivieren können. Ob es zu diesem Zweck eine dezentralisierte Lösung geben muss, ist natürlich fraglich.

Praxisbeispiele: Spannende Anwendungsbeispiele gibt es derzeit eher in der Theorie als in der Praxis. Bei vielen Versprechungen von Unternehmen in diesem Bereich stellt sich die Frage nach der Notwendigkeit einer Blockchain.

CROWDFUNDING UND ICOS (FUNDING-PLATTFORMEN, PRIVATE-EQUITY-BETEILIGUNGEN ...)

Problembeschreibung: Firmen brauchen immer Kapital. Wenn ein Unternehmen noch jung ist, ist dies besonders wichtig, aber gerade dann ist es schwierig aufzutreiben. Hier geht es besonders um Fragen der Transparenz, des Vertrauens und der klaren Regeln. Wie können potenzielle Investoren zum Beispiel die Verwendung der investierten Gelder nachvollziehen?

Lösungserklärung: Dezentrales Fundraising über eine Blockchain kann hier Abhilfe schaffen. Durch die Blockchain ist für jeden Investor transparent, was mit dem investierten Geld passiert. Das betreffende Unternehmen kann einen eigenen Token ausgeben, der entweder als Utility Token im Projekt etwas bezweckt oder als Security Token finanzielle Vorteile verspricht. Diese sogenannten Initial Coin Offerings (ICOs) oder Token Sales erfreuen sich seit 2014 einer großen Beliebtheit. Die firmeneigenen Token werden als Smart Contract an den Tausch einer anderen Kryptowährung gekoppelt, und so erhält ein Unternehmen zum Beispiel Bitcoin im Gegenzug für den eigenen Token. Auch meine eigene Firma TenX hat 2017 durch einen der größten Token-Sales überhaupt mit knapp 80 Millionen USD eine beachtliche Summe als Finanzierung bekommen und den PAY Token herausgegeben. Falls du dir den PAY Token anschauen möchtest, findest du hier weitere Infos: https://coinmarketcap.com/currencies/tenx/#markets

Gerade deshalb, weil ich diese Anwendung der Blockchain als Firmeninhaber selbst genutzt habe, sie aber auch immer wieder von anderen Unternehmern missbraucht sehe, bin ich gleichzeitig einer ihrer größten Fans, jedoch auch ein Kritiker dieser Anwendung.

Herausforderungen: Rund um ICOs gibt es noch einige Herausforderungen. So stellt sich die Frage nach Regulierung. Braucht es Gesetze oder Regeln zum Schutze der Kunden, oder sind keine notwendig? Derzeit gibt es zu viele Leute, die in Goldgräberstimmung ICOs für fadenscheinige Projekte nutzen, welche dann zu Grunde gehen. Die Investoren stehen dann vor dem Nichts. Persönlich sehe ich jedoch Verbote im dezentralen Bereich nicht als zielführend an, eine Meinung, die ich auch immer in den Arbeitsgruppen der Europäischen Union klar zum Ausdruck bringe. Vielmehr sollte es klare Aussagen der Regulatoren geben, was definitiv erlaubt ist. Am Ende dieses Buchs gibt es noch ein ganzes Kapitel dazu, wie du als Unternehmer ICOs für dich nutzen kannst. In meinem Buch *Kryptowährungen einfach erklärt* gibt es zudem einige detaillierte Pros und Kontras von ICOs. Du findest es hier: http://cryptofit.community/de

Alternativmöglichkeiten: Investitionsrunden können weiterhin zentral organisiert bleiben. Ob sich ICOs bzw. dezentrales Funding durchsetzen werden, bleibt abzuwarten.

Praxisbeispiele: Theoretische Felder für Crowdfunding gibt es jedoch genügend. Einerseits als Funding für Start-ups im Rahmen von ICOs, andererseits könnte dies im fortgeschrittenen Rahmen auch IPOs (Initial Public Offering bei Aktiengesellschaften) ersetzen. Um zum Beispiel eine IPO durchzuführen, braucht man als Firma Millionen. Wir bei TenX haben bei der ICO lediglich ein paar Tausend Euro gebraucht. So wäre eine ICO eine attraktive Alternative auch für größere Firmen. Peer-to-Peer-Lending-Plattformen wie Bondora sollten sich dezentrale Möglichkeiten ebenfalls ansehen, denn die Kosten könnten hier deutlich geringer sein als bei den derzeitigen zentral organisierten Möglichkeiten. Ob und wie dies Investmentfonds in Zukunft beeinflussen wird, bleibt jedoch abzuwarten. Denn: Auch wenn sich ICOs durchsetzen könnten, heißt dies nicht, dass Venture-Capital-Fonds verschwinden werden. Es bedeutet lediglich, dass sich diese anpassen müssen.

GLOBALE ABMACHUNGEN (ZWISCHENSTAATLICHE VERTRÄGE, INTERNATIONALER GERICHTSHOF ...)

Problembeschreibung: Globale Abmachungen könnten hervorragend über eine Blockchain dargestellt werden. Globale Institutionen wie der Internationale Gerichtshof oder zwischenstaatliche Verträge, werden immer zentral gesichert. Sie unterliegen also schlussendlich immer einem anderen Interesse, auch wenn dies nicht beabsichtigt ist. Es ist dabei immer schwer, gegen die Hand vorzugehen, die einen füttert.

Lösungserklärung: Diese globalen Verträge, könnten über Smart Contracts auf der Blockchain gesichert werden, wobei die Blockchain selbst von allen Ländern gemeinsam gestützt werden könnte. Es wäre dann für die Teilnehmer unglaublich teuer, einmal abgeschlossene Verträge oder Regelungen, auf die man sich geeinigt hat, nicht einzuhalten.

Herausforderungen: Die großen Länder, welche die zentralen weltweiten Institutionen meist kontrollieren, müssten sich jedoch erst auf eine dezentrale Lösung einlassen. Ob und wie dies funktionieren sollte, steht noch in den Sternen.

Alternativmöglichkeiten: Wirkliche Alternativen gibt es nicht, doch Staaten und Organisationen dazu zu bringen, Macht aus der Hand zu geben, ist immer schwer zu erreichen.

Praxisbeispiele: Gerade als zum Beispiel Argentinien die eigenen Schulden nicht mehr zurückzahlen wollte, wäre ein Smart Contract hilfreich gewesen. Ein reiner Bankrott wäre nicht so einfach möglich gewesen, weil der Smart Contract die Umsetzung des Vertrags, also die Rückzahlung der Schulden, so gut es geht, forciert hätte. Ich glaube jedoch nicht, dass ein Privatunternehmen ein solches Mammutprojekt umsetzen kann, sondern vielmehr, dass die Initiative von den Staaten selbst ausgehen muss. Wann, ob und wie, ist dabei natürlich mehr als fraglich.

GERICHTE (RECHTSPRECHUNG, SCHIEDSGERICHTE ...)

Problembeschreibung: Der nächste Bereich führt uns in eine ganz andere Richtung: das Rechtssystem. Oft hört man über Fehlentscheidungen bei Richtern, von intransparenten und für Laien unverständlichen Regeln, von Bestechungen und Befangenheit. Wäre es nicht toll, wenn statt eines einzigen Menschen ein komplett fairer und schlauer Prozess über Recht und Unrecht entscheiden würde?

Lösungserklärung: Das Konzept von Smart Contracts könnte auch in das Rechtssystem eingeführt werden. Anstatt Richter über etwas urteilen zu lassen, könnte das Gesetz als Computercode einprogrammiert werden. Die Fälle könnten extrem schnell, günstig und effizient aufgearbeitet werden.

Herausforderungen: Ob dies jedoch eher ein theoretischer Anwendungsfall ist oder wirklich in die Praxis umgesetzt werden kann, hängt von einigen schwierigen Fragen ab, vor allem davon, ob Smart Contracts jemals so komplex gebaut werden können, dass wir uns dabei wohlfühlen, wenn ein Computer über Menschen entscheidet. Wie würde hier die Beweissammlung ablaufen? Wie die Auswertung von Indizien? Das sind nur zwei der Fragen, die sich in diesem Zusammenhang stellen.

Alternativmöglichkeiten: Auch wenn der Anwendungsfall vom Richter auf der Blockchain von einigen Visionären erträumt wird, so stehe ich dem sehr skeptisch gegenüber. Das Rechtssystem ist sehr agil, und einmal einprogrammierte Smart Contracts sind schwer zu ändern. Deshalb glaube ich, dass sich Richter und Anwälte noch für längere Zeit nicht vor der Konkurrenz durch eine Blockchain fürchten müssen. Hier wird es wohl eher in Richtung einer Online-Beratung gehen, sodass sich eine bessere Kostenstruktur und Effizienz ergeben.

Praxisbeispiele: Sollte jedoch der gleich besprochene Anwendungsfall der künstlichen Intelligenz Realität werden, so wäre auch ein Richter auf der Blockchain mit all den Vor- und Nachteilen einer solchen Lösung eine Möglichkeit der nahen Zukunft.

KÜNSTLICHE INTELLIGENZ (CLOUDS, COMPUTER ...)

Problembeschreibung: Wenn wir Smart Contracts weiterdenken, kommen wir unweigerlich zu dem Konzept, dass ein Smart-Contract-System, das komplex genug ist, in künstliche Intelligenz (KI) münden kann. Eine Frage, welche sich bei dem Gedankenkonzept einer künstlichen Intelligenz immer wieder stellt, lautet: Kann die menschliche Intelligenz überhaupt eine KI erzeugen? Zentrale Systeme werden hierfür nämlich oft als Limitierung gesehen, welche einer KI nicht genug Möglichkeiten zur Entwicklung geben würden.

Lösungserklärung: Nachdem ein Blockchain-System dezentral ist, hätte die KI hier auch jegliche Ausweitungsmöglichkeiten, ohne irgendwie von einer zentralen Macht eingeschränkt werden zu können.

Herausforderungen: Die Herausforderung einer dezentralen KI liegt auf der Hand und betrifft KI generell: Ohne in eine moralische Diskussion über Pro und Kontra von KI zu gehen, kann man zusammenfassend sagen, dass noch viele Fragen zur Realisierbarkeit einer generalisierten KI offen sind. Das ist unabhängig von der Frage, ob sie zentral oder dezentral eingesetzt wird.

Alternativmöglichkeiten: Gerade in solchen Fällen, bei denen man bei der Umsetzung einer zentralen Ausführung nicht weiterkommt, wird anscheinend häufiger das Wort »Blockchain« genutzt, um marketing- und finanzierungstechnisch nachzuhelfen. Ob und wie eine alternative Lösung dank Blockchain hier möglich ist, kann bisher nur schwer gesagt werden.

Praxisbeispiele: Zu oft sehe ich bei Blockchain-Events, wie ein Start-up den nächsten Durchbruch im KI-Bereich verkündet. Dabei zeigt sich schnell, dass die betreffenden Unternehmensgründungen bereits bei zentralen Ausführungen gescheitert sind und jetzt einfach nur Fundraising betreiben, indem sie den Begriff Blockchain anführen.

Zentralisierte Firmen wie Google forschen seit Längerem in diesem Bereich. Deshalb glaube ich nicht, dass eine Blockchain hierfür wirklich benötigt wird. Aus diesem Grund würde ich hier nicht auf ein Start-up, sondern vielmehr auf Firmen wie Google oder Facebook setzen. Ob ein von ihnen entwickeltes KI-System später auf einer Blockchain laufen wird, kann ich mir wiederum schon vorstellen. Doch hat dies nichts mit den falschen Versprechen einiger Firmen in diesem Bereich zu tun. KI-Lösungen bringen uns jedoch zu einer Anwendung, welche man vielleicht eher als potenzielle Warnung im Blockchain-Bereich sehen sollte: Skynet.

SKYNET (*TERMINATOR* ...)

Problembeschreibung: Ob das Skynet[21] ein Problem löst oder nicht, darüber lässt sich lange diskutieren. Nichtsdestotrotz ist es eine derzeit (noch) theoretische KI-Anwendung, welche in den *Terminator*-Filmen den Hauptantagonisten darstellt. Das Problem, welches es lösen sollte, ist, die Menschheit zu beseitigen. Klingt toll, oder?

Lösungserklärung: Hiermit soll im Hinblick auf eine dezentrale KI eine klare Warnung ausgesprochen werden. Viele visionäre Denker, auch ich, sehen ein potenzielles Skynet als absolute potenzielle Gefahr, die eine KI auf Blockchain-Basis mit sich bringen kann. Das werde ich später im Kapitel zu den Bedrohungen noch einmal wiederholen. Eine solche KI könnte sich komplett dezentral in jeden Server, jeden Roboter und jede Maschine kopieren und diese somit dezentral kontrollieren. Sollte eine solche KI wirklich nicht mehr abschaltbar sein und Selbsterkenntnis erlangen, so kann sie, wie in den *Terminator*-Filmen fiktional dargestellt, versuchen, die Menschheit zu beseitigen – und wird dies wahrscheinlich auch erfolgreich schaffen.

21 https://en.wikipedia.org/wiki/Skynet (Terminator)

Herausforderungen: Die wahren Herausforderungen hier liegen nicht im Blockchain-Bereich sondern vielmehr wie im Anwendungsbereich der künstlichen Intelligenz.

Alternativmöglichkeiten: Persönlich hoffe ich, dass es Alternativen zu einem Skynet geben wird und dass eine bösartige KI niemals auf eine Blockchain gelangt.

Praxisbeispiele: Das heißt nicht, dass ich gegen künstliche Intelligenz bin, sondern vielmehr, dass Firmen wie Google sich ganz klar bewusst sein müssen, welche Möglichkeiten, jedoch auch welche Gefahren der KI-Bereich in sich birgt. Glücklicherweise sind wir noch ein bisschen davon entfernt, eine generalisierte KI überhaupt zu kreieren. Deshalb mache ich mir hier noch nicht allzu viele Sorgen und genieße jeden Tag, an dem mich kein Roboter zu seinem Sklaven gemacht hat.

BLOCKCHAIN-ANWENDUNGSBEREICH 4: TOKENISIERUNG

Werden jegliche Werte als Token auf einer Blockchain dargestellt, so entsteht eine noch nie zuvor dagewesene Kompatibilität unter den unterschiedlichsten Vermögensklassen.

PRICE DISCOVERY (BLOCKCHAIN-CONNECTOREN, COMIT ...)

Problembeschreibung: Wir haben das Problem der Interoperabilität nun schon häufiger angesprochen, und ich will die Blockchain-Connectoren hier zu Beginn dieses Kapitels noch einmal ausführlich erläutern. Ein großes Problem in der »realen Welt« besteht derzeit darin, dass richtiges Vertrauen nur innerhalb einer kleinen Gemeinschaft möglich ist und es sich dann nicht mit Vertrauen verknüpfen lässt, das vielleicht anderswo besteht. So sind viele der heute existierenden Geschäftsmöglichkeiten zahlreicher Unternehmen entstanden: Anstatt direkt in eine Firma zu investieren, nutzt ein Investor seine Hausbank als Mittelsmann. Nachdem ein Käufer die Produzenten in China nicht kennt, nutzt er einen Großhändler für die Zulieferung. Nachdem ein Unternehmen den Daten einer fremden Firma nicht blind trauen kann, nutzt es Auditoren, um die Einhaltung gegebener Normen und Qualitätsstandards nachzuprüfen. All diese Service-Dienstleister verlangen für ihre Dienstleistungen eine Gebühr. Was jedoch, wenn sich Vertrauenspools zusammenschließen lassen könnten? Dies würde die Mittelsmänner eliminieren und so zu einem deutlich besseren Preis führen. Man spricht hier in den Wirtschaftswissenschaften von der Preisfindung, oder auf Englisch von der Price Discovery.

Lösungserklärung: Das Internet bewerkstelligte in den 80er-Jahren etwas Ähnliches bereits mit Informationen. Damals wurden Intranets, welche getrennte Informationspools von Universitäten oder Firmen darstellen, über das TCP/IP-Protokoll zum Internet zusammengeschlossen. Nun konnten Menschen nicht nur auf die Information des eigenen Pools, sondern auf die Information der ganzen Welt zugreifen. Der Grund, warum also Blockchains so wichtig sind, besteht darin, dass diese Vertrauenspools über ein Protokoll zu einem größeren Netzwerk zusammenschließbar wären, in dem jeder Nutzer nicht einer Person, sondern jeweils der gesamten Gemeinschaft vertrauen könnte. 2016 habe ich zusammen mit meinem Co-Founder Toby ein solches Netzwerk im COMIT-Whitepaper (www.comit.network) definiert. Meine Prognose lautete: Dies würde mindestens genauso viele Industrien durch Vertrauens-Interoperabilität revolutionieren wie das Internet einst durch die Verknpüfung von Information aus verschiedenen Quellen. 2018 ist mithilfe des CoBloX-Research-Teams die erste Prototypenversion eines solchen Netzwerks live gegangen. Es wird spannend sein zu sehen, wie COMIT die Welt auf Basis der Blockchains revolutionieren wird. Firmen, Regierungen und öffentliche Einrichtungen können ihre eigene Blockchain dann über COMIT komplett kostenlos und vertrauenslos an andere Blockchains anbinden. Sie haben weiterhin die komplette Kontrolle über den eigenen Konsensus, können aber ohne einen fremden Dritten auf andere Blockchains zugreifen. Falls du hier mehr Infos dazu haben möchtest, suche einfach im Internet nach »Julian Hosp COMIT«.

Herausforderungen: Man sollte meinen, dass ein solches System spezielle Blockchains benötigen würde. Doch als wir COMIT definiert haben, haben wir extra darauf geachtet, ähnliche Grundlagen wie das TCP/IP-Protokoll zu benutzen. Statt komplexer Voraussetzungen verwenden wir simple Basis-Bausteine der Hashed Time Lock Contracts (HTLCs), sodass praktisch jede Blockchain angebunden werden kann. Die größte Herausforderung in diesem Netzwerk wird das Routing des Vertrauens sein. Wenn man weiß, wonach man wo sucht, ist es einfach. Doch bei einer Suchanfrage wie »vertrauenswürdige Immobilie« wird sich das Netzwerk am Anfang noch nicht so leichttun, optimale Ergebnisse mit Vertrauensevaluierung zu kreieren.

Alternativmöglichkeiten: Einige Firmen versuchen ebenfalls, ein solches Netzwerk zu kreieren, doch wollen sie dies mithilfe eines neuen Tokens, also einer neuen Blockchain umsetzen. Das würde aus meiner Sicht dasselbe Problem mit sich bringen, als wenn TCP/IP kostenpflichtig wäre. Die einzelnen Intranets, also die Blockchains, sollten spezialisiert und kommerzialisiert bleiben, die Verbindungen dazwischen müssen meiner Ansicht nach jedoch open source sein. Eine tokenisierte Gesamtlösung hätte jedoch den Vorteil, das Routing zu vereinfachen. Nachdem sich dieses Problem auch beim Internet hat lösen lassen, hoffe ich, dass sich dies bei einer tokenfreien und Open-Source-Lösung wie COMIT ebenfalls umsetzen lässt.

Praxisbeispiele: Anwendungsbeispiele gibt es hier viele. Das ist einer der Gründe, warum ich dieses Buch über Blockchain-2.0-Applikationen über Bitcoin hinaus geschrieben habe. Ich will damit andere Menschen ebenfalls inspirieren, Vertrauen zu vernetzen. So liegt es mir ganz besonders am Herzen, dass so viele Menschen wie möglich an kreativen Lösungen im Blockchain-Bereich arbeiten, um diese mit anderen Bereichen zu verknüpfen und damit ganze Industrien zu revolutionieren. Auf Basis der Kryptowährungen gibt es bereits einige Partnerschaftsmöglichkeiten wie das Lightning Network, Raiden, Interledger und einige mehr. Als Nächstes kommen die anderen Bereiche, welche gerade im Kommen sind. Wie bereits erwähnt, findest du alle Infos zu COMIT und den Anwendungsmöglichkeiten auf www.comit.network.

Im nächsten Abschnitt gehe ich auf ein paar Bereiche ein, die ganz besonders von einer Tokenisierung profitieren würden.

WERTPAPIERE (AKTIEN, ANLEIHEN ...)

Problembeschreibung: Will man Wertpapiere wie Aktien oder Anleihen verkaufen oder tauschen, so muss dies immer über Fiat-Währungen erfolgen. Derzeit kann man eine Apple-Aktie zum Beispiel nicht direkt in eine Microsoft-Aktie tauschen. Dies geht nur über einen Umweg über Euro, Dollar usw., und somit werden immer zusätzliche Gebühren fällig. Des Weiteren sind die entsprechenden Handelsplätze intransparent, denn nur die Börsenbetreiber bzw. die Börsenaufsicht hat Einblick in die eigentlichen Transaktionen.

Lösungserklärung: Blockchains könnten beides lösen: Indem man Aktien oder Anleihen als Token auf einer Blockchain darstellt, werden Transaktionen wie bei Kryptowährungen nicht nur transparenter, sondern auch interoperabel. Unterschiedliche Blockchains folgen ähnlichen kryptografischen Algorithmen. So könnte durch Tokenisierung physischer Werte eine noch nie da gewesene Kompatibilität und damit Liquidität entstehen. Ein Aktien-Token auf der Blockchain kann somit ohne Weiteres in einen anderen Aktien-Token getauscht werden, ohne dass unbedingt eine Fiat-Währung dazwischengeschaltet sein muss.

Herausforderungen: Die Hauptherausforderungen hierbei bestehen wie bei allen dezentralen Systemen in der Geschwindigkeit, den Skalierungsmöglichkeiten und den daran gekoppelten Problemen. An einer Börse wie Frankfurt oder New York werden in jeder Sekunde teilweise Tausende von Aktien ge- und verkauft. Sie könnten über ein zentrales System sofort übertragen werden. Bei einem dezentralen System funktioniert dies nicht ganz so einfach, denn es gibt den zentralen Organisationspartner nicht. Des Weiteren hat sich gezeigt, dass dezentrale Systeme aufgrund von Effizienzmechanismen immer zur Zentralisierung neigen. Man sieht dies beim Mining oder auch bei der Liquidität. So würden sich wahrscheinlich nicht zahlreiche unterschiedliche Trading-Paare entwickeln, sondern hauptsächliche jene, bei denen die meiste Liquidität vorherrscht – wie zum Beispiel Fiatgeld als Handelswährung.

Alternativmöglichkeiten: Somit stellt sich die relevante Frage, inwieweit eine komplett dezentrale Tokenisierung hier überhaupt relevant sein wird. Vielleicht braucht es eher mehr Transparenz als Kompatibilität. Erstere könnte auch durch zentrale Systeme gewährleistet werden. Deshalb ist dieser Anwendungsbereich nicht unbedingt prädestiniert für eine Blockchain.

Praxisbeispiele: Nichtsdestotrotz sollten sich Handelsplätze und Börsen dezentrale Systeme genau ansehen, denn eventuell werden sie eines Tages durch solche dezentralen Börsen komplett ersetzt. Die NASDAQ in den USA zum Beispiel testet ebenfalls schon seit einiger Zeit eine potenzielle Anwendung, und ich gehe davon aus, dass hier noch einige andere folgen werden.

FIRMENREGISTER (HANDELSREGISTEREINTRAG ...)

Problembeschreibung: Firmenregister könnte man in die Kategorie der Wertpapiere oder auch in die im Anwendungsbereich Besitz beschriebene Grundbuchanwendung einordnen. Ähnlich wie dort geht es um das Problem der transparenten und unveränderbaren Darstellung von Firmenbesitz. Gleich wie bei Grund und Boden wäre Rechtssicherheit einerseits für Investitionen wichtig, andererseits erscheint eine billigere und einfachere Variante notwendig, um Firmen zu registrieren. In manchen Ländern ist es zum Beispiel enorm teuer und kompliziert, eine GmbH zu gründen. Nicht weil dieses Verfahren dies zwangsläufig sein müsste, sondern weil die Behördenwege teilweise so langwierig und frustrierend sind.

Lösungserklärung: Eine Blockchain kann hier dezentral Abhilfe schaffen, denn sie stellt Besitz unveränderbar und transparent dar. Gleichzeitig wäre diese Tokenisierung optimal für Interoperabilität mit anderen Blockchains. Eine Firma auf einer Blockchain zu registrieren, könnte dann eine kleine Update-Gebühr von gerade mal ein paar Euro oder Kryptocoins kosten – Behördengänge und Bürokratie ade!

Herausforderungen: Die Herausforderungen liegen hier darin, eingefahrene bürokratische Prozesse zu revolutionieren. Dies ist bei vielen öffentlichen Ämtern jedoch viel einfacher gesagt als getan. Nötig ist nämlich vor allem rechtliche Akzeptanz dessen, dass ein Token auf einer Blockchain auch wirklich einen Anteil der Firma repräsentiert. Ich werde zum Beispiel oft gefragt, wann Security Token zu Equity Token werden könnten, also wann Token bei einer ICO Firmenanteile widerspiegeln können. Dies hat nichts mit der Blockchain per se zu tun, sondern die Umwandlung funktioniert erst, wenn Regulatoren eine rechtlich bindende Möglichkeit anbieten, dass ein Token wirklich einen Firmenbesitz repräsentieren kann. Wann das sein wird, ist in den meisten Ländern heute noch ziemlich unklar.

Alternativmöglichkeiten: Zentrale Alternativen gibt es zur Genüge. Länder wie Estland bieten mittlerweile Firmenregistrierungen vollautomatisiert im Internet zu unglaublich günstigen Konditionen an. Paart man dies mit einer E-Identität, so erhält man ein zwar zentralisiertes, jedoch unglaublich effizientes System, welches den Bedarf einer dezentralen Blockchain eventuell infrage stellen könnte.

Praxisbeispiele: Wir bei TenX haben 2015 unsere Firma neben einer normalen Firmeneintragung in Singapur auch auf der Blockchain registriert. Natürlich ist diese dezentrale Eintragung nicht rechtlich bindend, doch wollten wir mit gutem Beispiel vorangehen. Baltische Staaten testen teilweise sogar schon Blockchain-Lösungen in diesem Bereich. Auch der Staat Delaware in den USA, welcher für einfache Firmenregistrierungen bekannt ist, will Firmenregistrierungen auf der Blockchain anbieten. So hoffe ich, dass solche Lösungen weltweit bald Schule machen werden. Ich kann jedem Angestellten oder Beamten im öffentlichen Dienst nur raten, sich solche Anwendungen genauestens anzusehen, um bürokratiefreie und vertrauenslose Lösungsmodelle anbieten zu können. Staaten leben von ihren Unternehmen – will man diese also ins eigene Land locken, braucht man attraktive Angebote. Dies wäre ein solches.

IMMOBILIEN (WOHNUNGEN, REITS ...)

Problembeschreibung: Immobilien bringen ähnliche Probleme mit sich wie viele andere der Vermögenswerte, welche wir bereits besprochen haben. Ich werde also nicht auf bereits besprochene Dinge wie Transparenz und im Grundbuch aufgeführter Besitz eingehen; diese treffen auch hier zu. Ich beziehe mich an dieser Stelle vor allem auf das Problem der enormen Kosten beim Immobilienkauf und -verkauf. Diese Gebühren machen oft über 10 Prozent eines gesamten Immobilienkaufs aus und entstehen aufgrund von Eintragungsgebühren (circa 3,5 Prozent), Stempelgebühren (circa 1 Prozent), Notariatsgebühren (circa 1 Prozent), Maklergebühren (3 bis 5 Prozent) und noch einigem anderen. All diese Gebühren würden auf ein Minimum sinken, wenn Eintragung, Übertragung und Garantien einfacher zu handhaben wären.

Lösungserklärung: Immobilien auf einer Blockchain zu registrieren könnte dieses Problem ganz einfach lösen. Da sie sich leicht mit anderen Blockchains verknüpfen lassen, ist die Übertagung und Eintragung schnell, einfach, reibungslos und transparent. Durch Smart Contracts könnten Treuhandgebühren wegfallen, und durch die bessere Einsicht und Transparenz entstünde eine höhere Liquidität, welche die Maklergebühren deutlich drücken würde, da man geeignete Immobilien leichter finden würde. Genau dasselbe ist auch bei Aktien vor ein paar Jahrzehnten passiert, als diese zum ersten Mal ohne Aktienhändler liquide an einer elektronischen Börse handelbar gemacht wurden. Gab es zuvor noch teilweise 10 Prozent Übertragungsgebühr, so sind diese Gebühren bei den meisten Online-Brokern auf unter 1 Prozent gesunken, weil man keine Menschen mehr für den Handel brauchte. Sobald Immobilien liquide und transparent über Blockchains dargestellt und miteinander verbunden werden, würde dasselbe passieren.

Herausforderungen: Die Herausforderungen liegen hauptsächlich bei dem langsamen bürokratischen System, welches lieber weiterhin hohe Gebühren für Ineffizienz verlangt, als Effizienz voranzutreiben. Viele der involvierten Parteien, welche bei Immobilien die Hand aufhalten, wollen nicht, dass sich die Technologie verbessert. Sie würden dadurch ihre Lebensgrundlage verlieren. Ich kann das zwar teilweise verstehen, doch einer wird immer Innovation voranbringen. Wenn es so weit ist, ist es besser, darauf vorbereitet zu sein, anstatt nur hinterherzurennen und Marktanteile zu verlieren.

Alternativmöglichkeiten: Dass Gebühren im Immobilienmarkt sinken werden, ist praktisch garantiert. Das sieht man bereits als Folge der Online-Plattformen, die in den letzten Jahren aufgekommen sind. Ob solche Lösungen jedoch weiterhin zentral oder irgendwann dezentral sein werden, steht bei Weitem noch nicht fest. Dezentrale Lösungen hätten jedoch einige interessante Anwendungsbeispiele.

Praxisbeispiele: Umsetzungen in diesem Bereich sind ähnlich wie beim Grundbuch oder Firmenregister. Aufgrund der Tokenisierung der physischen Werte könnten größere Investitionen leichter geteilt werden, wodurch auch kleinere Investoren darauf Zugriff hätten. REITs machen dies bereits zentralisiert. Dezentrale Token könnten jedoch komplett reibungslos mit anderen Werten ausgetauscht werden. Bei TenX bieten wir unseren Nutzern zum Beispiel an, Token über ihre Debit- oder Kreditkarte im richtigen Leben auszugeben. Dies könnte bedeuten, dass man eine Immobilie über die Blockchain kauft, jedes Monat Mieteinnahmen bekommt und diese Werte dann ohne nennenswerte Kosten zum Marktwert anteilig für einen Kaffee beim Bäcker nutzt. Die Zukunft liegt durch Blockchains deutlich stärker im besseren und flexibleren Nutzen des eigenen Kapitals, da dieses durch die Interoperabilität viel liquider sein wird.

Natürlich gibt es auch immer wieder Rückschläge. Bei einem Pilotprojekt in diesem Bereich passierte es durch einen Bug (Fehler), dass mehrere Immobiliennutzer ihre Immobilien auf der Blockchain verloren. Die meisten Immobilien-Blockchains sind nicht allzu schnell, da Transaktionen nicht in Millisekunden durchgeführt werden müssen. Deshalb dauert es ein paar Tage, bis diese auf der Blockchain wirklich gesetzt sind. In diesem Fall kam es nach ein paar Tagen zu einer ansonsten extrem seltenen Rückabwicklung. Die Teilnehmer wussten zwar, dass sie mindestens eine Woche warten mussten, bis sie eine Transaktionen über 10.000 Euro als fix hätten ansehen sollen. Doch in diesem Fall wurde dies missachtet. Die Immobilie wurde erst gekauft, dann jedoch wurde der Kauf fälschlicherweise wieder rückabgewickelt. Die Käufer wären eigentlich auf den Kosten sitzen geblieben. Da es sich jedoch nur um ein Pilotprojekt gehandelt hat, wurde der Schaden vom Initiator übernommen. Es zeigte sich dadurch abermals, wie wichtig es gerade bei neuen Technologien ist, unterschiedliche Szenarien genau zu durchdenken, damit eine tolle Idee nicht zum bösen Erwachen führt.

EDELMETALLE (GOLD, SILBER ...)

Problembeschreibung: Edelmetalle wie Gold, Silber oder Platin bringen ein paar andere Probleme mit sich als Firmenwerte oder Immobilien. Hier geht es vor allem um Lagerung und Liquidität. Während viele Menschen Gold halten, haben es nur die allerwenigsten im wirklichen Leben je genutzt. Praktisch kein Ladengeschäft der Welt akzeptiert Gold ohne Weiteres als Zahlungsmittel.

Lösungserklärung: Freunde von mir in Singapur und noch einige andere Firmen weltweit bieten hier Lösungen an. Sie bilden über zahlreiche Stationen eine Unze Gold nach und kreieren einen Gold-Token auf der Blockchain, sobald die Unze sicher in einem unabhängigen Safe eingelagert wurde. Gold wird so tokenisiert und lässt sich über Systeme wie TenX ausgeben oder über Börsen ganz einfach handeln. Natürlich muss man dem Safe-Betreiber vertrauen. Nachdem es sich hier jedoch meist um zertifizierte Institute handelt, ist hier das Risiko gleich, wie wenn man eine Unze physischen Goldes selbst einlagern würde.

Herausforderungen: Trotzdem sind solche Lösungen nicht wirklich dezentralisiert, und einige Fragen bleiben immer offen: Was, wenn das Gold aus dem Safe gestohlen wird? Was, wenn ich meinen Private Key verliere? So bin ich mir selbst nicht zu 100 Prozent sicher, ob sich solche dezentralen Tokenisierungs-Lösungen schlussendlich bei Edelmetallen durchsetzen werden.

Alternativmöglichkeiten: Es gibt nämlich auch die Möglichkeit, Gold weiter zentral zu lagern und es trotzdem über Debitkarten-Systeme auszugeben. Einige Firmen und Banken bieten so etwas an.

Praxisbeispiele: Definitiv sind Blockchains hier innovativ, doch man muss sich immer fragen, welches Problem man lösen will und was die beste Lösung wäre. Ich persönlich würde meine Zeit nicht in diese Untergruppe der Blockchain-Anwendungsmöglichkeiten investieren.

BLOCKCHAIN-ANWENDUNGSBEREICH 5: TRANSPARENZ

Nachdem jeder Blockchain-Teilnehmer die komplette Update-Historie der Community einsehen kann, entsteht vollständige Authentizität.

Wie du noch gleich feststellen wirst, ist dieser Bereich der Blockchains aus meiner Sicht der derzeit zukunftsträchtigste. Persönlich glaube ich, dass wir enorm viele der nächsten Blockchain-Anwendungen aus den gleich aufgeführten sehen werden.

BUCHHALTUNG (INVENTUR, STEUERBERATER ...)

Problembeschreibung: Buchhaltung dient der Dokumentation von Einnahmen und Ausgaben im Finanzbereich, kann jedoch auch ähnlich wie eine Inventur der Aufnahme des aktuellen Bestands dienen. Dieser Bereich braucht unglaubliche Ressourcen in einem jeden Unternehmen. Entweder die Buchhaltung wird im Unternehmen selbst erledigt, oder sie wird etwa an eine Steuerkanzlei outgesourct. Notwendig ist dies überhaupt nur, weil von außen gesehen niemand sicherstellen kann, dass die vom Unternehmen angegebenen Zahlen korrekt sind. Vertrauen, das innerhalb einer Gruppe besteht, kann eben nicht einfach so nach außen vermittelt werden.

Lösungserklärung: Eine Blockchain wäre hier eine extrem kostengünstige und simple Lösung. Egal, ob es um Finanzen bei der Buchhaltung oder um Gegenstände bei einer Inventur geht: Alle Updates können transparent inklusive Timestamps auf der Blockchain dargestellt werden. Über die Signaturen der Private Keys kann unwiderruflich nachvollzogen werden, wer was wann abgenommen hat. Dies kann dann entweder immer oder nur durch einen »Erlaubnisschlüssel« zur Einsicht an eine Kontrollinstanz gegeben werden. Die Einschaltung einer Steuerkanzlei oder eines Wirtschaftsprüfers wird dadurch obsolet.

Herausforderungen: Wie bereits am Kapitelanfang erwähnt, sehe ich fast alle Transparenz-Blockchains aufgrund ihrer einfachen Umsetzung als die nächste große Blockchain-Kategorie gleich nach dem Bereich Finanzen (Kryptowährungen) und Smart Contracts (Ethereum). Probleme machen hier nur träge Unternehmen, welche nicht in Innovation investieren. Dies wird sich jedoch relativ schnell erledigt haben, denn sobald auch nur ein einziges Unternehmen Zeit und Energie in diesen Bereich investiert, werden andere nachziehen müssen.

Alternativmöglichkeiten: Meine positive Einstellung gegenüber diesem Anwendungsbereich kommt daher, dass ich relativ wenige Alternativmöglichkeiten zu einer Blockchain sehe. Selbst andere dezentrale Systeme wie das Tangle oder ein Hashgraph funktionieren aufgrund des fehlenden Ledgers hier nicht optimal. Darum könnte ich mir vorstellen, dass dieser Blockchain-Anwendungsbereich einer der ersten überhaupt sein wird, welcher ein klares und unumstößliches Problem löst. Selbstverständlich lösen Kryptowährungen und Smart Contracts ebenfalls Probleme, bei den Transparenz-Blockchains ist das bestehende Problem jedoch noch mal ein Stück greifbarer.

Praxisbeispiele: Nicht umsonst investiert IBM hier mit dem Hyperledger-Projekt unglaublich viel Geld und pusht diesen Bereich enorm nach vorne. Jede Buchhaltungsfirma, jede Steuerkanzlei oder jeder Inventurnehmer muss sich hier schnellstens informieren, um am Ball zu bleiben. Falls du Mitarbeiter in einer solchen Firma bist, dann mach deinen Chef darauf aufmerksam bzw. bilde dich selbst fort, indem du dich online informierst. Kontaktiere in diesem Feld auch gerne unser Team für weitere Hilfe: team@i-unlimited.de

AUDITS (PRÜFUNGEN, ISO-, TÜV-ZERTIFIZIERUNGEN ...)

Problembeschreibung: Ein Audit ist eine Prüfung eines Prozesses durch eine außenstehende unabhängige Firma. Weltweit haben sich hier die Big 4 etabliert. Gemeint sind die vier großen Wirtschaftsprüfungsgesellschaften Deloitte, Pricewaterhouse Coopers, KPMG und Ernst & Young, und in vielen Unternehmensbereichen ist es heute State of the Art, eigene Aussagen durch eine dieser vier Firmen bestätigen zu lassen. Dies kostet natürlich Geld, und abermals ist Vertrauen in eine zentrale Partei nötig.

Lösungserklärung: Die Abwicklung über eine Blockchain wäre hier, ähnlich wie bei der Buchhaltung, extrem einfach. Anstatt Ein- und Ausgaben auf einer Blockchain zu dokumentieren, werden für eine Audit-Blockchain Prozesse mit Timestamps dezentral und transparent protokolliert. Um Geschäftsgeheimnisse nicht nach außen zu tragen, könnten diese durch den Einsatz bestimmter Schlüssel maskiert werden. Nur wer über den betreffenden Schlüssel verfügt, hat Zugriff auf die Daten. Wer diesen Schlüssel nicht hat, für den bleibt alles geheim. Man kann somit eigene Aussagen durch denselben Prozess wie bei einem Audit durch eine renommierte Wirtschaftsprüfungsgesellschaft untermauern, nur dass man dafür kein Geld mehr benötigt. Die Prozesse protokollieren musste man sowieso schon, nur geschieht dies eben jetzt auf einer Blockchain.

Herausforderungen: Die Herausforderungen liegen hier eher im wirtschaftlichen Bereich. Viele Unternehmensberatungen raten ihren Unternehmen stark davon ab, Blockchains für Audits zu nutzen, denn dies wäre ihr eigener Untergang. Dieses Gebahren der Wirtschaftsprüfer hemmt die Innovation in diesem Bereich ein wenig. Von technischer Seite her wären die Systeme bereits größtenteils einsetzbar.

Alternativmöglichkeiten: Alternativen sehe ich nicht wirklich, denn technologischer und wirtschaftlicher Fortschritt lässt sich nur bedingt verlangsamen.

Praxisbeispiele: Nachdem ich bei den Big 4 oft als Consultant und Speaker gebucht werde, weiß ich aus erster Hand, dass bei den Großen gerade ein starkes Umdenken stattfindet. Anstatt Blockchains zu blockieren, überlegen die Audit-Anbieter, wie sie diese selbst als Lösung anbieten können. Aus meiner Sicht ist dies ein exzellenter und zielführender Schritt ist. IBM und einige andere Firmen investieren hier ebenfalls viel Kapital. Jede Firma, welche derzeit für Prüfungen, Audits usw. bezahlt wird, muss sich hier rasch umorientieren, um nicht irrelevant zu werden. Spannend wird dies natürlich ebenfalls für ISO-Standards oder den TÜV. Diese könnten nach dem Siegeszug entsprechender Blockchain-Lösungen dann ebenfalls auf dem Abstellgleis landen, es sein denn, es finden Kooperationen mit Blockchain-Anbietern statt.

LOGISTIK (KÜHLKETTE, TRANSPORT ...)

Problembeschreibung: Weitet man den Anwendungsbereich der Audits auf die Verfolgung von Gütern auf der ganzen Welt aus, so kommt man zu den Logistik-Blockchains. Hier geht es um simple Fragen, so zum Beispiel: Wie kann man vertrauenslos sicherstellen, dass eine Kühlkette eingehalten wurde? Wie kann man einen Transport vertrauenslos nachvollziehen? Woher kommen die verkauften Lebensmittel wirklich?

Lösungserklärung: Die Lösung dazu ist ähnlich wie die bei Buchhaltung oder auch Identität: Ein Produkt oder Objekt bekommt eine eindeutig zugewiesene ID auf der Blockchain, und zahlreiche unabhängige Parteien signieren diese, wenn sie damit in Aktion treten. So kann über Timestamps ganz klar dokumentiert werden, wann etwas wo bei wem vorbeikommt. Natürlich kann es immer noch zu Betrug kommen. Da die Signierer jedoch automatisch an Reputation gewinnen, je mehr erfolgreiche Objekte sie bereits signiert haben, werden sie fürs Schummeln durch Reputationsentzug bestraft.

Herausforderungen: Die Herausforderung hierbei liegt im Start eines solchen Systems. Damit die Signierer wirklich unabhängig agieren, sind zahlreiche Teilnehmer nötig, welche jeweils nur einen kleinen Teilschritt signieren. Dafür Lösungen zu entwickeln dauert noch ein wenig. Doch glaube ich, wie bereits im Kapitel zuvor erwähnt, dass diese Art der Blockchains die nächsten großen dezentralen Anwendungen darstellen wird.

Alternativmöglichkeiten: Versucht man, so etwas zentral zu lösen, gibt es immer langfristige Interessenskonflikte. Deshalb sehe ich wie bei Buchhaltungs-Blockchains hier nur wenige Alternativen zu dieser Lösung.

Praxisbeispiele: Wir haben diese Ideen nun bereits häufiger besprochen, du solltest dir auch wirklich auf jeden Fall überlegen, wie dies bei dir im Unternehmen umsetzbar wäre. Es gibt hier unbegrenzte Anwendungsmöglichkeiten wie zum Beispiel Kühlketten oder Herkunftsnachweis von Pharmaprodukten. Einige möchte ich in den folgenden Kapiteln noch ein bisschen detaillierter besprechen.

EDELSTEINE (DIAMANTEN …)

Problembeschreibung: Edelsteine wie Diamanten vertrauenslos zu der Mine zurückverfolgen zu können, in der sie geschürft wurden, würde illegal gehandelte Steine und Blutdiamanten massiv entwerten und dem damit verbundenen schmutzigen Geschäft hoffentlich rasch ein Ende setzen. Aufgrund zahlreicher Bestechungen war es bisher mithilfe zentraler Systeme nie wirklich möglich, Vertrauen darauf zu schaffen, ob ein Stein »schmutzig« ist oder »rein«.

Lösungserklärung: Die Lösung hierzu wäre eine Diamanten-Blockchain, bei der der jeweilige Stein unterschiedliche Stationen durchläuft. Unterschiedliche Teilschritte werden unabhängig und transparent durch Timestamps bestätigt. So könnten zum Beispiel zuerst die Mine, dann eine lokale Zertifizierungsfirma, dann der Herkunftsstaat, dann die Transportfirma, dann eine unabhängige Organisation, eine Exportfirma, eine Importfirma und noch ein Diamantenhändler im eigenen Land jeweils einen Diamanten signieren. Nachforschungen über einen bestimmten Edelstein sind auf diese Weise deutlich einfacher und transparenter zu handhaben. Bei Weiterverkäufen kann dann der neue Käufer durch die Blockchain ebenfalls die gesamte Geschichte des betreffenden Diamanten vertrauenslos nachverfolgen.

Herausforderungen: Die wahren Herausforderungen dabei, so etwas umzusetzen, sind nicht technischer Natur. Selbstredend besteht hier immer noch die Gefahr eines Betrugs, wenn sich die unterschiedlichen Signierer zusammentun und die Unwahrheit in der Blockchain dokumentieren. Das Risiko ist hier jedoch deutlich besser verteilt als bei der derzeitigen zentralen Variante, bei der ein Zertifikat, welches ganz einfach gefälscht werden kann, alles übernehmen muss. In der Realität ist es die fehlende Motivation vieler Teilnehmer, die die erfolgreiche Einführung einer Diamanten-Blockchain bisher verhindert hat. Viele der am Diamantenhandel beteiligten, betrügerischen Teilnehmer stecken unter einer Decke. Sie wollen gar nicht, dass der Diamantenhandel transparenter wird. Viele Organisationen versuchen, dieses betrügerische Kartell aufzubrechen, doch die milliardenschwere Edelsteinindustrie macht dies nicht ganz so einfach.

Alternativmöglichkeiten: Von Logistikseite sehe ich hier keine Alternativen zu einer Blockchain, um den Diamantenhandel transparenter zu machen. Sollten allerdings künstliche Diamanten immer populärer werden, könnten sie das Herkunftsproblem der richtigen Diamanten auf andere Art und Weise lösen. Es würde ein enormer Preisdruck entstehen, welcher Minen und Diamantenfirmen dazu zwingt, ihre Standards nach oben zu schrauben. Hoffentlich wird also das oft blutige Geschäft um Diamanten von mehreren Seiten gleichzeitig in die Mangel genommen.

Praxisbeispiele: Eine Diamanten-Blockchain war eine der ersten Anwendungen, welche ich 2014 selbst gesehen habe. Den wahren Durchbruch hat sie jedoch aufgrund der zahlreichen Herausforderungen bis heute nicht wirklich erlebt. Vielleicht hast du hier ja die entscheidende Erfolgsidee? Diese wäre nicht nur bei Diamanten oder anderen Edelsteinen relevant, sondern ließe sich wahrscheinlich auf ganz viele Blockchain-Anwendungen im Allgemeinen übertragen.

MEDIKAMENTE (PHARMAINDUSTRIE, DROGEN ...)

Problembeschreibung: Was bei Edelsteinen relevant ist, ist auch in Bereichen wie zum Beispiel der Pharmaindustrie essenziell: Welche Inhaltsstoffe wurden für ein Medikament verwendet? Wo wurde alles hergestellt? Wann wurde ein Medikament produziert? Gerade heutzutage, wo Medikamente global hergestellt und in aller Herren Länder verschickt werden, sind solche Fragen essenziell, wenn es um unsere Gesundheit geht.

Lösungserklärung: Blockchains wären hier nicht nur für Inhaltsstoffe und Darreichungsformen bei Medikamenten, sondern bei ganz vielen Mitteln die ideale Lösung. Es braucht nicht eine Blockchain für alles, sondern es könnten ganz viele kleine unterschiedliche sein, die miteinander interagieren. Transparenz und Vertrauen würde noch nie da gewesene Werte erreichen. Dadurch könnten zudem Regionen auf der Welt durch Qualität und Preis punkten, von denen zu kaufen die Verbraucher sich heute vielleicht zu Unrecht nicht trauen.

Herausforderungen: Wie schon öfter erwähnt, sehe ich in den Logistik-Blockchains unfassbar großes Anwendungspotenzial. Deshalb finde ich es schade, dass es erst wenige Unternehmer gibt, welche sich mit diesem Bereich befassen.

Alternativmöglichkeiten: Es gibt praktisch keine Alternativmöglichkeiten, und genau deshalb hoffe ich, dass du dir selbst überlegst, was du hier transparent auf eine Blockchain bringen kannst.

Praxisbeispiele: Im Pharmabereich gibt es neben Medikamenten auch noch die Möglichkeit, Blockchains für Drogen anzuwenden. Dies wäre dann zwar eine teilweise illegale Anwendung, doch wenn man sich ansieht, wie viel Schaden meist nicht durch die Drogen selbst, sondern durch giftige Zusatzstoffe oder durch Panschen und Strecken des ursprünglich reinen Stoffs angerichtet wird, so möchte ich die Möglichkeit der transparenten Drogennachverfolgung hier zumindest erwähnen, auch wenn dies eine teilweise illegale Blockchain-Anwendung wäre. Über eine solche Anwendung wäre es jedoch ganz einfach möglich, medizinisch verschriebene Drogen von illegalen zu unterscheiden und gleichzeitig die Qualitätsstandards hoch zu halten.

KOPIERSCHUTZ (MUSIK, FILME, PROGRAMME, TANTIEMEN, DIGITALE EINZIGARTIGKEIT …)

Problembeschreibung: Eine ähnliche Blockchain-Anwendung haben wir beim Patent- und Markenschutz schon einmal im Besitzkapitel besprochen. Hier geht es jedoch darum, wie Kopierschutz transparent und authentisch bewerkstelligt werden kann und wie gleichzeitig auch Künstler oder Urheber korrekt für die Nutzung ihres Werks belohnt werden können. Lizenzen und Tantiemen sind deshalb unter Musikern ein so verhasstes Thema, weil die Sänger nicht genau wissen, wie viel sie eigentlich erhalten sollten. Zudem müssen sie von den eigentlichen Einnahmen enorm viel an Firmen abgeben, welche den Musikmarkt zentral kontrollieren.

Lösungserklärung: Eine Blockchain könnte Kopierschutz, Lizenzen und Tantiemen ganz einfach transparent darstellen und aufgrund der Interoperabilität sogar noch besonders kosteneffizient lösen.

Herausforderungen: Der Musikmarkt wird, wie viele andere Märkte auch, von nur ein paar großen Labels kontrolliert. Diese haben natürlich kein Interesse daran, ihre Macht einfach so abzugeben. Da heutzutage die meiste Musik digital vertrieben wird, wäre diese Anwendung jedoch eigentlich prädestiniert für eine Blockchain.

Alternativmöglichkeiten: Alternativen zu einer Blockchain gibt es nur insofern, als die derzeitigen Musikfirmen die Einnahmen zentralisiert transparenter und kostengünstiger ihren Künstlern und Urhebern zur Verfügung stellen.

Praxisbeispiele: Natürlich ist dies nicht nur in der Musik relevant. Auch Filme, Computer Programme, Spiele und vieles mehr könnten von einer solchen Blockchain-Lösung enorm profitieren. Überleg also einfach am besten selbst ein bisschen, suche dir eine gute Nische und finde im betreffenden Bereich eine revolutionäre Lösung.

WAHLEN (WAHLSYSTEME, REFERENDEN ...)

Problembeschreibung: Ob es nun um die Wahl eines Präsidenten oder eines Parlaments geht oder darum, im Rahmen einer Volksabstimmung ein Votum für eine bestimmte politische Linie abzugeben: Wählen ist bei Betrachtung der Vertrauensseite ein extrem einseitiger Prozess. Diejenigen, welche die Wahl aufsetzen und durchführen, haben praktisch die komplette Kontrolle. Kein Wunder, dass es heutzutage praktisch keine Wahl mehr gibt, bei der nicht von Wahlbetrug gesprochen wird. Das kommt in den Industrieländern genauso vor wie in den Drittweltländern. Millionen Euro und viele Arbeitsstunden müssen somit im Vor- und Nachhinein investiert werden, um einen solchen Wahlbetrug zu verhindern oder zumindest im Nachhinein aufzudecken. Die meisten Wahlsysteme mit Wahlkarten etc. sind vergleichsweise primitiv, doch bisher haben sich erst die wenigsten Staaten getraut, Wahlen zu digitalisieren. Das liegt an einem noch größeren Vertrauensproblem: Was, wenn das System gehackt würde? Was, wenn es zu einem Error käme? Wie lässt sich Anonymisierung gewährleisten? Usw. Ich bin mir sicher, wenn du diese Fragen liest, denkst du mittlerweile sofort an Blockchain: Vertrauen, Anonymisierung etc. sind klassische Themen einer dezentralen Blockchain.

Lösungserklärung: Ich glaube, es gibt fast kein Problem, das heutzutage noch mehr von einer Blockchain-Lösung profitieren könnte, als die Durchführung von Wahlen und Referenden. Eine Wahl-Blockchain könnte für alle Teilnehmer zu 100 Prozent anonym aufgesetzt werden. Jeder berechtigte Wähler könnte mit seinem Private Key über die Blockchain signieren, wen er wählen oder wofür er votieren will. Die Wahl oder Volksabstimmung wäre komplett transparent, und diese Transparenz ließe sich optional erst ab einem gewissen Zeitpunkt herstellen, sodass die Wähler selbst nicht durch die Vorabkenntnis dessen, wie andere Wähler abgestimmt haben, beeinflusst werden. Jeder Teilnehmer könnte die Blockchain selbst stützen, das System wäre also komplett dezentral. Da es keine rechenintensive Blockchain wäre, ließe sie sich sogar auf einem Smartphone abbilden. In Ländern, in denen Menschen beim Wählen bedroht werden, könnten diese ihre Stimme von zu Hause aus abgeben. Niemand könnte das System betrügen, da es durch Kryptografie geschützt ist. Wahlbetrug, Fehlauszählungen etc. wären also absolut ausgeschlossen.

Herausforderungen: Was hat Regierungen also bisher davon abgehalten, Wählen über eine Blockchain anzubieten? Die Herausforderungen, Wahlen über eine Blockchain abzuwickeln, sind vielfältig, haben jedoch fast nichts mit der Blockchain-Technologie direkt zu tun. Einerseits gibt es natürlich politische Hintergründe: Länder, in denen Wahlkorruption an der Tagesordnung ist, wollen die Macht nicht abgeben, indem sie Systeme schaffen, welche die Machthabenden vom Thron stürzen könnten. Doch es gibt noch andere Herausforderungen, welche eher logistischer Natur sind und welche wir bereits ein paar Mal angesprochen haben: Wie kann sich ein Wähler gegenüber der Blockchain eindeutig verifizieren? Wie erhält ein Wähler seinen Wahlschlüssel? Wie wird verhindert, dass Menschen in einem solchen anonymen System nicht bestochen werden? Zu den meisten Fragen gibt es heute noch keine definitiven Antworten, wie auch bei den anderen Applikationen, welche für eine Blockchain-Umsetzung infrage kämen.

Alternativmöglichkeiten: Mir fällt keine gute Alternative ein, will man erreichen, dass zwischen Wählern und Gewählten Fairness herrscht. Um die Probleme zu bewältigen, wäre heute ein Mix aus dem derzeitigen System und einer Blockchain die beste Lösung: Leute müssen immer noch in ein Wahlbüro, müssen sich dort per Pass oder Personalausweis identifizieren, bekommen einen per Zufallsgenerator erstellten Schlüssel und wählen in einer abgeschotteten Kabine per Blockchain. Selbst wenn der Private Key getürkt wäre: Die Blockchain könnte so eingestellt werden, dass, nachdem einmal abgestimmt worden ist, die Entscheidung nicht mehr verändert werden kann. Man selbst könnte dann immer über den eigenen Private Key sicherstellen, dass die eigene Stimme auch korrekt auf der Blockchain vermerkt würde. Solange niemand anderes den Private Key anderer Wähler hat, kann niemand deren Wahlentscheidung einsehen. Alle sehen folglich die Abstimmungen anonymisiert, die einzelnen Stimmen sind jedoch nicht einzelnen Personen zuordenbar. Es gibt somit mögliche Zwischenlösungen, diese müssten nur umgesetzt werden.

Praxisbeispiele: Genügend Druck aus der Bevölkerung, welche von dieser Blockchain-Applikation enorm profitieren würde, könnte Regierungen dazu bringen, dieses System zumindest testweise auszuprobieren. Die Schweiz, welche ja enorm viele direkte Volksabstimmungen hat, plant, ein solches Pilotprojekt eventuell anzubieten. Von meiner Seite erfolgt ein Aufruf an alle Regierungen oder Regulatoren: Wenn ihr für eure Bürger wirklich das Beste wollt, dann heißt es Flagge zeigen und diese tolle Technologie anwenden. Ich hoffe, du als Bürger nutzt auch jede Chance, dies von deinem Land zu verlangen, damit die Länder dies nicht nur optional tun können, sondern bald auch müssen. Es wäre zu unser aller Vorteil.

ENERGIE (STROMVERSORGUNG ...)

Problembeschreibung: Die Stromversorgung ist in den meisten Ländern praktisch monopolisiert. Wenige Unternehmen dominieren den gesamten Markt. Daraus resultieren schlechte und intransparente Preise für die Abnehmer. Wie könnte dies verbessert werden?

Lösungserklärung: Eine der Möglichkeiten bestünde darin, Angebot und Nachfrage über eine Blockchain transparent darzustellen. Nachdem immer mehr und mehr Bürger selbst Strom über Solaranlagen produzieren, könnte auf diese Weise über ein dezentrales Netzwerk ein fairer Markt geschaffen werden, der schlussendlich allen (außer den großen Stromversorgern) nutzen würde.

Herausforderungen: Strom über eine Blockchain darzustellen ist naheliegend, da Strom nichts anderes als wandernde Elektronen ist, die leicht in digitalisierter Form erfasst werden können. Viele der Probleme, welche andere Anwendungen mit der Umweltinteraktion haben, fallen hier also weg. Verhindert wird eine dezentrale Strom-Blockchain in erster Linie durch all diejenigen, die durch eine solche Lösung auf der Verliererseite stünden: die Strommonopolisten. Um diese zu überpowern (im wahrsten Sinne des Wortes), ist wahrscheinlich eine Zusammenarbeit zwischen Regierung und innovativen Firmen nötig, welche hier schlüsselfertige Lösungen zur Verfügung stellen können. Ganz so einfach, wie sich das manche Start-ups in diesem Bereich vorstellen, wird dies jedoch nicht sein. Denn Energieversorger haben eine starke Lobby und gute Beziehungen nach ganz oben. Sie nutzen alle Mittel, um dezentrale Stromplattformen zu verhindern.

Alternativmöglichkeiten: Es gibt außerdem immer noch die Möglichkeit der zentralen Transparenz. Statt einer Blockchain bieten Energieversorger eine zwar transparente, jedoch zentrale Handelsplattform an. Das machen einige bereits. Dies könnte sich eventuell leichter durchsetzen und würde eine Blockchain-Lösung vorerst unnötig machen.

Praxisbeispiele: Am einfachsten wäre natürlich, dass einer der großen Konzerne vorangeht und eine dezentrale Lösung anbietet. Dies wäre jedoch ein Moonshot, der entweder komplett nach hinten losgeht oder die Firma als einzige überleben lässt. Strom und Energie auf der Blockchain haben also riesiges Potenzial, nötig ist nur noch der richtige Katalysator, vor allem von politischer Seite (ein Wink mit dem Zaunpfahl an alle Politiker, die dieses Buch lesen).

VERKEHRSERZIEHUNG (MAUTSTELLEN, STAUVERMEIDUNG ...)

Problembeschreibung: Ein Stau auf der Straße ist für viele Menschen eines der nervigsten Dinge überhaupt. Oft werden Mautstellen eingebaut, um sogenannte Expressstraßen zu schaffen, welche durch extra Bezahlung genutzt werden können. Die Stauvermeidung könnte jedoch besser erreicht werden.

Lösungserklärung: Über ein dezentrales System könnten Autofahrer untereinander kommunizieren. All jene, welche schneller fahren wollen, könnten all jene bezahlen, welche sich mit einem langsameren Vorankommen begnügen. Dieses Belohnungs-Bestrafungs-System ließe sich natürlich auf ganz viele andere Dinge wie das Gesundheitssystem oder den CO_2-Ausstoß ausweiten. All jene, welche eine Ressource mehr oder schneller nutzen wollen, bezahlen als Bestrafung eine Kompensation an jene Menschen, die weniger von besagter Ressource Gebrauch machen. Eine Blockchain könnte all dies dezentral und transparent abwickeln.

Herausforderungen: Die gängigen Systeme werden meist von großen Konzernen oder Regierungen kontrolliert, was jede Veränderung verlangsamt und erschwert.

Alternativmöglichkeiten: Des Weiteren könnten natürlich auch zentrale Systeme als Alternative in Erwägung gezogen werden.

Praxisbeispiele: Solche Möglichkeiten würden es jedoch abermals einem jeden ermöglichen, kreative Lösungen anzubieten, welche dann mit existierenden Methoden in einen effizienten Konkurrenzkampf treten könnten. Das könnte vielen betroffenen Menschen helfen.

SPENDEN (WOHLTÄTIGKEITSORGANISATIONEN, FUNDRAISING ...)

Problembeschreibung: Hast du schon einmal aufs Spenden verzichtet, weil du dir unsicher warst, was die Wohltätigkeitsorganisation mit deinen Geldern machen wird? Diese Frage stellt sich immer: Wird der Spendenempfänger das Geld wie versprochen verwenden, oder wird er es anderweitig ausgeben? Wäre es nicht toll, wenn die entsprechenden Organisationen Geldflüsse komplett transparent darstellen könnten? Jeder Unterstützer wüsste dann zu

100 Prozent, dass das, wofür er Geld gespendet hat, auch dort angekommen ist.

Lösungserklärung: Eine Blockchain kann genau dies transparent machen. In die Details brauche ich, glaube ich, nicht mehr zu gehen. Wenn du dir die Anwendungen Buchhaltung, Audit usw. bereits angeschaut hast, sollte dir bereits ziemlich klar sein, wie sich das Ganze umsetzen lässt.

Herausforderungen: Die Herausforderungen hier bestehen lediglich im Tun. Natürlich wird es am Anfang noch nicht möglich sein, alles komplett transparent darzustellen, da für Ausgaben einer Spendenorganisation über die Blockchain deren Gegenpartei ebenfalls eine Blockchain nutzen muss. Dies wird vielleicht zu Beginn noch nicht bei allen Partnern der Fall sein. Doch im Lauf der Zeit könnte hier ein enormer Druck für Organisationen entstehen, die eigenen Abläufe ebenfalls transparent darzustellen.

Alternativmöglichkeiten: Alternativlösungen, bei denen man keine dritte Partei braucht, sind mir hier nicht bekannt. Go, go, Blockchain!

Praxisbeispiele: Einige Wohltätigkeitsorganisationen tasten sich hier bereits Schritt für Schritt vor. Wenn du selbst eine solche betreibst oder in einer solchen tätig bist, so solltest du unbedingt diesen Weg der Transparenz einschlagen. Es wird sich nachhaltig lohnen.

STEUERN (REGIERUNGEN ...)

Problembeschreibung: Wer zahlt schon gerne Steuern? Niemand, denke ich. Wenn wir jedoch ehrlich sind, so braucht jeder Staat ein Einkommen, schlussendlich sorgt er auch für uns. Ich persönlich bin der Meinung, wir zahlen (unter anderem) so ungern Steuern, weil es an Transparenz fehlt. Wir wissen einfach nicht, was die Regierung mit den eingenommenen Geldern macht. Zwar legt diese einen jährlichen

Haushalt vor, doch wäre es meiner Ansicht nach noch einmal deutlich besser, wenn jede einzelne Ausgabe nachvollziehbar wäre.

Lösungserklärung: Gleich wie bei Spenden, Start-up-Investitionen, Sponsoring usw. sollte – nein, müsste! – ein Staat hier eine Blockchain verwenden. Um trotzdem noch Privatsphäre für Angestellte oder eine gewisse Vertraulichkeit bei bestimmten Projekten gewährleisten zu können, wäre hier einfach nur eine intransparente Sub-Blockchain das richtige Mittel. Bei dieser Lösung sieht ein Außenstehender zwar, wie viel Geld insgesamt von einer bestimmten Behörde ausgegeben wurde oder in ein bestimmtes Projekt geflossen ist; die genaue Verteilung bleibt jedoch unsichtbar. Damit ließen sich essenzielle Details, wie zum Beispiel strategische militärische Ausgaben oder das Gehalt einer nicht politisch exponierten Person, geheim halten.

Herausforderungen: Die Herausforderung ist abermals nicht technischer Natur, sondern vielmehr im Unwillen der einzelnen Staaten begründet. Die Regierenden wollen nicht, dass der Staat zu 100 Prozent transparent ist. Sie wollen den Bürgern auch nicht zu jeder Ausgabe Rede und Antwort stehen. Am Anfang ginge sicher manches Mal ein lauter Aufschrei durch die Bevölkerung, wenn plötzlich viele der Ausgaben, welche zuvor mit anderen vermischt wurden, komplett transparent und durchschaubar wären.

Alternativmöglichkeiten: Will ein Staat wirklich Transparenz und Vertrauen schaffen, so führt kein Weg an einer Blockchain vorbei. Sie müsste ja noch nicht einmal vollständig dezentral sein. Gerade am Anfang brauchen auch nur ein paar Dinge transparent zu sein, und im Lauf der Zeit könnte diese Einsehbarkeit für die Bevölkerung erweitert werden.

Praxisbeispiele: Leider gibt es noch keine Staaten, welche sich hier vortasten. Diese Lösung würde aber einen enormen Mehrwert für dessen Bevölkerung schaffen. So hoffe ich, dass einmal der Tag kommen wird, an dem es nicht mehr akzeptiert wird, wenn ein Staat auf die Blockchain-Lösung verzichtet. Viele Dinge, welche vor ein paar

Jahrzehnten ebenfalls noch undenkbar waren, sind heute völlig normal. Das wünsche ich mir ebenfalls für diese Verbesserungen. Mein Vater hat immer gesagt: »Sohn, Wünschen ist erlaubt.« Na hoffentlich hört hier Vater Staat auch zu!

DEZENTRALE AUTONOME GOVERNMENTS (STAATEN AUF DER BLOCKCHAIN ...)

Problembeschreibung: Wenn wir über Staaten und Blockchain sprechen, kommen wir schlussendlich zu einer essenziellen Frage: Kann man einen ganzen Staat auf eine Blockchain bringen? Welche Probleme würde dies lösen? Im Prinzip würde eine solche Blockchain das gesamte Vertrauen, das Bürger in einen Staat setzen, auf die Bürger selbst verteilen. Viele der Anwendungen wie Identifikation, Grundbuch, Steuern usw. wären darin mitenthalten. Viele Aussteiger, welche ja heute bereits ihren Pass und ihre Staatsbürgerschaft zurückgeben, um dann auf einer Insel ohne Steuern leben zu können, versuchen, einen solchen Weg einzuschlagen. Wäre es also möglich, einen ganzen Staat tatsächlich auf einer Blockchain abzubilden, um auf diese Weise das Vertrauen zu dezentralisieren?

Lösungserklärung: Einige Staaten, gerade im Südpazifik und in der Karibik, machen erste Annäherungsversuche an eine solche Lösung. Eine Blockchain würde wirklich jegliche Informationen, Gesetze, Entscheidungen und Änderungen transparent und unveränderbar für alle gleichermaßen darstellen. Der gesamte Beamtenapparat könnte auf ein Minimum reduziert werden. Verwaltungsakte würden von Smart Contracts übernommen, Entscheidungen an jedem Tag von allen Bürgern getroffen. Das wäre Demokratie auf dem höchsten Niveau.

Herausforderungen: Doch ist das wirklich eine gute Lösung? Klar, die Vorteile einer Blockchain liegen auf der Hand. Doch die Nachteile auch. Es müssten auch beispielsweise die folgenden Fragen von einer ganzen Bevölkerung gleichmäßig entschieden werden: Soll ein Staat in einen Krieg ziehen? Wie hoch sollen die Steuern sein? Ein solches System wäre unglaublich starr, und mit jedem Teilnehmer käme wahrscheinlich eine neue Meinung hinzu. Ein solches System würde meiner Ansicht nach eher einer Anarchie als irgendeiner anderen Regierungsform ähneln.

Alternativmöglichkeiten: Sicherlich kann man viel an heutigen Regierungen verbessern. Doch ich persönlich bin der Meinung, dass diese Aufgabe unterteilt werden muss. Es gibt nicht die eierlegende Wollmilchsau, welche alles kann. Will man Dezentralisierung und Machtreduzierung, schränkt das im Gegenzug die Agilität ein. Attraktivere Alternativen werden hier meiner Ansicht nach eher von zentralen Organisationen kommen, auch wenn ich persönlich eine dezentrale Lösung bevorzugen würde. Ich könnte mir jedoch vorstellen, dass zum Beispiel Facebook oder Google ein »Planet Earth«-Land kreieren könnte – ein digitales Land mit eigenem Pass, mit Rechten und all dem, was eine Staatsbürgerschaft ausmacht. Auch wenn dies alles teilweise dystopisch klingt, so kann ich mir so etwas noch eher ausmalen als eine komplett dezentrale Organisation als Staat.

Praxisbeispiele: Nichtsdestotrotz versucht Puerto Rico gerade im Rahmen eines Projekts, sich als separates Blockchain-Land zu etablieren. Details gibt es dazu noch recht wenige, doch vielleicht kannst du, wenn du dieses Buch irgendwann mal in der entfernten Zukunft liest, einen Pass als »Blockchainianer« beantragen.

DEZENTRALE AUTONOME ORGANISATIONEN (FRANCHISE-UNTERNEHMEN …)

Problembeschreibung: Bei der Betrachtung kleinerer Organisationen unterhalb der Staatsebene stellt sich ebenfalls die Frage, ob sie sich als Gemeinschaft dezentralisieren lassen. Relativ schnell eröffnen sich

Möglichkeiten, um durch die Blockchain-Technologie Gerechtigkeit, Vertrauen und Transparenz in eine Gruppe hinzubringen. Weil dadurch zugleich organisatorischer Aufwand entfiele, könnten gleichzeitig eventuelle Erhaltungskosten extrem gesenkt werden.

Lösungserklärung: Organisationen auf Blockchain-Basis haben wir ja schon häufiger allgemein besprochen; doch hier möchte ich ein paar spezielle Beispiele nennen, welche für dich vielleicht interessant wären. Es wird hier noch unglaublich viele andere Möglichkeiten geben, vor allem wenn an der Erhaltung der Organisation Menschen nicht mehr direkt beteiligt sind. Die dezentrale Finanzierung, die fehlenden Kosten bzw. der Verzicht auf Entscheidungen, die explizit von Menschen getroffen werden müssen, führt zu unglaublich hohen Renditen. Daher bin ich der Ansicht, dass solche Dezentralen Autonomen Organisationen (DAOs) viele Unternehmensstrukturen revolutionieren können, sobald vor allem mehr Roboter und Maschinen im Betrieb eingesetzt werden. Hier ein paar Beispiele:

- Ein selbst fahrendes Auto wird als DAO registriert, verwaltet sich autonom und bezahlt Dividenden an die Tokenholder des Autos.
- Es entstehen Franchise-Unternehmen oder Hotels, welche komplett von Robotern betreut werden. Es gibt mittlerweile einige Testobjekte auf der Welt, in denen man keine Menschen mehr antrifft, sondern lediglich Roboter. Hier wird jeweils ein DAO aufgesetzt, den Menschen finanzieren und aus dessen wirtschaftlicher Tätigkeit sie danach Dividenden erhalten.
- Auch Self-Service-Supermärkte lassen sich so betreiben, wie es sie ja teilweise in Amerika von Amazon schon gibt.

Herausforderungen: Die Anfangsschwierigkeit bei solchen DAOs liegt sicher in der fehlenden Akzeptanz durch die Bevölkerung. Doch die Akzeptanz wird kommen, sobald Menschen sich daran gewöhnt haben, bei manchen Dingen nur noch von Robotern umgeben zu sein. Was könnte dann diese dezentralen Organisationen vom Erfolg abhalten? Die dezentrale Organisation selbst! Die allererste Dezentrale Autonome Organisation wurde als »der DAO« im Jahr 2016 auf der Ethereum-Blockchain als Investmentvehikel ins Leben gerufen. Das Ziel bestand darin, einen dezentralen Investmentfonds zu schaffen, in den Leute investieren und über dessen Investments sie via Algorithmus abstimmen konnten. Da der DAO kein Management hatte, weil diese Aufgabe ja von der Blockchain übernommen wurde, gab es praktisch keine Kosten, und 100 Prozent des Investitionsgewinns hätten an Investoren ausgezahlt werden können. Binnen weniger Wochen wurden knapp 150 Millionen Euro in den DAO investiert. Allerdings stellte sich kurz darauf heraus, dass ein Hacker einen Bug (Fehler) gefunden hatte, durch welchen er den DAO dazu bringen konnte, ihm knapp 60 Millionen Euro zu schicken. Die Frage war jedoch, ob dies ein Bug oder ein Feature gewesen war. Hatte der Nutznießer dieser Aktien wirklich betrogen, oder hatte er einfach nur die öffentlich zugänglichen Regeln zu seinen Gunsten ausgenutzt? Der Code des DAO war, genau wie ein öffentlich zugänglicher Vertrag, open source und damit für jeden lesbar. Die meisten hatten ihn nur nicht gelesen – mit Ausnahme des »Hackers«. Ist es nun illegal, klar dargestellte Regeln auszunutzen, auch wenn dies vielleicht nicht im Sinne des Erfinders gewesen ist?

Wer definiert, worin die Ursprungsidee genau bestand? Anwälte auf der ganzen Welt, werden tagtäglich dafür bezahlt, Lücken in Verträgen zu finden und sie zugunsten der Klienten auszunutzen. Sind diese Menschen deshalb Verbrecher? Sollte man dann einen Menschen, der einen digitalen Vertrag zu seinen Gunsten ausgenutzt hat, nicht genauso sehen? Spannenderweise sind sich Rechtsexperten hier auch wirklich nicht einig. Es ist bis heute nicht klar, ob der Unbekannte 2016 ein Verbrechen begangen hatte oder nicht. Die Blockchain-Welt tat hingegen etwas, was bis dato als unmöglich gegolten hatte: Sie spaltete Ethereum in einen Strang, in dem der Hack nie stattgefunden hatte, und in einen, in dem er passiert war. So ist die Entstehung von ETH und ETC zu erklären. Sie zeugt bis heute davon, wie schwer es ist, DAOs richtig aufzusetzen.

Die große Schwierigkeit von DAOs liegt in der Erstellung von Regeln. Diese müssen ja nicht nur zum Zeitpunkt ihrer Aufstellung funktionieren, sondern auf unbestimmte Zeit darüber hinaus. Diese Smart Rules, welche wir auch bei Kryptowährungen kennengelernt haben, werden essenziell sein, wenn es darum geht, zum Beispiel ein selbst fahrendes Auto komplett autonom agieren zu lassen. Wie passt sich dieses Auto an, wenn zum Beispiel in einer Stadt gar keine Autos mehr erlaubt sind? Fährt es in eine andere Stadt? Begeht es »Selbstmord«? Wie passt es sich an neue Gesetze an? Viele Fragen, welche heute noch niemand beantworten kann.

Alternativmöglichkeiten: Diese Herausforderungen führen zu der Überlegung, ob solche Dinge wie selbst fahrende Autos, Franchises usw. nicht einfach zentral bleiben sollten. Möglich ist dies durchaus, ich glaube es aber nicht. Nötig ist nur der entscheidende Durchbruch in der spieltheoretischen Gestaltung der Smart Rules. Vielleicht ist hier einfach ein bisschen Hierarchie notwendig statt einer vollständigen Dezentralisierung. Wir werden sehen.

Praxisbeispiele: DAOs sind auf jeden Fall ein unglaublich spannender Teil der Blockchain-Welt. Persönlich glaube ich, dass vieles, in was wir heute investieren, in Zukunft als Digitale Autonome Organisation geführt werden kann. Der Profit geht dann weg von den Firmen, welche eigentlich zuerst die betreffende Arbeit gemacht hatten, hin zu denen, welche entsprechende DAOs mit derselben Aufgabenstellung etablieren. Überleg dir also vielleicht die denkbaren Use Cases über die oben genannten hinaus und kreiere deinen eigenen DAO.

DEZENTRALE AUTONOME KORPORATIONEN (NON-PROFIT-ORGANISATIONEN, TEAMS ...)

Problembeschreibung: DAOs führen wiederum unweigerlich zu DACs, Dezentralen Autonomen Firmen, auf Englisch: corporations. Hier geht es darum, Firmen als Gesamtes effizienter und transparenter zu gestalten.

Lösungserklärung: Im Prinzip funktionieren DACs genau gleich wie DAGs oder DAOs, sie sind eben nur spezialisiert auf Firmen oder Teams. Solche DACs können je nach Ausrichtung profitorientiert oder gemeinnützig sein. Entsprechend den spezifischen Smart Rules kann eine solche DAC unterschiedliche Anwendungen umsetzen und dabei sogar noch effizienter arbeiten als eine klassische Firma, wie wir sie jetzt kennen.

Herausforderungen: Die Herausforderungen sind ähnlich wie bei DAOs. Sie müssen nur noch deutlich agiler arbeiten als diese. Denn was sich nicht schnell genug anpassen kann, wird sonst vom Markt verschwinden.

Alternativmöglichkeiten: Bei der Frage nach Alternativmöglichkeiten muss man sich zuerst überlegen, ob DACs wirklich ein reales Problem zu lösen versuchen. Ich glaube das nämlich nicht zu 100 Prozent. Aus meiner Sicht sind eventuell gar keine Alternativen spruchreif, da eventuell auch DACs gänzlich überflüssig sind.

Praxisbeispiele: Leider werden DACs oft durch Hype-Marketing von Organisationen zum Fundraising missbraucht. Theoretisch könnten Teams, Firmen, Non-Profits usw. davon profitieren. In der Realität ist dies jedoch deutlich schwerer umzusetzen als in der Theorie. Um jedoch trotzdem Millionen Euro durch ICOs einzusammeln, wird ein neuer Hype-Begriff erfunden mit dem einzigen Ziel, sich von den langweiligen traditionellen Investments zu unterscheiden. Ich bin bei all den Blockchain-Anwendungen, welche sich agil an Neuerungen anpassen müssen, äußerst skeptisch, denn das, was Blockchain nicht ist, ist leicht veränderbar. DAGs, DACs und eventuell DAOs zeigen abermals, wie wichtig es ist, nicht einfach blind auf den Blockchain-Hype aufzuspringen, sondern rational die Sinnhaftigkeit der einzelnen Lösungen zu hinterfragen.

REPUTATION (PERSÖNLICHER RUF, PRODUKTQUALITÄT, FIRMENIMAGE ...)

Problembeschreibung: Wir haben nun schon häufiger über die Notwendigkeit einer Identität auf einer Blockchain gesprochen. Angeknüpft daran ist jedoch auch die eigene Reputation oder die Reputation eines Unternehmens bzw. seiner Produkte. Warren Buffett hat in einem berühmten Zitat gesagt: »Du brauchst ein Leben lang, um deinen Ruf aufzubauen, doch nur ein paar Sekunden, um ihn zu zerstören. Wenn du dir das öfter vergegenwärtigst, wirst du anders an Entscheidungen herangehen.« Ich finde das Zitat enorm inspirierend und versuche mich, wann immer möglich, daran zu orientieren. Doch ist es oft schwer, die Reputation eines anderen Menschen oder einer Firma klar zu umreißen. Das macht es extrem schwierig. Allzu oft gibt es Probleme mit Fake-Identitäten oder Fake-Reputationen. Das betrifft nicht nur Menschen, sondern auch Nahrungsmittel, Medikamente, Markenprodukte usw. Wie könnte man also Fake von Nicht-Fake unterscheiden? Wie könnte man selbst übers Internet beweisen, dass das eigene Renommee zu Recht gut ist?

Lösungserklärung: Eine Logistik-Blockchain kann hier ähnlich wie beim Thema Identität eine Lösung sein. So könnte man die Taten eines Menschen von anderen Menschen auf der Blockchain aufzeichnen lassen, um im Verlauf der Zeit Feedback zum Tun eines Menschen zu bekommen und darauf einen Ruf aufzubauen. All diejenigen, welche andere Menschen bewerten, erhalten ebenfalls einen Score durch ihr Tun. So entsteht ein Reputationssystem von den Scorern und den

Menschen, welche gescored werden. Durch die Timestamps wäre es auf einer solchen Blockchain unglaublich schwer zu betrügen. Es würde ein enormer Wert für alle Beteiligten entstehen. Wenn man dann zum Beispiel zum ersten Mal mit einem Menschen oder einer Firma interagiert, können sich diese über die Blockchain identifizieren. So bekommt man direkt am Anfang einen Vertrauens-Score von einem Fremden. Nachdem es, wie Warren Buffett beschreibt, lange dauert, einen Ruf aufzubauen, entsteht ein immer größerer Wert eines Menschen oder einer Firma, weil der Ruf sich im Lauf der Zeit immer mehr verbessert. Niemand wird sich diesen hart erarbeiteten Ruf durch eine Dummheit zerstören wollen. Theoretisch könnte der Ruf sogar durch einen berechneten Geldwert ausgedrückt werden. Ein Algorithmus könnte einen Risiko-Score errechnen, der die Wahrscheinlichkeit beziffert, ob eine Gegenpartei für eine gewisse Summe betrügen würde oder nicht.

Herausforderungen: Natürlich werden durch ein solches System fast noch mehr Fragen als Antworten aufgeworfen. Die größte Frage, welche sich ergibt, ist die nach dem gläsernen Menschen. Wir haben über das Big-Brother-System in China bereits im Identifikationskapitel gesprochen. Durch ein solches Reputationssystem würde ein Klassensystem der Menschen nur noch verschlimmert werden. Irgendwann will niemand mehr mit den Menschen aus der »unteren« Schicht interagieren, weil dies den eigene Ruf verschlechtern könnte. Wie in der Blockchain-Welt so oft, klingt etwas toll in der Theorie, scheitert dann jedoch nicht an der Technologie, sondern vielmehr an anderen Gründen – wie in diesem Fall an sozialen Umständen.

Alternativmöglichkeiten: Gäbe es Alternativmöglichkeiten? LinkedIn versucht, etwas Ähnliches über die bestehende zentrale Plattform aufzubauen. Natürlich hat hier ein einziges Unternehmen die volle Kontrolle, und das Ganze ist schwer auf andere Bereiche auszuweiten. Ob Menschen wirklich ihre Privatsphäre dezentral abgeben wollen, ist mehr als nur eine berechtigte Frage. Ich glaube deshalb nicht, dass sich ein weltweites Reputationssystem durchsetzen kann. Aber vielleicht hast du ja die entscheidende Idee, denn falls korrekt angewendet, würden sich durch eine solche Reputations-Blockchain viele Probleme lösen lassen.

Praxisbeispiele: Auch wenn hier einige Start-ups bereits Lösungen erdenken, so sehe ich diese aufgrund der potenziellen Kontrollmöglichkeiten mehr als kritisch. Ich kann mir zwar vorstellen, dass Menschen den Ruf anderer Menschen gerne kennen würden. Weniger leicht vorstellbar ist es aber, dass sie selbst zur Teilnahme an einem solchen System im Gegenzug alles von sich selbst preisgeben wollen. Dieser Zwiespalt wird meiner Ansicht nach eine Blockchain-Lösung in diesem Bereich relativ schwer umsetzbar machen, es sei denn, sie bleibt auf Nischen fokussiert. Durch eine Reputations-Blockchain würden nicht nur Reputationsfragen weltweit gelöst werden, sondern ähnlich wie bei der Hashgraph-Technologie könnten dadurch ebenfalls einige Konsensus-Fragen in der dezentralen Welt gelöst werden. Zum Beispiel könnte Mining durch Reputation betrieben werden und nicht durch Staking oder Work. Die große Diskussion um Ressourcenverschwendung wäre dann für ein- für alle mal gelöst. Des Weiteren könnten andere Blockchains an die Reputations-Blockchain anschließen und von ihr Information vertrauenslos abfragen. Ein paar dieser Anwendungsmöglichkeiten werden wir nun in den nächsten Kapiteln im Detail besprechen.

FAKE NEWS (ZEITUNGEN, SOCIAL MEDIA, BLOGS ...)

Problembeschreibung: Die erste Nische für eine Reputations-Blockchain wäre eine Anwendung mit dem Ziel, Fake News, also falsche Nachrichten, zu verhindern. Wir alle kennen das Problem: Auf Social Media, in einem Blog oder in einer Zeitung werden oft reißerische Überschriften zu einem Thema verbreitet. Woher wissen wir, ob der betreffende Artikel korrekt ist oder nicht? Vielleicht will das Medium durch falsche Meinungsbildung lediglich Propaganda betreiben? Wenn eine Zeitung das eine und eine andere Zeitung das Gegenteilige berichtet, welche von beiden Nachrichten stimmt dann? Wie können wir auf Social Media irgendwelche Bots davon abhalten, falsche Nachrichten zu verbreiten? Die Entwicklung wird gerade im digitalen Zeitalter nicht besser, sondern immer schlimmer.

Lösungserklärung: Natürlich arbeiten Firmen wie Facebook und Twitter an Lösungen. Eine Blockchain könnte jedoch eine firmenübergreifende und vertrauenslose Alternativmöglichkeit darstellen. Wie im Reputationskapitel bereits beschrieben, könnten Autoren, Medienunternehmen oder Reporter über ein Scoring-System bewertet werden, welches dann auf einer Blockchain mit Timestamps festgehalten wird. Zeitungen oder Social-Media-Plattformen könnten dann gezwungen werden, bei jedem Post oder Artikel den zugehörigen Reputations-Score anzuzeigen. Durch sich bewahrheitende Artikel oder guten Content gewinnen Autoren an Reputation, durch Lügen verlieren sie ihren guten Ruf komplett. Das dürfte Autoren hoffentlich davon abhalten, falsche News zu verbreiten, vor allem wenn ihr Score davor bereits sehr hoch war.

Herausforderungen: Die Herausforderung hier besteht darin, dass Zeitungen, Medienunternehmen und Social-Media-Anbieter bei diesem System mitmachen müssten. Die große Frage wird sein, ob sich dabei für diese Riesenkonzerne finanzielle Interessen ergeben. Dies kann, muss aber nicht sein. Des Weiteren muss sichergestellt sein, dass Orakelsysteme im Nachhinein so unabhängig wie möglich Aussagen der Autoren bewerten, um auf diese Weise einen angemessenen Score zu kreieren. Hier muss unter allen Umständen verhindert werden, dass betrogen wird, denn sonst wäre das ganze System wertlos.

Alternativmöglichkeiten: Medienunternehmen und Zeitungen könnten natürlich auch einfach ihre eigenen zentralen Systeme schaffen und diese durch Vernetzung anbieten. Die Macht dieser Unternehmen darf auf keinen Fall unterschätzt werden. Ob sie diese freiwillig an ein dezentrales System abgeben würden, muss bezweifelt werden.

Praxisbeispiele: Dass solche Scoring-Systeme kommen werden, sehe ich als garantiert an. Es reicht nämlich eine Firma, welche ein solches startet, damit alle anderen unter Druck geraten und nachziehen müssen. Irgendwann wird dann der Punkt kommen, an dem die Konsumenten der Inhalte verlangen werden, dass ein Reputations-Score mit dem geposteten Inhalt klar ersichtlich dargestellt wird. Ob dies jedoch über Blockchains passieren wird, wird davon abhängen, ob sich Firmen im Medienbereich zentral arrangieren können oder nicht. Wahrscheinlich wird es daher für ein Startup von außen nicht einfach sein, auf diesem Gebiet, das nur durch ein paar Firmen dominiert ist, Fuß zu fassen. Schlussendlich könnte Facebook auch selbst eine Blockchain erstellen. Der theoretische Bedarf einer Blockchain ist also auf jeden Fall da; ob sich dieser jedoch in der Praxis umsetzen lässt, kann aus heutiger Sicht nicht mit Sicherheit gesagt werden.

SCHULBILDUNG (UNTERRICHT, LERNINHALTE, ...)

Problembeschreibung: Ein weiteres Feld aus dieser Kategorie, welches von einem erhöhten Qualitätsstandard profitieren könnte, wäre die Schulbildung. Wie können Eltern der Schüler sichergehen, dass der von einer Schule unterrichtete Inhalt auch wirklich korrekt ist? Meistens bringen Lehrer oder Professoren ihren Schülern oder Studenten gar nicht absichtlich fehlerhafte Inhalte bei, sondern wenn das passiert, sind in der Regel einfach nur die Schulunterlagen veraltet oder schlicht und einfach falsch. Wie könnten also Schüler, Eltern, Lehrer oder sogar Staaten selbst sicherstellen, dass der Lehrstoff korrekt ist?

Lösungserklärung: Über eine Blockchain könnte abermals ein Reputations-Score zu den verwendeten Büchern oder anderen Unterlagen festgehalten werden. Eine globale vertrauenslose Datenbank wäre für jeden frei zugänglich, und Erfahrungen könnten untereinander ausgetauscht werden, wovon andere wiederum profitieren würden.

Herausforderungen: Die Herausforderungen sind hier sehr ähnlich wie bei denen der Fake News oder generell bei Reputations-Blockchains. Noch dazu muss man sich hier eine essenzielle Frage stellen: »Ist für so etwas überhaupt eine Blockchain notwendig?«

Alternativmöglichkeiten: Ich würde es stark infrage stellen, dass Lehrstoff tatsächlich über eine Blockchain bewertet werden muss. Dass er bewertet werden sollte, ja, das ist tatsächlich ein bestehendes Problem. Doch dies könnte ebenfalls über eine zentrale SQL-Datenbank deutlich effizienter erreicht werden. Bei Fake News gibt es zu viele unterschiedliche Interessen, deshalb könnte dort eine Blockchain Sinn ergeben. Doch ob die korrekten Lerninhalte dezentral abgespeichert werden müssen, bezweifle ich stark.

Praxisbeispiele: Ich kenne zwar einige Start-ups in diesem Bereich, doch glaube ich eher, dass sie eine Blockchain des schnellen Geldes wegen nutzen und nicht aufgrund von deren größerer Nutzwertigkeit. Es existiert also zwar ein reales Problem, doch sollte dieses meiner Ansicht nach nicht dezentral, sondern zentral gelöst werden.

LEBENSLÄUFE (ZEUGNISSE, ZERTIFIKATE, UNIVERSITÄTSABSCHLÜSSE …)

Problembeschreibung: Eine andere Herausforderung im Schulsystem stellt sich, wenn man mit der Schule fertig ist und es darum geht, einen Job zu finden. Bei jeder Bewerbung braucht man einen Lebenslauf, welcher Erfahrungen, Zeugnisse und Ausbildungen dokumentiert. Als einer der Gründer der Firma TenX stelle ich fast jede

Woche neue Leute bei uns im Unternehmen ein. Dies bedeutet, dass ich täglich Dutzende Lebensläufe sehe, bei welchen ich nachvollziehen können muss, ob die Aussagen darauf korrekt sind oder nicht. Wir haben mittlerweile eine Person im Unternehmen, die nichts anderes macht, als Recherchen darüber zu tätigen, ob die Lebensläufe erlogen oder geschönt wurden oder nicht. Gerade in Zeiten der Globalisierung und Digitalisierung wird dieses Problem immer größer und größer. Denn Bewerbungen trudeln aus der gesamten Welt ein, und so muss man sich fragen, ob eine darin angegebene Ausbildung tatsächlich abgeschlossen oder einfach nur per Photoshop vorgegaukelt wird.

Lösungserklärung: Dieses Problem wäre mit einer Blockchain ganz einfach zu lösen: Schüler und Studenten zeichnen Zeugnisse, Noten, Abschlüsse und andere Resultate der Schullaufbahn mit Zeitstempel transparent auf der Blockchain auf. Anstatt eines Lebenslaufs schickt man einem potenziellen Arbeitgeber eine Signatur der Update-Historie auf der Blockchain. Dies ist meiner Ansicht nach eine enorm elegante Umsetzung einer Reputations-Blockchain.

Herausforderungen: Eine solche Umsetzung erscheint wirklich sinnvoll, denn es gibt sehr viele unterschiedliche Beteiligte. Eine dezentrale Blockchain kann diese Aufgabe so ziemlich als einzige sinnvolle Lösung bewältigen. Die weitverstreute geografische Verteilung der Teilnehmer wie Unis, Schulen und andere Ausbildungsstätten stellt aber auch eine Herausforderung dar. Es braucht einen Standard für die betreffende Blockchain, damit auch alles einheitlich dokumentiert wird. Diesen Standard gilt es zunächst zu etablieren.

Alternativmöglichkeiten: Die einzige Alternative hierzu wäre ein zentrales System wie LinkedIn, das über Referenzen und Bewertungen ebenfalls eine Art Lebenslauf darstellen kann, welcher durch andere Menschen bestätigt worden ist. Trotzdem könnte eine Blockchain aus meiner Sicht eine bessere und vertrauensvollere Lösung dieses Problems sein.

Praxisbeispiele: Theoretisch könnte jeder Schüler oder Student sein eigenes Blockchain-Unternehmen gründen. Es wäre sogar sehr klug, hier in einer Nische zu beginnen und eine einzelne Uni oder Schule auf der Blockchain darzustellen. Vielleicht könnte man sogar mit nur einem einzigen Fach anfangen. Von dort aus würde man dann das System auf andere Schulen oder Unis ausweiten, bis ein flächendeckendes System existiert. Später wäre ein solches System dann nicht nur auf das Schulsystem, sondern sogar darüber hinaus auf viele Ausbildungen, Studiengänge und andere Fortbildungen auszuweiten und könnte vielleicht sogar zu einer akzeptierten Reputations-Blockchain werden. Persönlich denke ich, dass es hier ein großer Fehler wäre, sofort sehr breit und generalisiert anzufangen. Man müsste zu viele unterschiedliche Parteien und damit Interessen unter einen Hut bekommen, was einem Henne-Ei-Problem gleicht, wo die einen immer auf die Initiative der anderen warten.

BEWERTUNGSPLATTFORMEN (HOTELS, RESTAURANTS, FOREN ...)

Problembeschreibung: Ich bin mir sicher: Immer wenn du in ein neues Restaurant oder Hotel gehst, hast du dir dazu bereits diverse Online-Bewertungen angesehen. Vielleicht hast du auch schon einmal nach einer Reise oder einem Essen selbst eine Bewertung abgegeben, um andere zu warnen oder etwas ganz besonders zu loben. Woher wissen wir jedoch, ob ein solches Feedback fake ist oder echt? Dieselbe Frage stellt sich zum Beispiel auch bei Amazon, wenn Kunden dort gekaufte Produkte online bewerten. Was ist ein bezahltes, gefälschtes Feedback, und was ist echt? Gerade in Zeiten der Digitalisierung und des E-Commerce kann durch das Feedback der anderen der eigene Kauf massiv beeinflusst werden. Daher steckt unglaublich viel Macht hinter solchen Bewertungsplattformen. Wie könnte ein solches System also aufgesetzt werden, damit es nicht von einer einzelnen Partei manipuliert werden kann, sondern transparent und fair verwendet wird?

Lösungserklärung: Du hast es bereits geahnt, die Lösung ist eine Blockchain. Diese würde ähnlich wie eine Fake-News-Blockchain funktionieren, bei der vergangene Bewertungen mehr Einfluss auf neue Bewertungen ausüben würden. Weil das Ganze dezentral ist, kann es auch nicht von einer einzigen Firma zu eigenen Gunsten missbraucht werden.

Herausforderungen: Eine solche Blockchain wäre hier theoretisch eine tolle Lösung für das geschilderte Problem. Die große Herausforderung ist die Akzeptanz durch die bestehenden Plattformen. Warum sollte eine solche das Feedback-System über ein anderes Netzwerk dezentralisieren und nicht selbst zentral anbieten, wie sie es eh meist schon tut? Genau das wird der Knackpunkt bei der Umsetzung einer solchen Blockchain auf diesem Gebiet sein.

Alternativmöglichkeiten: Als Alternativen gibt es bereits Feedback-Systeme auf so ziemlich allen Plattformen, welche immer besser und durchdachter werden. Gibt ein Nutzer darauf zum Beispiel Bewertungen ab und andere Leute finden diese hilfreich, so steigt der Wert einer neuen Bewertung dieses Menschen in Zukunft an. Des Weiteren können sich Bewerter verifizieren und so noch mehr Vertrauenswürdigkeit in eine Bewertung einfließen lassen. Natürlich ist das Ganze immer noch zentralisiert. Der Betreiber der Plattform, meist der Händler oder Dienstleister selbst, dessen Produkte oder Services bewertet werden, kann Beiträge zensieren, verändern oder sogar löschen, um so mithilfe der Bewertungen potenzielle finanzielle Interessen zu verfolgen. Schlussendlich schneidet niemand gerne den Ast ab, auf dem er gerade sitzt.

Praxisbeispiele: Der einzige Weg, um in diesem Bereich eine Blockchain zu starten, ist meiner Ansicht nach der Beginn in einer Nische. Online-Shops, Reiseplattformen, Feedback-Portale oder andere Webseiten, welche vom Feedback profitieren, könnten so in Angriff genommen werden. Auch dezentrale Foren, wie zum Beispiel ein dezentrales Reddit, könnten entsprechend konzipiert werden. Ist eine Branche erst mal erobert, kann man von dort auf andere Bereiche skalieren, Auf diese Weise wird dieser Bereich hoffentlich irgendwann auf sinnvolle Art transparent und nachvollziehbar genutzt.

DNS-ROUTING (INTERNETPROVIDER ...)

Problembeschreibung: Um Information übers Internet zu routen, sind sogenannte Routing-Tabellen notwendig. In diesen Tabellen werden DNS-Informationen ähnlich wie Adressen in einem Telefonbuch gespeichert. Immer wieder hört man von DNS-Hacks, bei denen Angreifer die Informationen in den Tabellen verändern. Auf diese Weise locken sie ahnungslose Webseiten-Besucher anstatt auf die eigentlich gewünschte Seite auf eine Scam-Seite. Dort werden den Besuchern Kreditkartendaten oder Passwörter gestohlen, welche diese ahnungslos auf der vermeintlich sicheren Seite eingeben. Mit dieser Methode werden regelmäßig Banken-Websites, Kreditkartenseiten, Social-Media-Seiten oder andere Finanzplattformen gehackt, und Nutzer erleiden einen Millionenschaden. Wenn du hierzu ein paar weitere Informationen willst, dann suche mal nach »Julian Hosp DNS Hack«.

Lösungserklärung: Die Lösung, um diese Routing-Tabellen transparenter zu gestalten und Hacks, so gut es geht, zu vermeiden, wäre die Abbildung der Information auf einer Blockchain. Der Anwendungsbereich hierfür wäre sogar optimal, da jede Veränderung der Tabellen nachvollziehbar gestaltet werden kann. Jeder Knotenpunkt im Internet kann auf diese Weise jederzeit vertrauenslos nachprüfen, ob er die richtigen DNS-Adresseinstellungen gespeichert hat oder nicht.

Herausforderungen: Auch wenn eine Blockchain hierfür eine geniale Lösung wäre, so lässt sich dies in der Praxis doch nicht ganz so einfach umsetzen. Denn die DNS-Routingtabellen sind ein sehr eingefahrenes System. Man müsste hier wirklich tief greifende Strukturen des Internets verändern, was natürlich nicht über Nacht geschieht. Viele der auf DNS aufbauenden Services müssten dann ebenfalls angepasst werden, was das Ganze nur noch erschwert.

Alternativmöglichkeiten: Alternativlösungen zu einer dezentralen Lösung gibt es zum Beispiel mit SSL-Zertifikaten nur bedingt. So bleibt die Frage bestehen, ob man sich mit der aktuellen Lösung zufrieden gibt oder nicht.

Praxisbeispiele: Nichtsdestotrotz könnten zumindest erste Tests mit einer Blockchain durchgeführt werden. Jemand, der in diesem Bereich eine Lösung dezentral anbieten will, braucht auf jeden Fall viel Erfahrung im Bereich der Internet-Routing-Protokolle und Kryptografie. Auf Ethereum gibt es zum Beispiel den Ethereum Naming Service (ENS), welcher Adressdaten dezentral abspeichern kann. Dies ist derzeit noch eher ein Proof of Concept, könnte aber ohne Weiteres auf generelle Konzepte ausgeweitet werden.

BLOCKCHAIN-ANWENDUNGSBEREICH 6: REDUNDANZ

Nachdem in einem dezentralen System jeder alles von allen abspeichert, entsteht durch die Redundanz der Daten eine enorme Sicherheit des Gesamtsystems.

Einige der Anwendungen in diesem Kapitel zum Thema Redundanz sind selbsterklärend und bauen auch oft auf anderen Anwendungen aus den vorigen Kapiteln auf. Trotzdem finde ich es wichtig, die Bereiche hier noch einmal gesondert zu behandeln, da sie die Vielseitigkeit einer Blockchain unterstreichen. Gerade hier liegen oft einzigartige Lösungen für wichtige Probleme.

SCHWARMVERHALTEN (DROHNEN, SELBST FLIEGENDE FLUGZEUGE ...)

Problembeschreibung: Ich bin mir sicher, dass du schon einmal Vögel oder Fische in einem Schwarm bestaunt hast. Das Faszinierende an den teilweise Tausenden sich in Harmonie bewegenden Lebewesen ist, dass niemand und alle zugleich die Verantwortung für den Schwarm als neuen Superorganismus haben. Richtungswechsel werden abrupt und anscheinend ohne Fehler vollzogen. Eine gute Freundin von mir ist die Gründerin einer Drohnenshow-Firma. Vielleicht hast du schon einmal live oder im Fernsehen gesehen, wie Hunderte kleiner Drohnen 3-D-Shows in der Luft vollbringen. Es ist wirklich atemberaubend! Doch das Interessante ist, dass sie derzeit lediglich maximal 500 unterschiedliche Drohnen gleichzeitig koordinieren kann. Vergleicht man das mit den Fähigkeiten von Tieren, Tausende Lebewesen gleichzeitig im Einklang zu bringen, so stellt sich die Frage, warum Tiere das können und wir doch deutlich intelligenteren Menschen nicht.

Der Grund ist Dezentralität. Bei einem Vogelschwarm ist nicht ein einziger Vogel der Anführer, sondern die Gruppe gibt gemeinsam die Richtung vor und den Takt an. Der Mensch ist aufgrund seiner Führungsfähigkeiten leichter dazu geneigt, zentrale Systeme aufzubauen, um die Gesamtheit von einer einzelnen Position aus zu steuern. Bei den Drohnen sieht das dann zum Beispiel so aus, dass der Flugpfad jeder einzelnen Drohne zentral von einem Server kontrolliert wird. Diese Zentralität ist einfacher zu programmieren, leichter zu verstehen und auch einfacher zu warten. Doch was, wenn der Server ausfällt oder die Rechenkapazität nicht reicht?

Diese Limitierungen sind auch der Grund, warum die Firma meiner Kollegin derzeit nur wenige Drohnen gleichzeitig fliegen lassen kann. Überlastet man das System und fällt ein Server während einer Drohnen-Show aus, stürzen alle Drohnen auf die Zuschauer. Es gibt per Design keine Redundanz. Würde es keinen zentralen Server geben, sondern würde sich stattdessen jede Drohne genau wie ein Vogel oder Fisch in einem Schwarm dezentral arrangieren, könnte in einem Worst Case vielleicht eine Drohne ein Problem haben; die anderen wären davon aber nicht betroffen. Dieses Problem ist nicht nur bei Drohnen existent, sondern überall, wo zahlreiche Gegenstände eigentlich miteinander kommunizieren müssten, anstatt zentral kontrolliert werden. Wie kann man hier von Mutter Natur lernen?

Lösungserklärung: Banal gesagt, verwendet die Natur enorm viele Möglichkeiten zur Redundanz. Sei es das Schwarmverhalten der Tiere oder die DNA als Strang von Basisbausteinen des Lebens. Die Natur stellt jedes Mal sicher, dass alles über zahlreiche Bahnen doppelt und dreifach abgesichert ist, sodass wenn etwas mal schiefgeht, Alternativen übernehmen können. Eine Blockchain könnte bei Drohnen und allen anderen in Zukunft dezentral agierenden Objekten eingesetzt werden, um ein solches Notfallsystem zu etablieren. Drohnen sprechen dann untereinander ab, wann sie wo sein müssen. Gegenstände wie zum Beispiel kleine Nanobots könnten zu Milliarden ausgesendet werden. Diese kleinen Roboter werden zukünftig in der Medizin verwendet, um aktiv im Körper Krankheiten zu bekämpfen. Um sie zu koordinieren, wird jedoch eher ein dezentrales als zentrales System notwendig sein.

Herausforderungen: Die große Herausforderung in einem solchen System besteht in der Skalierung, einer der Schwächen einer jeden Blockchain. Eventuell kann es also sein, dass eine Hybridlösung aus Zentralisierung und Dezentralisierung gebraucht wird, um die notwendige Geschwindigkeit des Systems bei Millionen oder Milliarden teilnehmender Einheiten zu erlangen. Natürlich müssen auch Technologien wie die Nanotechnologie erst so weit entwickelt werden, dass Blockchain überhaupt zum Einsatz kommen kann.

Alternativmöglichkeiten: Die Notwendigkeit einer zumindest teilweisen Dezentralisierung dieser beim Menschen vorkommenden Schwarmsysteme beruht aus meiner Sicht alleine auf einer Tatsache: Sobald ein einzelner Fehler bei einem zentralen System vorkommt, wird der Ruf nach mehr Sicherheit und damit nach einer dezentralen Lösung sehr laut. Die große Diskussion wird allerdings sein, welches der dezentralen Systeme sich hier am besten eignet. Das ist aus heutiger Sicht unmöglich vorherzusehen, da es einfach noch zu wenig Anwendungserfahrung gibt. So muss man sich bei einigen Blockchain-Start-ups in diesem Bereich fragen, ob sie nicht schon zu früh losgepaddelt sind für eine Welle, die definitiv irgendwann kommen wird. Bis sie wirklich da ist, dauert es vielleicht noch Jahrzehnte.

Praxisbeispiele: Die Anwendungsmöglichkeiten in diesem Feld sind enorm. So forschen Firmen mit Drohnen, mit Nanotechnologie und mit vielen anderen Einsatzgebieten daran, die benötigte Redundanz herzustellen. Große Konzerne wie Google sehen sich hier ebenfalls Lösungen an. Wollte man hier ein Blockchain Start-up gründen, so bräuchte man auf jeden Fall Erfahrung in spieltheoretischem Schwarmverhalten, Machine Learning, Kryptografie und Engineering. Eine Subgruppe, welche hier vielleicht als Erstes zum Zug kommen wird, ist die der selbst fahrenden Autos. Diese Anwendung besprechen wir als Nächstes.

SELBST FAHRENDE AUTOS (TESLA, UBER ...)

Problembeschreibung: Spinnt man den Gedanken des Schwarmverhaltens weiter, so kommt man zu vertrauenslosen Lösungen für selbst fahrende Autos oder sogar selbst fliegenden Flugzeugen. Eine berechtigte Sorge betrifft die Frage, was passiert, wenn ein Hacker die Kontrolle über ein solches Auto oder Flugzeug übernimmt. Es gibt dann keinen Menschen im Gefährt, der eingreifen könnte.

Lösungserklärung: Die Lösung hierfür ist ähnlich der bei Drohnen. Anstatt Befehle von einem zentralen Server zu bekommen, muss sich ein selbst fahrendes Auto zuerst über eine Blockchain updaten. Erst wenn genug Autos oder Flugzeuge ein Programm übernommen haben, wird es auch umgesetzt. Es reicht also nicht nur das eigene Update, sondern wie bei einem Schwarm müssen alle anderen auch mitmachen. So dauert es zwar ein bisschen länger, bis gewisse Updates übernommen werden; ein solches System wäre jedoch deutlich resistenter dagegen, gehackt zu werden. Sollte ein Auto dann zum Beispiel erkennen, dass etwas im Vergleich zu den anderen nicht korrekt im Programmablauf ist, so wird es von seinem hardgecodeten System dazu gebracht, rechts ranzufahren und stehen zu bleiben. Wie man die Gesundheitsdaten eines einzelnen Nutzers bei einer Blockchain praktisch nicht hacken kann, so wäre dies durch eine Blockchain bei selbst fahrenden Autos oder Flugzeugen ebenfalls unglaublich schwer.

Herausforderungen: Natürlich gibt es hier nicht nur Fragen zur Umsetzung einer Blockchain, sondern man muss sich generell fragen, ob und wann selbst fahrende Autos oder Flugzeuge kommen. Einige Themen zur Haftung bei Unfällen sind hier noch nicht final gelöst. Gleichzeitig wird es gerade am Anfang ein Doppelsystem aus Zentralität und Dezentralität brauchen. Denn ich glaube nicht, dass es einen am Anfang beruhigt, selbst überhaupt nicht mehr eingreifen zu können. Die Vorstellung davon, Kontrolle abzugeben, hat hier noch eine ganz andere Dimension: Sie ist verknüpft mit der Frage, wer die Verantwortung in einem System trägt und folglich für potenzielle Schäden aufkommt.

Alternativmöglichkeiten: Auch wenn selbst fahrende Autos vielleicht am Anfang noch zentral koordiniert werden, so werden hier dezentrale Systeme in Zukunft auf jeden Fall zur Anwendung kommen. Es fehlen einfach die Alternativen zur notwendigen Redundanz. Lediglich über die genaue Verteilung zwischen Zentralisierung und Dezentralisierung lässt sich diskutieren.

Praxisbeispiele: Genau aus diesem Grund erforschen Firmen wie Tesla, Uber, Google und alle anderen Anbieter solche selbst fahrenden Lösungen nicht nur im Hinblick auf den eigentlichen Transport, sondern auch auf die erhöhte Sicherheit. Falls du hier Interesse hast, kann ich dir aufgrund der hohen Einstiegskosten nicht unbedingt ein eigenes Start-up empfehlen, sondern eher die Mitarbeit in einer der Arbeitsgruppen dieser großen Konzerne. Du lernst dort nicht nur dazu, sondern du wirst dich auch aufgrund der Möglichkeiten dort deutlich besser entfalten können.

UNVERNICHTBARE DATEN (INFORMATIONSBEWAHRUNG ...)

Problembeschreibung: Digitale Redundanz kann natürlich auch einfach dafür verwendet werden, Daten wirklich unzerstörbar zu machen. Information für die Zukunft zu erhalten ist einerseits für Individuen, andererseits auch für Firmen und Regierungen essenziell. Bei Individuen wird es meist reichen, Corporate Systems hierfür zu verwenden. Darüber haben wir bereits in anderen Kapiteln gesprochen. Sobald es jedoch darum geht, Informationen der gesamten Menschheit für immer abzusichern, muss man schon weitaus kreativer sein. Genau deshalb werden zum Beispiel Server ganz tief in der Erde verbaut, um Information vor potenziellen Meteoriteneinschlägen oder anderen Naturkatastrophen zu schützen. Elon Musk will unter anderem deshalb auf den Mars, um die Menschen als multiplanetare Spezies mit Extraredundanz zu etablieren. Wie könnte man dies wirklich erreichen?

Lösungserklärung: Eine Blockchain wäre hierfür eine exzellente Anwendung, solange man Server weit genug verteilt auf der Erde oder theoretisch auch auf dem Mond und anderen Planeten aufstellt. Die hierfür notwendige Elektrizität könnte durch Solarmodule erzeugt werden. Die entsprechenden Server würden wahrscheinlich auch kaum Skalierungsprobleme bekommen, da man das Gespeicherte nur einmal am Tag updaten müsste. Fiele ein Server aus oder würde er zerstört, so hätte das keinen Einfluss auf die anderen. Das System würde eine optimale Absicherung darstellen. Keine Frage, das klingt alles ein wenig futuristisch. Doch geht es darum, die Legende der Menschheit für ewig zu bewahren – dazu sollte meiner Ansicht nach jegliche Möglichkeit genutzt werden.

Herausforderungen: Eine solche Blockchain wäre natürlich aufgrund ihrer Größe und der geografischen Ausweitung enorm teuer. Daher wird es viel Unterstützung von Regierungen und anderen Vereinigungen benötigen, um ein solches System in die Realität umzusetzen.

Alternativmöglichkeiten: Theoretisch könnte ein solches System auch zentralisiert mit verteilten Servern aufgestellt werden. Das Problem dabei ist dann nur: Wenn die zentrale Kontrolleinheit ausfällt, wird das System funktionsunfähig. Dies würde ein solches System gegen einen potenziellen Alien-Angriff (ja, ich glaube an Aliens) oder Meteoriteneinschlag nicht wirklich absichern. Gleichgültig, ob es um dieses oder sonstige dystopische Szenarien geht: Ich bin davon überzeugt, dass sich hier auf jeden Fall irgendwann eine Blockchain durchsetzen wird.

Praxisbeispiele: Womöglich wirst du dir beim Lesen dieses Kapitels denken, dass ich jetzt komplett durchgedreht bin. Ich glaube jedoch, dass sich Visionäre auch mit teilweise irren Gedankenspielen beschäftigen sollten, damit solche Ideen später auch umgesetzt werden können. Es gibt sogar tatsächlich bereits die ersten Versuche, ein dezentrales interplanetares Datensystem zu erschaffen. Wie erfolgreich dieses sein wird, wird sich jedoch erst zeigen.

BIG DATA (GOOGLE, MACHINE LEARNING ...)

Problembeschreibung: Wenn wir über unvernichtbare Daten sprechen, kommen die Themen Big Data und damit Machine Learning auf. Was ist Big Data? Dabei geht es darum, so viele Daten wie möglich aus einem System zu extrahieren, um Rückschlüsse auf die Zukunft zu ziehen. Egal ob Google, Facebook, Amazon oder andere: Jedes Unternehmen, das mit Kunden oder Produkten umgeht, braucht die Fähigkeit, Daten effizient zu analysieren, um wirtschaftlich zu überleben. Die große Herausforderung bei Big Data liegt demnach darin, Konsumentenverhalten zu rekonstruieren und es wirtschaftlich zu nutzen. Hier spricht man vom Prozess des Machine Learning, dafür werden Computeralgorithmen eingesetzt. Wo liegen hier nun die Probleme, um eine potenzielle Blockchain-Anwendung zu rechtfertigen? Einerseits ist bei Big Data Privatsphäre nötig, ein Erfordernis, über das wir ja bereits ausgiebig gesprochen haben. Andererseits bräuchte es denselben Datensatz vielfacher und leicht zugänglich, damit Maschinen besser daraus lernen können. Genau hier könnten Blockchains einen Vorteil bieten.

Lösungserklärung: Weil Daten auf einer Blockchain anonym und redundant auf ganz vielen Servern gleichzeitig abgebildet werden, könnten Big Data und Machine Learning durch diese dezentralen Systeme enorm profitieren.

Herausforderungen: Einerseits muss der Datenschutz so konstruiert werden, dass Konsumenten wirklich anonym bleiben. Das aber kann durch Rückkombinationsrechnungen bei absichtlich transparenten Blockchains nicht immer zu 100 Prozent garantiert werden. In einigen EU-Arbeitsgruppen, in denen ich Mitglied bin, wird über genau diese Thematik und über mögliche Lösungsvorschläge etwa im Hinblick auf die Datenschutzgrundverordnung diskutiert. Eine andere berechtigte Frage ist abermals diejenige nach der Notwendigkeit einer Blockchain zur Lösung dieses Problems. Das Problem ist zweifellos real, und das gilt auch für die Lösung durch eine Blockchain. Doch ist eine Blockchain auch wirklich die effizienteste und optimale Lösung?

Alternativmöglichkeiten: Eine vielleicht deutlich günstigere, schnellere und effizientere Alternative wäre einfach eine zentral gesteuerte Datenbank verteilt auf verschiedene Server.

Praxisbeispiele: Genau aus diesem Grund sehe ich aus heutiger Sicht viele Blockchain-Start-ups im Bereich des Big Data und des Machine Learning eher als guten Marketinggag an denn als die sinnvollste Umsetzung einer Blockchain. Natürlich klingt es besser, wenn man in einem Presseartikel mehrere Hype-Begriffe auf einmal verwendet. Denn dadurch lassen sich die Chancen auf Finanzspritzen durch öffentliche Fördermittel und private Geldgeber erhöhen. Schaut man sich jedoch die Big Player wie Google oder Facebook in diesem Feld an, so lässt sich jetzt schon absehen, dass sie eindeutig in Richtung zentrale hocheffiziente Serversysteme gehen und nicht in Richtung Blockchain.

BLOCKCHAIN-ANWENDUNGSBEREICH 7: INCLUSIVENESS (DAZUGEHÖRIGKEIT)

Nachdem es bei einer Blockchain keine Zugangskontrollen gibt und nicht nach Herkunft, Alter, Geschlecht, Rasse, Einkommen unterschieden wird, kann jeder und alles einer Blockchain durch die bloße Erstellung eines Private Key beitreten.

Ich habe dieses letzte Anwendungsfeld der Teilhabe (Englisch: Inclusiveness) an einer Blockchain ebenfalls bereits bei anderen Anwendungen mitdiskutiert. Es ist jedoch ein wirklich wichtiger Aspekt und zudem einer, welcher den Blockchain-Lösungen einen einzigartigen Vorteil verleiht: die Möglichkeit, dass jeder und jede einer Blockchain beitreten und somit nie ausgeschlossen werden kann.

ZENSURRESISTENZ (MEDIEN, REGIERUNGEN ...)

Problembeschreibung: Zensur ist gewissermaßen allgegenwärtig. Egal ob Regierungen, Medien oder auf Social Media: Wir alle wissen, dass jene, die an der Macht sind, fast alles zu tun bereit sind, um auch an der Macht zu bleiben. Meinungsmache ist ein essenzielles Werkzeug der Propaganda, und Zensur ist somit ein wichtiges Instrument. Wer glaubt, dass dies nur in anderen Ländern vorkommt, jedoch nicht bei uns, liegt weit daneben. Bei Zensurfreiheit geht es nicht nur darum, den Zeitungsartikel eines Whistleblowers nicht blockieren zu können, sondern vielmehr darum, ein wichtiges Gut der Menschheit zu bewahren: das Recht auf freie Meinung – was auch immer das sein mag.

Lösungserklärung: Wann immer ein System zentral gesteuert ist, ist Zensur per Definition möglich. Deshalb sollte bei Blockchain-Anwendungen auch immer der Fokus darauf liegen, dass sie zensurresistent sind.

Herausforderungen: Die Nachteile einer Blockchain haben wir bereits ausführlich besprochen. Bei Zensurresistenz geht es zusätzlich noch darum, dass schädliche Inhalte wie Kinderpornografie, Hass oder Gewaltverherrlichung ebenfalls unkontrolliert an die Öffentlichkeit gelangen können. Denn in einem dezentralen System gibt es ja niemanden mehr, der darauf achtet, was veröffentlicht wird. Hier könnte dann der sogenannte Werther-Effekt eintreten, benannt nach Goethes Roman *Die Leiden des jungen Werthers*. Im Roman nahm sich der Protagonist das Leben – und viele Leser dieses Romans taten es ihm gleich. Der Werther-Effekt besagt, dass ein Verhalten, das öffentlich gemacht wird, zu vermehrten Nachahmern führt. Denkbar ist das nicht nur für Suizide, sondern beispielsweise auch für Amokläufe und dergleichen. Zensurfreiheit könnte solche Probleme nur noch verschlimmern. Etwas Ähnliches lässt sich bereits bei Social Media feststellen. Immer weniger Menschen trauen sich dort, ihre Meinung zu äußern, weil sie die teilweise negativen Reaktionen als Teil eines Social Mobbing wahrnehmen. Ein komplett zensurresistentes System könnte also vielleicht sogar zum kompletten Gegenteil des ursprünglich Gewünschten führen. Es wird wahrscheinlich vielmehr eine Diskussion von Moral versus Macht als eine Frage der technologischen Umsetzung anstoßen.

Alternativmöglichkeiten: Sobald eine Blockchain nicht zensurresistent ist, ist sie per Definition nicht dezentral. In einem solchen Anwendungsfall muss gefragt werden, ob ein zentrales System hier nicht besser wäre. Dies ist eines der Hauptprobleme im Marketing vieler sogenannter Blockchain-Firmen: Sie wollen ein wirklich existierendes Problem fälschlicherweise über eine Blockchain ineffizient, teuer und langsam lösen. Damit bieten sie zwar keine passende Lösung an, erzeugen jedoch einen großen Hype um ihr vermeintlich erfolgversprechendes Geschäftsmodell.

Praxisbeispiele: Es geht in diesem Kapitel gar nicht so sehr darum, alle Anwendungen noch einmal aufzuzählen, sondern vielmehr, noch einmal zu betonen, wie wichtig die Fähigkeit der Zensurresistenz in einem dezentralen System ist. Falls du in deinem Umfeld auf Bereiche stößt, bei denen du dir weniger oder gar keine Zensur wünschen würdest, solltest du dir definitiv überlegen, eine Blockchain zu nutzen. Es gibt kaum bessere Anwendungsfälle als diesen und gerade Medien, Regierungen und Social Media sollten sich sowohl technologisch als auch gesellschaftlich und moralisch überlegen, wie sie solche Systeme effizient für einen Mehrwert der Bevölkerung nutzen können.

DRITTE WELT (FINANZEN, ENTWICKLUNGSHILFE ...)

Problembeschreibung: Ein Bereich, wo Zensurresistenz und Teilhabe ganz besonders wichtig sind, sind die Länder der Dritten Welt. Immer wieder hören wir, dass gerade den Ärmsten der Armen Zugang zu den essenziellsten Dingen wie Finanzen, Identitätsdokumenten, Besitz und vielem mehr verweigert wird.

Lösungserklärung: Viele Menschen weltweit arbeiten hier an Lösungen. Blockchain wäre eine davon, um Teilhabe zu ermöglichen. Wer also wirklich der Dritten Welt helfen will, sollte sich als potenzielle Lösung die Blockchain-Technologie ansehen.

Herausforderungen: Viel mehr als der reine Zugang zu einem Service fehlen in den betreffenden Ländern und Regionen jedoch oft fundamentale Voraussetzungen. Menschen, die lesen und schreiben können, sind dort oft die Ausnahme, einen Internetzugang haben nur die wenigsten, Smartphones sind ein Luxusgegenstand, und einen Computer dürfen vielleicht einige allenfalls in der Schule verwenden. Oft mangelt es also viel mehr an Ausbildung und an Umsetzungsmöglichkeiten als an den eigentlichen technischen Voraussetzungen, welche eine Blockchain für den Erfolg dort bräuchte. Dies bringt uns auch schon zu den möglichen Alternativen, welche Menschen oft nicht bedenken, die über Blockchain-Anwendungen in diesen Bereichen der Welt predigen.

Alternativmöglichkeiten: Zweifellos unterdrücken viele zentral organisierte Firmen die Menschen in Entwicklungsländern absichtlich. Doch glaubst du wirklich, dass sie das noch tun werden, wenn Alternativen wie Blockchain-Lösungen aufkommen werden? Das traurige Szenario, das ich mir hier deshalb ausmale, ist, dass Blockchains dort zwar eine Revolution auslösen könnten, dass sie dann jedoch womöglich von zentralen und deutlich effizienteren Systemen ausgehebelt würden. Wer dies anders sieht, sollte sich fragen, ob er dies rational begründen kann oder ob er sich nicht eher an eine utopische Wunschvorstellung klammert.

Praxisbeispiele: Die geschilderten Probleme könnten auch der Grund sein, warum es bisher keine wirklichen Durchbrüche von Startups in Bereichen der Dritten Welt gegeben hat. Sicherlich gab es guten Hype und gutes Marketing und trotz großer Hoffnungen und zahlreicher Finanzierungsrunden bisher keine wirklichen Resultate. Ob es diese irgendwann geben wird, steht noch in den Sternen. Trotzdem sind ideologisch denkende Menschen notwendig, die auf das Beste in den betreffenden Regionen hoffen und alles dafür geben, es auch umzusetzen. Wer also in Dritte-Welt-Ländern helfen will, dem kann ich auf jeden Fall raten, die Blockchain-Technologie als Werkzeug in Betracht zu ziehen. Zugleich sollte die betreffende Person nicht unbedingt erwarten, dass sie auch zum ultimativen Erfolg wird. Zumindest wird ein solcher Ansatz aber andere dazu zwingen, humanere und kundenfreundlichere Lösungen nicht nur der Ersten Welt anzubieten, sondern überall. Dies wäre für mich auch ein Erfolg für die Blockchain. Es geht nicht immer darum, zu gewinnen, sondern vielmehr mit seinem Tun Resultate zu erzielen, welche für alle Beteiligten einen Mehrwert haben, ob nun durch die Technologie selbst oder durch deren Folgeerscheinungen.

FLÜCHTLINGE (IDENTIFIKATION, REGISTRIERUNG ...)

Problembeschreibung: Flüchtlinge stellen unter dem Aspekt der Teilhabe ebenfalls einen relevanten Anwendungsbereich für eine Blockchain dar. Nur die wenigsten Flüchtlinge können direkt etwas für ihre prekäre Situation, in der sie meist bei Ankunft in einem anderen Land stecken. Ganz im Gegenteil: Die meisten schlittern unfreiwillig in eine Lage, in der sie ohne Heimat, Geld oder Ausweis sind. Sicherlich gibt es immer wieder schwarze Schafe, welche solche Situationen bösartig ausnutzen. Doch der Großteil leidet sicher unverschuldet unter dem Ausschluss aus einer Gesellschaft, in der sie in Zukunft mehr oder weniger frei leben müssen.

Stell dir mal vor, wie dein Leben ohne Bankkonto, Smartphone oder Ausweisdokument aussehen würde. Überlege dir des Weiteren, welche Fortschrittsmöglichkeiten du dann überhaupt hättest. Auf einer meiner Reisen nach Kuba konnte ich sehen, was eine solche Lage einem ganzen Land antun kann. In meinem Leben war ich immer davon überzeugt, dass ich es aus jeder Situation zu jedem Zeitpunkt irgendwie schaffen würde, nach oben zu kommen. Als ich dort auf der Insel die schlechten Grundvoraussetzungen sah, zweifelte ich zum ersten Mal in meinem Leben an dieser Überzeugung. Noch viel schlimmer ist die Situation eines Flüchtlings. Er hat nicht nur alles verloren, sondern besitzt auch praktisch keine Möglichkeiten, auf legale Art und Weise die essenziellsten Grundbausteine (wieder) zu erlangen, die ihm oder seiner Familie ein Weiterkommen ermöglichen. Kommt ein Mensch erst einmal in eine solch hoffnungslose Lage, treten andere Instinkte zum Vorschein, die sich dann in einigen der Probleme der Flüchtlingsthematik widerspiegeln.

Lösungserklärung: Lösungen müssen hierfür also so früh wie möglich ansetzen. Sie können selbstverständlich nicht nur technologischer Natur sein. Trotzdem habe ich in den unterschiedlichen Blockchain-Anwendungen viele technische Möglichkeiten angeführt, welche hier enorm helfen könnten. Abermals dient dieses Kapitel nicht so sehr dazu, alles stupide zu wiederholen. Vielmehr geht es darum, einige relevante Gesellschaftsprobleme zu durchleuchten, um sich zu überlegen, wie eine Blockchain helfen könnte, diese zu lösen. Schau dir also auf jeden Fall die Kapitel zu Identifikation, Besitz und Logistik noch einmal an, wenn du hier einen Mehrwert für die Gesellschaft schaffen willst.

Herausforderungen: Die Herausforderungen bei dieser Arbeit sind ähnlich wie die bei anderen Blockchain-Anwendungen, wenn es darum geht, den Ärmsten der Armen zu helfen: andere kulturelle und religiöse Hintergründe, fehlende Ausbildung und mangelnde finanzielle Mittel erschweren den Einstieg in diesen technologischen Fortschritt. Sie erleichtern die von Grund auf bereits komplexe Thematik nicht unbedingt.

Alternativmöglichkeiten: Staaten denken ebenfalls über zentrale Möglichkeiten nach. Diese könnten natürlich auch eine technologische Lösungsmöglichkeit darstellen. Wichtig wird es hier jedoch sein, dass diese interoperabel sind. Zudem sollte eine Lösung nicht nur in einer kleinen Region verfügbar sein, sondern so weitverbreitet wie möglich. Offene Systeme wie eine Blockchain lassen sich hierfür deutlich leichter verwenden, weil jeder am Erfolg mitarbeiten kann. Keiner der Beteiligten ist darauf angewiesen, was eine zentrale Einheit voranbringt.

Praxisbeispiele: Die Flüchtlingsthematik ist also nicht nur eine gesellschaftliche und ethische Diskussion in den Medien, sondern vielmehr auch eine technologische Herausforderung. Die meisten Vorschläge, welche bisher von Start-ups oder Regierungen gekommen sind, waren leider nicht viel mehr als öffentlichkeitswirksame Pressemitteilungen. Wirkliche Umsetzungen habe ich persönlich hier noch kaum gesehen. Falls dir dieser Bereich am Herzen liegt, dann gibt Vollgas! Du würdest der gesamten Welt einen enormen Mehrwert bieten.

INTERNET OF THINGS (INDUSTRIE 2.0, ROBOTER, SMART DEVICES, SMART HOMES ...)

Problembeschreibung: Wenn man in Zukunft von Teilhabe spricht, wird es nicht nur um Menschen, sondern auch um Roboter und Maschinen gehen. Neben Fragen, ob eine Maschine Rechte hat, ob man durch eine Maschine ermordet werden kann oder was eine Maschine rechtlich eigentlich alles darf oder nicht darf, stellt sich auch die Frage, wie der Zugang zu anderen Möglichkeiten für solche Maschinen geregelt werden soll. Vor allem wenn diese als unabhängig oder sogar als DAO strukturiert sind, fragt man sich: Gibt es nun Maschinendiskriminierung, oder gibt es sie nicht? Welche Zugänge stehen Robotern und Maschinen zu? Im Großen und Ganzen spricht man hier vom sogenannten Internet of Things (IoT). Es geht um das Prinzip, dass in Zukunft nicht nur dein Laptop oder Handy mit dem Internet verbunden ist, sondern so ziemlich jedes Gerät. Über den Zugang zum Internet wird die Kommunikation zwischen den einzelnen Geräten möglich. Ein Toaster wird also zum Beispiel sein Toastbrot selbst bei Amazon Fresh bestellen können. Die Toilette erkennt, wenn das Klopapier zur Neige geht, überprüft dann mithilfe eines smarten Regals, ob dort noch ein Vorrat vorhanden ist, und bestellt welches nach, falls dieser ebenfalls aufgebraucht ist. Wenn diese IoT-Devices immer mehr Möglichkeiten haben, stellt sich die folgende berechtigte Frage: Kann man ihnen vertrauen – und falls ja, wie kann das geschehen?

Lösungserklärung: Dass solche IoT-Devices vermehrt auftauchen werden, steht außer Frage. So ziemlich jeder große Konzern, der Haushaltsgeräte, Fahrzeuge oder andere Produkte erzeugt, forscht und arbeitet daran. Gemeinsam mit anderen Blockchain-Anwendungen könnten diese IoT-Devices untereinander ein dezentrales Netzwerk aufbauen, bei dem keine einzelne Person oder Organisation die Kontrolle innehat, sondern alle Geräte gemeinsam. Dies würde auch die Gefahr eines Hacks deutlich reduzieren, Vertrauen erhöhen und somit einen Mehrwert für alle erzeugen.

Herausforderungen: Wenn jedoch niemand die Kontrolle über etwas hat, hat auch niemand die Verantwortung. Diese Herausforderung haben wir schon häufiger angesprochen. Bei IoT-Anwendungen könnte es dramatische Folgen haben, wenn niemand bei einem Fehler an einer Maschine eingreifen kann. Was wäre zum Beispiel, wenn ein Kühlschrank plötzlich anfinge, seinen Besitzer zu erpressen, und mit Absicht etwas kaufen würde, wogegen dieser allergisch ist? In solchen Fällen führt Dezentralität genau zum Gegenteil des Gewünschten. Dass IoT-Devices über eine Blockchain miteinander vernetzbar wären, darüber sind sich alle einig. Die Herausforderungen liegen eher in den potenziellen Konsequenzen.

Immer wieder gibt es ein paar lustige Fehltritte im noch jungen Bereich der Blockchain. Einen davon habe ich bis zum Schluss für dich aufbewahrt: Eine Firma, welche einen sogenannten smarten Thermostat entwickelt, wollte diesen durch Dezentralisierung so gestalten, dass ihn niemand manipulieren kann, nicht einmal die Firma selbst. Ein Nutzer muss sich also wirklich korrekt bei dem Thermostat verifizieren und diesen manuell einstellen, damit dieser danach die Haustemperatur sauber reguliert. Diese ganzen Regeln wurden vorab eingespeichert. Doch dabei wurde übersehen, dass es einen potenziellen Hackangriff auf das Thermostatsystem geben könnte. Der Bug bzw.

das Feature wurde ausgenutzt. Ein Erpresser stellte den Thermostat so ein, dass er sich jede Stunde um einen Grad erhöhte, bis der Hausbesitzer eine fünfstellige Summe als Lösegeld an eine Krypto-Adresse zahlte. Niemand konnte diesen Hack umkehren, was wiederum sowohl die Vor- als auch die Nachteile eines dezentralen Systems unterstreicht. Die Hausbesitzer wurden also nach und nach vom Temperaturregelungssystem gegrillt, und die einzige Lösung bestand darin, mit einem Hammer die Thermostaten zu zerstören. Diese Anekdote erzähle ich deshalb so gerne, weil ich gerade in den teilweise euphorischen Bereichen der Blockchain immer ein wenig zur Vorsicht mahnen möchte und aufzeigen will, dass eben noch nicht alle Probleme gelöst sind.

Alternativmöglichkeiten: Nicht nur aus dem zuvor genannten Grund bin ich noch ein bisschen skeptisch, ob IoT wirklich eine Blockchain bräuchte. Erstens können die Kommunikationssysteme zentral organisiert werden, und zweitens bin ich mir nicht ganz sicher, ob eine einzige Blockchain alle Geräte miteinander verbinden kann. Eventuell sind unterschiedliche Systeme erforderlich, welche miteinander kommunizieren. Solche Systeme werden dann wahrscheinlich von den Geräteherstellern selbst entwickelt und nicht von einem einzigen Plattformbetreiber, der alles zu lösen versucht. Sicherlich sehe ich hier Potenzial von Blockchain-Lösungen, ich sehe aber auch sehr gute Alternativen dazu. Wie bei den anderen Blockchain-Anwendungen auch glaube ich eher an klare spezifische Umsetzungen als an die eierlegende Wollmilchsau, welche alles können soll.

Praxisbeispiele: Ich gehe davon aus, dass in Zukunft Häuser zu Smart Homes, normale Geräte zu Smart Devices und viele andere Roboter zu IoT zusammengefasst werden, um miteinander zu kommunizieren. Auch wenn hochinnovative Firmen an einer dezentralen Lösung forschen, glaube ich trotzdem, dass die meisten der Abläufe noch länger zentral bleiben werden. Mit den Schlagworten Internet of Things und Blockchain lässt sich heute tolles Marketing machen –

aber oft steckt nicht viel dahinter. Nichtsdestotrotz werden dezentrale Systeme auch hier ihre Nischen finden und zu einer relevanten Anwendung gelangen.

WELTRAUM (SPACEX, NASA ...)

Problembeschreibung: Dieser Abschnitt handelt abermals von einem sehr futuristischen Thema: dem Weltraum. Es geht dabei nicht so sehr um die Speicherung unvernichtbarer Daten, sondern vielmehr um die Frage, wie man auf lange Strecken kommunizieren und trotzdem Informationen synchron halten kann. Licht, das schnellste Meidum im gesamten Universum, stellt das zeitliche Limit für unsere Kommunikation dar. Von der Erde bis zum Mond braucht es ca. 1 Sekunde. Das ist nur eine kaum merkliche Verzögerung. Geht es aber um Distanzen zu anderen Planeten, reden wir bereits von Minuten und Stunden. Geht es potenziell sogar darum, mit anderen Sternen zu kommunizieren, sind wir gleich bei Jahren. Wie verhindert man in einem solchen System, dass ein potenzieller Angreifer Informationen verändert oder dass Informationssysteme anfangen, asynchron zu laufen? Bis man das nämlich merkt und bis man darauf reagieren kann, ist schon wieder so viel Zeit vergangen, dass sich der Rückstand vergrößert.

Lösungserklärung: Mit einer Blockchain könnten Informationen über Teilschritte auf extrem weiten Distanzen synchron gehalten werden, ohne dass man Angst haben muss, dass ein Angreifer am Weg dazwischen irgendetwas verändert. Der Weltraum als potenzielle Blockchain-Anwendung ist somit eine Kombination aus Kommunikation und unvernichtbaren Daten. Es gibt also nicht eine Hauptstation und viele Unterstationen, sondern vielmehr ein gleichberechtigtes Datennetzwerk. Falls du das grafisch in einem Kurzfilm dargestellt sehen willst, dann geh auf YouTube und suche nach »Julian Hosp Mars Blockchain«. So könnte Weltraumkommunikation auf lange Sicht aussehen.

Herausforderungen: Stichwort »könnte«: Das gesamte Thema zu Weltraum steht wortwörtlich noch in den Sternen. Firmen wie SpaceX oder Organisationen wie die NASA müssen hier definitiv noch Fortschritte machen, bis potenzielle Anwendungen einer Blockchain im Weltraum überhaupt relevant werden. Deshalb: Go, Elon!

Alternativmöglichkeiten: Wann immer eine zentrale Partei existiert, führt das über lange Distanzen zu massiven Defiziten in der Peripherie. Dies haben bereits die Römer vor einigen 1000 Jahren festgestellt, als sie sich immer schwerer und schwerer taten, ihr riesengroßes Reich von Rom aus zu regieren. Kommunikationswege waren damals deutlich langsamer. Man könnte die Reisezeiten von damals mit der heutigen Situation vergleichen, um eine Vorstellung von den potenziellen Herausforderungen bei der Weltraumkommunikation zu bekommen. Die einzige Lösung damals bestand darin, den Verwaltungseinheiten mehr Autonomie zuzugestehen und sie dezentraler agieren zu lassen. Dann mussten sie nicht immer auf neue Befehle aus Rom warten, um handlungsfähig zu sein. Sollte unsere moderne Kommunikation ebenfalls an ihre zeitlichen Grenzen stoßen, so muss das abermals durch technologische Dezentralität gelöst werden.

Praxisbeispiele: Zweifellos ist dies heute noch nicht wirklich relevant. Aber blicken wir bei diesem Thema ein bisschen nach vorne und denken wir darüber nach, wofür Blockchain nicht nur heute, sondern vielleicht erst in ein paar Jahrzehnten verwendet werden kann. Eventuell gibt es natürlich bis dorthin schon weitere alternative Technologien, welche die Blockchain überflüssig machen (dazu später mehr). Ich finde es dennoch immer spannend, sich zu überlegen, was noch alles kommen könnte und was alles dafür erforderlich wäre. Gewinner antizipieren, Verlierer reagieren. Denk also immer wieder darüber nach, welche anderen Anwendungen eventuell relevant und innovativ sein könnten und tatsächlich von einer dezentralen Lösung profitieren würden. Hoffentlich hast du die entscheidende Idee, die die Welt dann für immer zum Positiven verändert.

UNTERNEHMERTUM (START-UPS, UNTERNEHMENSGRÜNDUNGEN ...)

Problembeschreibung: Schaut man sich Unternehmertum im Online-Bereich an, so sieht man recht gut, wie einfach es für so ziemlich jeden ist, auch für einen Jugendlichen in einer Garage, ein eigenes Unternehmen zu gründen. Die Kosten beschränken sich meist auf einen eigenen Computer und Internetanschluss. Dies erklärt auch, wie es in den vergangenen Jahren zu dem unglaublichen Boom der Online-Businesses gekommen ist. Das Gegenteil wiederum ist der Bereich vieler Hardware-Industrien, bei denen meist Millionen oder sogar Milliarden Euro an Startinvestitionen erforderlich sind, um loslegen zu können. Dazwischen gibt es viele Unternehmerbereiche, welche eigentlich mit recht wenig Kapital gegründet werden könnten, die jedoch aufgrund anderer Faktoren wie zum Beispiel Vertrauen, Gesetz oder Moral oft nicht möglich sind.

Lösungserklärung: Während Gesetz und Moral nicht ganz so einfach anzugehen sind, so lässt sich Vertrauen gerade durch eine Blockchain hervorragend schaffen. Wir haben viele der Anwendungsbereiche bereits besprochen. In diesem Abschnitt möchte ich jedoch noch einmal betonen, wie drastisch die Veränderungen für Unternehmer in Zukunft sein werden, wenn eine Blockchain Vertrauen schaffen kann, ein Erfordernis, das zuvor Unmengen an Geld gekostet hat. Plötzlich kann ein 14-Jähriger eine revolutionäre Bank aus dem Kinderzimmer heraus gründen; ein Mensch in einem abgelegenen und eigentlich nicht sehr vertrauenerweckenden Land kann eine vertrauenswürdige Pharmafirma ins Leben rufen, oder ein Student kann das Audit-System komplett revolutionieren. Wann immer ein Monopol aufgebrochen wird, belebt der Wettbewerb das Geschäft. Genau dies wird die Blockchain-Technologie für den gesamten Unternehmensbereich in zahlreichen Feldern ermöglichen. Wie das Internet die Gründung von Millionen Unternehmen auf dem Feld der Kommunikation erst ermöglicht hat, so wird dasselbe durch Blockchain auf dem Feld des Vertrauens passieren.

Herausforderungen: Genau wie beim Internet wird die Blockchain-Technologie ihre Zeit benötigen, um den erwarteten Siegeszug anzutreten. Unternehmer müssen erst lernen, gute Anwendungen durch Dezentralisierung zu schaffen, um auf diese Weise Nutzen für ihre Kunden zu stiften.

Alternativmöglichkeiten: Es gibt keine Alternativen zu der oft besseren Lösung, welche eine Blockchain darstellt. So wird es nur eine Frage der Zeit sein, bis wir vom nächsten 19-Jährigen hören, der im Studentenheim das nächste Unicorn, also eine Firma im Wert von über 1 Milliarde Euro, geschaffen hat – nur diesmal nicht in Internet-, sondern im Blockchain-Bereich.

Praxisbeispiele: Seit dem Boom des Internets gab es nie wieder einen solchen Boom an Unternehmensgründungen wie bei dezentralen Anwendungen. Auch wenn es heute noch recht wenige wirklich erfolgreiche gibt, so reicht es, wenn nur ein Prozent davon Erfolg hat, um die Welt für immer zu verändern. Blockchain wird das Unternehmertum mindestens genauso revolutionieren, wie es das Internet zuvor getan hat. Die Blockchain-Technologie bietet dafür schlichtweg eine Plattform zur Vereinfachung eines sonst komplexen Prozesses: Vertrauensbildung.

Ich habe nun über 100 der innovativsten Blockchain-2.0-Anwendungen der Post-Bitcoin-Ära vorgestellt. In einem späteren Kapitel werde ich noch einmal genauer darauf eingehen, wie du nun von deiner Idee zur Umsetzung und dann schlussendlich hoffentlich zum Erfolg gelangst. Davor möchte ich jedoch deine Begeisterung ein bisschen zähmen und dir ein paar potenzielle Gefahren für die Blockchain-Technologie aufzeigen, welche diese leider zerstören oder bremsen könnten.

SIEBEN GEFAHREN FÜR DIE BLOCKCHAIN-TECHNOLOGIE

Nachdem wir nun hauptsächlich von der Blockchain und all ihren Vorteilen gesprochen haben, müssen wir jetzt zum Schluss auf die Gefahren zu sprechen kommen. Dies ist besonders wichtig. Es bringt nichts, nur euphorisch über ein Thema zu reden und die Gefahren schlichtweg nicht zu erkennen oder sie nicht wahrhaben zu wollen. Zur Klarstellung: Nur weil ich hier potenzielle Gefahren aufzeige, heißt das nicht, dass ich nicht an Blockchain glaube. Ganz im Gegenteil, ich glaube ganz fest an den Siegeszug dieser Technologie. Trotzdem gilt: Nur wenn man den »Gegner« richtig gut kennt, kann man ihn auch besiegen.

1. HYPE

Eine der größten Gefahren für Blockchain allgemein ist das schon oft erwähnte irreführende Marketing. Manche Blockchain-Initiatoren wissen es einfach nicht besser. Anstatt Dezentralisierung zu fördern, schaden sie durch einen übermäßigen Hype der Idee der Blockchain nur. Eines der bekanntesten und plakativsten Beispiele ist das von »Long Island Ice Tea«, ein Unternehmen, welches sich aus Marketinggründen in »Blockchain Ice Tea« umbenannt hat. Der Preis der Aktie der Firma verdoppelte sich nur aufgrund des Hype-Namens »Blockchain« über Nacht. Dem Ganzen folgten dann jedoch viel negative Presse und eine saftige Strafe der Börsenaufsicht.

Solche Beispiele erinnern an die Zeit der Dotcom-Blase in den 90er-Jahren. Auch damals priesen Firmen eine gänzlich wertlose Technologie als Erfolgsmodell an, um kurzfristigen Profit zu erzielen. Dies gibt es leider im Blockchain-Bereich genauso. Fast sektenartig scharen sich Fans um irgendwelche Blockchain-Projekte. Dadurch wird oft ein Produkt oder eine Dienstleistung beworben, welche eigentlich gar keine Blockchain benötigen. Durch die offensive Werbung mit dem Wort »Blockchain« bringt das den Projektbetreibern jedoch einen kurzfristigen Profit. Dies führt dann zur teilweise berechtigten Kritik in den Medien und zur Verunsicherung der restlichen Bevölkerung und der Unternehmen, die ansonsten für das Blockchain-Thema durchaus offen wären.

Die einzige Lösung hierfür sind korrektes Marketing aller Beteiligten und ein Fokus auf die Langlebigkeit und Nachhaltigkeit der Blockchain-Projekte. Genau dafür stehen wir auch bei #CRYPTOFIT. Wir alle sollten all jene Projektinitiatoren zurechtweisen, welche hochaggressiv Halbwahrheiten verbreiten und damit der ganzen Branche Schaden zufügen. So kann dieser Gefahr der Garaus gemacht werden.

2. SKANDALE

Rückschläge wird es in diesem innovativen Bereich immer geben. Doch muss die gesamte Community aufpassen, dass diese nicht zu Skandalen führen. Denn solche Skandale können von der Presse oder zentralen Stellen dazu genutzt werden, der Blockchain-Technologie proaktiv entgegenzuwirken. Manche Dinge können hier aktiv beeinflusst werden. Allerdings wäre ein Black-Swan-Event, wie zum Beispiel ein durch Blockchain ermöglichter Terroranschlag, ein Horrorszenario nicht nur für die Betroffenen, sondern für die gesamte Technologie. Ob und wie solche Dinge verhindert werden können, lässt sich oft nur in der Theorie durchdenken. In der Praxis kommt es dann meist anders.

Viele Skandale kommen aus dem Bereich der Kryptowährungen, was auch der Grund dafür ist, dass gerade in Firmenkreisen das Thema Blockchain eher positiv, die Anwendung Kryptowährungen jedoch negativ gesehen wird. Natürlich kann man sagen: Es gibt keine schlechte Presse. Solange ein Thema nur Aufmerksamkeit erzeugt, ist das gut. Um dem gesamten Bereich jedoch nicht zu schaden, sollten die Kryptowährungen einerseits versuchen, so gut es geht, im rechtlichen Rahmen zu agieren, und die anderen Blockchain-Anwendungen andererseits sollten bemüht sein, ein Überschwappen des schlechten Branding zu verhindern.

3. REGULIERUNG

Eine Gefahr, die bei Blockchain immer wieder erwähnt wird, ist ein irgendwann drohendes Verbot oder eine Überregulierung durch Länder oder Regierungen. Dieses Argument ist nicht von der Hand zu weisen: Da Dezentralität eine Gefahr für Zentralität darstellen kann, haben Banken und Aufsichtsbehörden mutmaßlich ein großes Interesse daran, sie zu unterdrücken. Diese Logik beruht jedoch auf einem großen Fehler: Regierungen lieben Blockchains, denn sie genießen dadurch unglaublich viele Vorteile: Transparenz, Übersichtlichkeit, Interoperabilität, Geschwindigkeit etc. Ich weiß dies aus erster Hand, denn ich bin genau hierfür Mitglied in einigen Arbeitsgruppen der Europäischen Union und berate Regierungen und große Firmen auf der ganzen Welt zu diesem Thema. So ziemlich alle haben ein Interesse daran, positive Fortschritte in diesem Bereich zu erzielen. Allerdings sehen sie ebenfalls die potenziellen Gefahren, und sie wissen noch nicht, wie damit umzugehen ist. Wenn ein Land wirklich versuchen würde, Blockchains zu verbieten, dann wäre das Resultat am

Ende genau dasselbe wie in Ländern, welche das Internet verboten haben: ein schlechter Ruf ihrer Wirtschaft und die Flucht der talentierten Leute in Länder, in denen Blockchains verwendet werden dürfen. Kein wünschenswertes Ergebnis.

Oft hört man bei Blockchain-Regulierung von der Möglichkeit einer Zensur des Internets. Ohne das Internet könnten die Leute keine dezentrale Kommunikation führen. – Ist es also eine Gefahr für Blockchains, dass jemand das Internet abstellt oder zensiert, um eine Blockchain zwar nicht direkt zu zerstören, jedoch zu unterbinden? Abgesehen von der Tatsache, dass es sehr schwer ist, das Internet als das größte dezentrale System überhaupt herunterzufahren: Überleg dir einmal, wie viele Anwendungen, die für den täglichen Gebrauch lebenswichtig sind, das Internet nutzen. Selbst wenn es einer Regierung gelänge, gewisse Zugänge zu zensieren, könnten die Open-Source-Apps sofort auf alternative Ports ausweichen. Des Weiteren würden sogenannte Mesh-Netzwerke auftauchen, welche wie die schon häufiger erwähnten Peer-to-Peer-Netzwerke agieren würden. Leute senden sich dabei Informationen via andere Personen (Peers) über Bluetooth und direkte drahtlose Verbindungen anstatt über Server und Router. Eine Gruppe in der Bitcoin-Community denkt sogar darüber nach, spezielle Satelliten in den Weltraum zu schicken, um die Unabhängigkeit und Nachhaltigkeit von Blockchains sicherzustellen. Auch wenn also die Gefahr eines Verbots omnipräsent ist, so wird von vielen Aktivisten in diesem Bereich versucht, diese Gefahr so weit wie nur möglich einzudämmen.

4. QUANTENCOMPUTER

Eine Blockchain schafft das nötige Vertrauen durch Kryptografie. Wenn diese Kryptografie fehlschlägt, wird es auch kein Vertrauen in diese Technologie mehr geben. Sollte die Kryptografie brechen, so könnte man eine Blockchain hacken. Wenn heute fälschlicherweise in der Presse von einem Blockchain-Hack die Rede ist, so bedeutet das, dass ein Private Key gestohlen oder die Datenbank einer Krypto-Währungs-Exchange gehackt wurde. Die Blockchain selbst wurde jedoch nicht gehackt.

Quantencomputer könnten tatsächlich eine Blockchain hacken. Es handelt sich dabei um gigantische Rechner, welche die Kryptografiealgorithmen rückrechnen können. Dadurch könnten sie ausgehend vom Public Key einen Private Key ermitteln – und jeglicher Schutz würde redundant gemacht werden, und sie könnten tatsächlich eine Blockchain hacken. Doch: Während dieses Szenario zwar in der Theorie vorkommen kann, so sieht es in der Praxis nicht ganz so düster aus. Bereits heute werden quantencomputerresistente Kryptografien verwendet, die auch in Blockchains implementiert werden könnten. Außerdem hätten in einem solchen Fall nicht nur Blockchains ein Problem, sondern das gesamte Internet, welches ja ebenfalls größtenteils auf derselben Kryptografie basiert. Für den Fall, dass bekannt werden würde, dass ein Computer den Code »knacken« könnte, würde es dann zunächst zu einem scharfen Vertrauenseinbruch kommen. Daraufhin müsste eine Anpassung des Protokolls zur Wiederherstellung der Blockchain erfolgen, um das verlorene Vertrauen wiederherzustellen. Quantencomputer stellen also tatsächlich eine Gefahr für Blockchains dar. Doch lässt sich aus heutiger Sicht feststellen, dass die durch sie hervorgerufenen Probleme im Fall des Falls lösbar wären.

5. KÜNSTLICHE INTELLIGENZ

Die Gefahr, die von der künstlichen Intelligenz (KI) ausgeht, haben wir bereits im Kapitel über Skynet besprochen. Hier geht es eher darum, dass sich die Blockchain, wenn kombiniert mit KI, selbst zerstören könnte. Das wäre ein interessantes Paradoxon: Eine Gefahr, welche erst durch das entsteht, wofür sie eine Gefahr darstellt. Ohne Blockchain könnte KI erst gar nicht zum Skynet werden. Erst durch die Blockchain besteht diese Möglichkeit überhaupt. Glücklicherweise sind wir noch ein bisschen davon entfernt, eine generalisierte KI überhaupt zu schaffen. So mache ich mir im Hinblick auf diese Gefahr noch nicht allzu viele Sorgen.

6. ALTERNATIVE TECHNOLOGIEN

Auf diesen Punkt werde ich im nächsten Kapitel noch genauer eingehen. Daher an dieser Stelle nur der Übersicht halber ein paar Aspekte dieser Gefahr anreißen. Das Hauptmanko einer Blockchain besteht darin, dass jeder alles wissen muss. Die Geschwindigkeit und Rechenleistung eines Nodes bildet damit die Grenze für die gesamte Blockchain. Wenn der betreffende Node nicht mehr als 100 Updates pro Sekunde verarbeiten kann, ist dies die maximale Kapazität der gesamten Blockchain – sonst gibt es in diesem System keinen Konsensus. Viele Systeme würden aber Tausende Updates pro Sekunde benötigen. Einige neuere Ansätze gehen deshalb in die Richtung, dass Konsensus nicht mehr im ganzen System herrschen muss. Solche Technologien wie Directed Acrylic Graphs (DAGs), zu denen auch das Tangle gehört, oder Gossip-on-Gossip-Protokolle, zu denen der Hashgraph gehört, können hier als ernsthafte Gefahr bzw. als Konkurrenten für die Blockchain-Technologie angesehen werden. Man muss diese Sichtweise jedoch mit Vorsicht betrachten, denn beide Konzepte befinden sich noch nicht in einer tatsächlichen Nutzungsphase. Aus heutiger Sicht werden sich Blockchains wohl eher durchsetzen und nicht die alternativen Technologien, auch wenn hier noch einige interessante Neuerungen kommen werden. Wenn du mehr über diese Technologien wissen willst, gib einfach »Julian Hosp IOTA« und »Julian Hosp Hashgraph« in Google ein.

7. BENEVOLENTER DIKTATOR

Die Blockchain-Technologie hat hauptsächlich dadurch ihre Daseinsberechtigung, dass wir einem zentralisierten System nicht trauen. Wenn jedoch in einem zentralisierten System tatsächlich volles Vertrauen herrschen würde, wären Blockchains einschließlich ihrer Anwendungen praktisch nicht notwendig. Ein dezentralisiertes System ist mit Kosten verbunden und bringt eine teilweise langsamere Geschwindigkeit, mangelndes Verantwortungsbewusstsein und Starrheit mit sich – alles Dinge, die wir für den Kompromiss der Dezentralisierung eingehen. Denn eine Blockchain ermöglicht es der Gemeinschaft, die Kontrolle zu behalten, ohne dabei jemandem anderem vertrauen zu müssen.

Was Blockchains demnach vernichten könnte, ist das volle Vertrauen einer Gemeinschaft in eine zentralisierte Macht. Aber wie wahrscheinlich ist es, einen wohlwollenden Diktator zu bekommen, der die vollständige Kontrolle innehat und trotzdem das ganze Vertrauen der Gesellschaft genießt? Persönlich sehe ich nichts und niemanden, der in naher Zukunft beide Gegensätze in sich vereint. Auch wenn ein solcher benevolenter Diktator der Blockchain-Killer schlechthin wäre, bin ich davon überzeugt: Dezentrale Systeme werden künftig einen ebenso großen Platz in der Gesellschaft haben wie das Internet heute.

BLOCKCHAIN-ALTERNATIVEN

Wir haben in den Anwendungsbeispielen und auch im Teil über die Gefahren bereits Blockchain-Alternativen kurz kennengelernt. Hier möchte ich auf die zwei derzeit relevantesten eingehen. Der benevolente Diktator bleibt zweifellos die relevanteste Alternative; doch ist Dezentralisierung der dringend benötigte Gegenspieler einer solchen Zentralisierung – ob letzlich jedoch die Blockchain-Technologie oder einer der Kontrahenten das Rennen macht, wird sich erst zeigen. Die Fragestellung ist jedoch wichtig. Denn wer heute im dezentralen Bereich anfängt, will nicht das falsche Pferd ins dezentrale Rennen schicken. Schauen wir uns also die Alternativen an und betrachten wir sowohl die Vor- als auch die Nachteile der jeweiligen Systeme.

DIRECTED ACRYLIC GRAPH (TANGLE ...)

Directed Acryclic Graphs (DAGs), wie zum Beispiel das Tangle von IOTA und viele andere, werden oft als eine erweiterte Blockchain beschrieben. Dies ist jedoch nicht wirklich korrekt. Denn in der Mathematik gibt es solche netzartigen Verbandstrukturen schon länger als das Konzept einer Blockchain. Es handelt sich einfach um einen anderen Zugang zur Konsensus-Bildung.

Stellt man sich ein Dorf vor, so sind sowohl Zentralisierung, Blockchain, DAG und das im nächsten Abschnitt im Detail erklärte Gossip-on-Gossip-Protokoll leicht zu verstehen. Bei einer Zentralisierung gibt es einen Oberhäuptling im Dorf, zu dem jeder gehen muss, wenn er neue Informationen als Faktum bestätigt haben will, etwa dass in der vergangenen Nacht zwei Personen ein Techtelmechtel miteinander hatten. Stimmt der Häuptling zu, ist es so. Weigert er sich, gibt es keine Chance, ein Geschehen je als Fakt zu integrieren. Alle Dorfbewohner vertrauen dem Häuptling und übernehmen sein Wissen ohne Wenn und Aber. Ein solches System ist schnell, leicht zu updaten, und es kann nie zu Missverständnissen kommen, da eine einzige Person das Sagen hat.

Bei einer Blockchain müssen mindestens 51 Prozent des Dorfs der Überzeugung sein, dass das Techtelmechtel stattgefunden hat. Die restlichen 49 Prozent übernehmen diese Meinung dann. Die Updates vollziehen sich in bestimmten Zeitblöcken. Doch weil jeder im Dorf immer auf dem gleichen Stand gehalten werden muss, können nicht viele Updates gleichzeitig passieren. Denn das würde jeden verwirren, und es könnte auch mal zu einer komplett geteilten Meinung, einem Fork, kommen. Dafür kann ein einzelner Dorfbewohner nicht zu einem Tyrannen werden. Zudem könnte ein Außenstehender ins Dorf kommen und fragen: »Kann ich mal eine komplette Übersicht haben, wer bei euch je mit wem ein Techtelmechtel gehabt hat?« Anhand der gesamten transparenten Übersicht ließe sich diese Frage leicht beantworten, ohne dass der Außenstehende jemandem speziell dabei vertrauen müsste.

Ein DAG geht einen anderen Weg: Erforderlich für den Konsensus ist nicht das Einverständnis von 51 Prozent der Dorfbewohner. Vielmehr reichen gerade genügend Dorfbewohner, die das Techtelmechtel bestätigen. Der benötigte Wert wird als Gewicht oder Weight bezeichnet. Er entsteht, indem jeder Dorfbewohner, der ein neues Update machen will, mehrere andere Updates bei sich abspeichern muss. Trifft man nun als Dorfbewohner auf eine Aussage, so sieht man, dass zum Beispiel 3 Prozent im Dorf diese Meinung übernommen haben. Ginge es um etwas Kleines, so könnte man sagen, dass dies reicht. Ginge es um etwas Größeres, so könnte man zum Beispiel 10 Prozent verlangen.

Bei einem DAG wird niemals ein Großteil das gesamte Wissen haben können, sondern jeder immer nur gerade so viel in dem Vertrauen, dass andere dies abermals für viele andere Dinge haben. Der große Vorteil hierbei besteht in der Skalierung. Es sind praktisch unendlich viele Dinge gleichzeitig updatebar. Ein weiterer Vorteil ist, dass jeder Teilnehmer selbst alle Rollen in einem dezentralen System übernimmt. Auf diese Weise fallen scheinbar keine Gebühren an, da kein Konsensus-Algorithmus erforderlich ist, der etwas kostet. Dies stünde jedoch im Widerspruch der Aussage, dass jedes dezentrale System einen Kostenpunkt benötigt. Leider wird dieser Punkt auch von vielen Systemen, welche ein DAG verwenden, komplett falsch vermarktet: Der wirkliche Grund, warum es keine Kosten gibt, ist ein zentraler Koordinator.

Bei den meisten DAGs sind Updates des Netzes derzeit kostenlos (ich glaube nicht, dass das bei den DAGs langfristig so bleiben wird). Deshalb könnte ein Angreifer, wie bei einer DDoS-Attacke im Internet (also einer Dienstblockade durch Überlastung der Server), den DAG ohne Spamschutz mit sinnlosen Updates zumüllen und so außer Kraft setzen. Ein zentraler Koordinator schreitet hierbei jedoch als Spamschutz ein und gibt jede durch einen Nutzer initiierte Transaktion erst frei. Gleichzeitig macht er auch regelmäßig Screenshots vom gesamten Netz, sodass zu gewissen Zeitpunkten die gesamte Information des Netzes für alle erhältlich ist. Sonst wäre es für einen Außenstehenden unmöglich, bei einem DAG zu sehen, was denn nun insgesamt wirklich passiert ist, da jeder Teilnehmer unterschiedliche Informationen vom Gesamtsystem besitzt.

Etwas, was man leider bei den DAGs oft sieht, ist ein sektenartiges Fangelage vieler oft junger Menschen, welche sich der Vor-, aber auch der Nachteile dieser Blockchain-Alternative nicht wirklich bewusst sind. Ihr einziges Ziel besteht darin, DAGs als Blockchain-Alternative zu etablieren. Oft führt das zu irrationalen Reaktionen auf berechtigte Kritik, wie zum Beispiel im Fall rund um die Sicherheitsanalysten der Eliteuniversität MIT (Massachusetts Institute of Technology). Diese Hochschule wollte Probleme bei IOTA aufzeigen und wurde dann von den Gründern von IOTA im Internet bedroht, wie im Artikel »Someone should slap that bitch«[22] nachzulesen ist.

Persönlich sehe ich es jedoch als unglaublich wichtig an, dass sich verschiedene Arbeitsgruppen dieses Themas der Alternativen Dezentralen Systeme anzunehmen versuchen. Trotzdem hat es noch niemand geschafft, solche Systeme ohne Koordinator zu etablieren und damit wirklich dezentral zu machen. Es stellt sich damit die essenzielle Frage, welches Problem ein DAG zu lösen versucht, wenn es bis heute nur zentral funktioniert. Es gibt Versuche, den bestehenden Koordinator abzuschalten. Eventuell könnte dies eine kleine Versicherung für den Fall sein, dass Blockchains je versagen könnten.

Meine eigenen Firmen bauen weiterhin auf die Blockchain-Technologie auf, auch wenn wir zu anderen Optionen wechseln könnten. Ich traue mich aus heutiger Sicht zu sagen, dass DAGs zwar eine Daseinsberechtigung haben, aber definitiv kein Blockchain-Ersatz sind. DAGs werden in Zukunft daher wahrscheinlich eher für Spezialfälle verwendet. Das Tangle von IOTA zum Beispiel könnte von manchen Firmen sehr gut bei IoT-Geräten innerhalb eines kontrollierten Systems verwendet werden. Hier wäre es völlig okay, dass ein zentraler Koordinator existiert, nämlich die Firma selbst. Ich sehe es jedoch als unwahrscheinlich an, dass sich der Token auf sämtliche Bereiche gleichzeitig ausbreitet. Denn jede Firma kann diesen Token einfach kopieren und bräuchte dann nicht den der anderen Firma zu nutzen und dem Koordinator der anderen Firma zu vertrauen. Wenn man sich allein die Anzahl der Projekte ansieht, so sieht man, dass deutlich mehr Firmen weltweit auf Blockchain als auf DAG setzen, obwohl beide Technologien lang genug existieren. Man weiß heute

22 https://spectrum.ieee.org/tech-talk/computing/networks/cryptographers-urge-users-and-researchers-to-abandon-iota-after-leaked-emails

schlichtweg noch nicht, wie ein DAG dezentral gehalten werden soll und ob nicht eventuell ein zentrales System besser funktionieren würde als ein DAG.

Dies ist natürlich meine persönliche Zukunftseinschätzung. Ich habe zahlreiche hochdetaillierte Videos zu DAGs und IOTA gemacht, welche du dir anschauen solltest, falls du an diesem Thema interessiert bist. Wie gesagt, vielleicht passt diese Technologie für deinen spezifischen Anwendungsfall wie die Faust aufs Auge. Suche im Internet nach »Julian Hosp IOTA«, und du wirst viele hilfreiche Videos und Blogeinträge dazu finden.

GOSSIP ON GOSSIP (HASHGRAPH ...)

Die zweite Blockchain-Alternative beruht ebenfalls auf einem altbekannten mathematischen Modell und baut auf Tratsch-und-Klatsch-Prinzipien auf, was auf Englisch als »Gossip on Gossip« bezeichnet wird. Hier wird versucht, die Vorteile der Dezentralisierung einer Blockchain mit der Skalierbarkeit eines DAGs zu kombinieren. An das Dorfbeispiel angelehnt, funktioniert das, indem ein indirektes Reputationssystem im Dorf installiert wird. Hört man Tratsch und Klatsch von einer Person und wird dieser Tratsch und Klatsch von immer mehr Menschen unabhängig bestätigt, dann beginnt man, dem Gerücht mehr und mehr zu vertrauen. Es ist also keine Mehrheit erforderlich, um ein Faktum zu erschaffen, sondern der Tratsch und Klatsch bewegt sich agil durch das Dorf. Das Reputationsmodell versucht somit, den zentralen Koordinator eines DAGs zu ersetzen.

Ein solches Modell scheint theoretisch zu funktionieren, doch wurde es noch nie in der Realität getestet. Die Firma Hedra, welche versucht, ein Patent für ihre Technologie des Hashgraphs zu etablieren, ist derzeit die einzige, welche in diesem Bereich tätig ist. Fraglich wird hier vor allem sein, wie sich ein solches kommerzialisiertes System in einem Umfeld umsetzen lässt, welches eigentlich open-source-dominiert ist. Zudem ist noch nicht klar, ob sich die spieltheoretischen Prinzipien des Gossip-on-Gossip-Reputationsmodells auch in die Praxis umsetzen lassen.

Ähnlich wie bei DAGs sehe ich also auch bei diesem Protokoll Potenzial. Doch wird es sich meiner Meinung nach eher in Spezialbereichen etablieren und nicht als gesamte Technologie einen Siegeszug antreten. Es ist ganz einfach ein Irrglaube zu meinen, dass Innovation nur aufgrund ihrer Technologie gewinnen könnte – es geht vielmehr um Usability, Sicherheit und Stabilität. Das teilweise recht primitive Konstrukt des Internets beweist dies immer wieder. Falls du mehr detaillierte Infos zu Gossip-on-Gossip-Protokollen haben willst, dann such im Internet nach »Julian Hosp Hashgraph«.

Bilde dir aus all den vorgestellten Vor- und Nachteilen der Blockchain, DAG und Gossip on Gossip auf jeden Fall deine eigene Meinung, auch indem du dich intensiv mit den Stärken und Schwächen auseinandersetzt. Erscheint es ratsam, Zeit, Geld und Energie in das eine oder in das andere zu investieren? Dies zu ergründen ist essenziell – nicht nur, weil dir das nächste Kapitel eine Kurzanleitung gibt, wie du in diesem Bereich starten kannst, sondern weil die Beschäftigung mit diesen Dingen die Zukunft deiner Firma, deiner Familie bzw. deiner ganzen Legacy (zu Deutsch: deines Vermächtnisses) bestimmen kann.

UNTERNEHMERTUM: VON DER THEORIE ZUR UMSETZUNG

Es ist egal, ob das Glas halb voll oder halb leer ist, als Unternehmer überlegst du dir, wie du das Glas verkaufen kannst.

In diesem Kapitel geht es, wie es das Zitat beschreibt, genau darum, sein Unternehmen für die Zeit der Dezentralisierung zu wappnen, indem man lukrative Probleme erkennt, profitable Lösungen kreiert und diese auch umsetzt. Mach ja nicht den Fehler, den viele Unternehmensgründer machen, die glauben, dass eine Idee allein schon sehr viel wert ist. So ziemlich jede Idee wurde bereits einmal hervorgebracht – lediglich deren Umsetzung ist das, was Geld bringt. Doch bevor wir mit der richtigen Idee zur Lösung starten, lass uns noch einmal zum Anfang zurückgehen und mit dem Problem beginnen.

VOM PROBLEM ZUR LÖSUNG

Vielleicht hast du durch dieses Buch erkannt, wie wichtig diese Welle der Neuerungen ist. Dann ist es jetzt an der Zeit, etwas dafür zu tun, entweder dein bestehendes Unternehmen, dein neues Start-up oder vielleicht sogar, wenn du eine öffentlich exponierte Stellung innehast, deinen Staat optimal auf Dezentralisierung auszurichten. Du hast so ziemlich alle potenziellen Probleme und Lösungen aus heutiger Sicht gerade erfahren. Jetzt ist die Zeit zum Handeln gekommen.

Starte also wieder mit dem Problem: 6 + 4 = ? Überleg dir zum Beispiel ganz einfach die folgenden Fragen:

- Was stört dich allgemein im Alltag? Könnte der betreffende Punkt sonst noch jemanden stören?
- Für welche Services gibst du deiner Meinung nach unnötig Geld aus?
- Welche Services brauchen unnötig viel Zeit?
- Wo in deinem bestehenden Unternehmen finden sich Prozesse, welche aufgrund von Vertrauensproblemen unglaublich ineffizient sind?
- Wo hast du schon einmal von Freunden oder Bekannten gehört, dass bei einem Prozess ein Vertrauensproblem besteht?

Stell dir diese Fragen wirklich regelmäßig. Wenn du willst, dann hol dir meinen Bestseller *Grenzenlos Erfolgreich* auf Amazon. Hier gehe ich auf Strategien ein, wie du zum Beispiel mit nur fünf Minuten täglich solche Probleme ganz einfach erkennst und für dich nutzen kannst. Nicht umsonst ist das Buch unter Unternehmern so beliebt – ich habe wirklich mein gesamtes Business-Wissen dort hineingepackt.

Wenn du nun ein Problem für dich identifiziert hast, welches du gerne angehen möchtest, so stellt sich die nächste Frage.

BLOCKCHAIN ODER ZENTRALE DATENBANK?

Die Frage, ob die Lösung mit oder ohne Blockchain umgesetzt werden soll, ist unglaublich relevant. Denn nicht alle Probleme brauchen eine Blockchain als Lösung, wie du in den unterschiedlichen Anwendungen mitbekommen hast. Ganz im Gegenteil: Wahrscheinlich ist es heute teilweise sogar so, dass viele nur deshalb eine Blockchain bewerben, damit sie ein Stück vom dezentralen Hype-Kuchen abbekommen. Dies wird sich aber nur kurzfristig umsetzen lassen. Langfristig erforderlich ist eine gute Lösung für ein relevantes Problem. Wenn du also im Blockchain-Bereich tätig sein willst, was ich dir aufgrund der Zukunftsaussichten durchaus empfehlen kann, so ist die Wahl des Werkzeugs entscheidend.

2014 wollte ich eigentlich im Medizinbereich ein Blockchain-Startup gründen, doch passte dies vom Zeitpunkt her einfach nicht. Ich musste also flexibel sein und bin schlussendlich im Finanzsektor mit TenX gelandet. Wie relevant ein Bereich für Blockchain ist, kannst du im jeweiligen Abschnitt dieses Buchs bei den Praxisanwendungen herausfinden. Falls du willst, kannst du zudem einen englischen Flowchart nutzen, um zu einer Entscheidung zu kommen:

https://medium.com/@sbmeunier/when-do-you-need-blockchain-decision-models-a5c40e7c9ba1

Die Grafik ist natürlich nicht komplett ernst zu nehmen, doch so zeigt sie recht deutlich, dass häufiger der Verzicht auf eine Blockchain die bessere Lösung ist als ihr Einsatz.

Wenn du zum Entschluss gekommen bist, dass du eine Blockchain für die Lösung deines Problems brauchst, stehst du vor der Frage, ob du sie komplett selbst aufsetzen willst oder lieber auf einer bestehenden aufbauen willst. Ein kleiner Tipp von mir: Heutzutage kannst du fast alle Use Cases auf bereits bestehende Blockchains zumindest als Proof of Concept extrem kostengünstig starten. Dies muss auch das Ziel sein: ein MVP (Minimum Viable Product), welches deine Idee validiert und klar dafür spricht, ein Problem auf deine Art zu lösen. Das Procedere ist unterschiedlich, je nachdem, ob du als Gründer im eigenen Start-up handelst oder als Mitarbeiter in einem bestehenden Unternehmen oder als Verantwortlicher in einer öffentlichen Organisation.

BLOCKCHAIN IM START-UP

Gründer im eigenen Start-up-Unternehmen zu sein ist der Traum vieler Menschen – vielleicht auch deiner? Sehen wir uns den funktionellen Ablauf an, wenn du dein eigenes Start-up gründen möchtest:

1. **Lösung:** Alles beginnt mit der optimalen Lösung für ein real existierendes Problem. Kein Hype, keine Farce, sondern etwas, das Menschen oder Maschinen wirklich nutzen würden. Du wirst recht schnell merken, dass die reinen Ideen ziemlich wertlos sind. Allein in diesem Buch spreche ich von über 100 Anwendungsmöglichkeiten. Wenn du nur eine einzige davon umzusetzen schaffst, kannst du für Millionen Menschen einen Nutzen schaffen und Milliarden verdienen.
2. **Team:** Ein gutes Blockchain-Start-up-Team besteht aus den drei Hs: Hacker, Hipster und Hustler. Der Hacker kann programmieren. Der Hipster ist der Designer. Der Hustler kümmert sich um Partnerschaften und ums Marketing. Manchmal decken auch nur zwei Personen die drei Hs ab; ich habe es aber noch nie erlebt, dass eine Person alle Hs in sich vereint. Du brauchst also immer einen oder mehrere Partner. Diese musst du womöglich erst suchen, und das kann ein wenig dauern. Einfach nicht aufgeben! Nachdem du dein Core Team hast, das meist eher aus Generalisten besteht, musst du, so schnell du kannst, Spezialisten einstellen, welche sich ganz besonders gut in einem kleinen Bereich auskennen. Je erfahrener und besser diese in ihrem jeweiligen Spezialgebiet sind, desto höher deine Erfolgschance. Dafür brauchst du Geld, und das bringt uns zum nächsten Punkt.

3. **Finanzierung:** Gerade im Blockchain-Bereich wirst du dich am Anfang schwertun, dein Produkt direkt an Kunden zu verkaufen. In den meisten Fällen dauert eine Entwicklung ein paar Jahre, bis sie Umsätze bringt. Du wirst also lernen müssen, Geld aufzutreiben. Dafür gibt es mehrere Möglichkeiten, und ein paar möchte ich dir vorstellen. Ein wichtiger Punkt vorab: Ein guter Investor wird einzig und alleine in das Team und nicht unbedingt die Idee investieren. Eine gute Idee mit einem schlechten Team ist zum Scheitern verurteilt. Ein gutes Team kann aus allem Gold machen.
   a. Angels bzw. die drei Fs (Friends, Family, Fools): Dies sind Leute, die mit ihrem eigenen Geld in einem ganz frühen Stadium in ein Unternehmen investieren. Meist handelt es sich um Summen von 25.000 bis 50.000 Euro. Du findest solche Angels auch auf LinkedIn, Meetup und anderen Events. Auch ich investiere als Angel. Wenn du glaubst, dass du ein gutes Team mit allen drei Hs hast und ein Blockchain-Problem angehen willst, kontaktiere uns doch mit deinem Pitch Deck hier: team@1-unlimited.de

Wichtig: Kontaktiere uns nicht, wenn dir eines der Hs fehlt. Wir investieren nicht in Ideen, sondern in Teams.

   b. Venture Capitalists und Fonds: Diese Geldgeber investieren das Geld anderer Leute berufsmäßig in aussichtsreiche Geschäftsmodelle. Es handelt sich im Anfangsstadium eines Start-ups meist um Summen von 50.000 bis 1 Million Euro. Venture Capitalists findest du im Internet – achte jedoch auf jeden Fall darauf, dass sie seriös sind.

   c. Crowdfunding / Initial Coin Offerings: Diese werden wir später noch im Detail besprechen, ich kann dir jedoch auf jeden Fall empfehlen, zuerst Angels oder Venture Capitalists an Bord zu holen, um genug Kapital und Mentoren für ein Initial Coin Offering zu haben.
4. **Rechtliches:** Ich könnte ein ganzes Buch darüber schreiben, was bei Verträgen, Strukturen und Abmachungen alles wichtig ist. Vielleicht mache ich das auch einmal, doch hier einfach nur so viel: Halte am Anfang die wichtigsten Dinge so klar und einfach wie möglich fest und verliere dich erst deutlich später im Detail. Sonst kostet das unnötig Nerven, Zeit und Geld. Mein allererster Vertrag mit Toby und Paul beinhaltete lediglich die Prozentaufteilung und die unterschiedlichen Rollen. TenX war damals nichts wert, warum also unnötig Zeit verlieren? Erst später haben wir ein knapp 100-seitiges Shareholder-Agreement aufgesetzt.
5. **Tun:** Das ist vielleicht der wichtigste Punkt. Versteife dich nicht auf eine einzige Idee, sondern versuche, Ergebnisse zu erzielen. Bleib flexibel bei deiner Herangehensweise und versuche, so schnell es geht, zu einem MVP (Minimal Viable Product) zu kommen, sprich zu einer ersten Ausführung deiner Idee. Vielleicht wird es noch ein theoretisches Konzept sein, das ist egal. Denn nur bei Umsetzung wirst du Kunden, Investoren oder andere Teammitglieder finden. Du wirst womöglich Jahre brauchen, ohne dass irgendetwas weitergeht, und dann plötzlich kommt der Erfolg über Nacht. Kündige auch nicht gleich deine Festanstellung, sondern behalte deinen Job zumindest anfangs in Teilzeit. 100-Stunden Wochen werden hier keine Seltenheit sein, doch darauf musst du als Jungunternehmer vorbereitet sein.

Es gäbe noch so viele andere Dinge zu erwähnen und allein zu diesem Kapitel könnte ich 500 Seiten schreiben. Ich will mich hier jedoch nicht im Detail verlieren und behalte mir das lieber für ein anderes Buch vor, das ich vielleicht einmal angehe. Reflektiere vor einer potenziellen Unternehmensgründung wirklich, ob du nicht einem anderen Start-up, das vielleicht an einer ähnlichen Idee bereits arbeitet und einige der Anfangshürden rund um Funding und anderes bereits gelöst hat, lieber beitrittst. Dabei kommt womöglich deutlich weniger Downside auf dich zu, und trotzdem kannst du einiges an Upside mitnehmen. Als Serial Entrepreneur kann ich dir empfehlen, eher einem jungen Start-up beizutreten, als eines selbst zu initiieren. Denn wie gesagt: Viele der genannten Hürden sind bei einem bestehenden Start-up im Vergleich zu einer bevorstehenden Gründung teilweise schon überwunden worden, die möglichen Vorteile können trotzdem enorm hoch sein. Persönlich sehe ich also das Risiko-Nutzen-Verhältnis für einen sechsten Angestellten als deutlich interessanter als für einen Gründer. Falls du, ähnlich wie ich, trotzdem bereit bist, die Risiken auf dich zu nehmen, dann habe ich später noch fünf Tipps für dich, um als Unternehmer erfolgreich zu werden.

Abgesehen von einem Start-up könntest du natürlich in deiner bestehenden Organisation (Firma oder öffentlichen Einrichtung) ein Blockchain-Projekt starten, was mich zum nächsten Kapitel bringt.

BLOCKCHAIN IM BESTEHENDEN UNTERNEHMEN ODER EINER ÖFFENTLICHEN EINRICHTUNG

Als Mitarbeiter oder Besitzer im bestehenden eigenen Unternehmen ein Blockchain-Konzept umzusetzen, das folgt anderen Regeln als bei einem Start-up. Die allererste Frage, welche du dir stellen solltest, lautet: Wie hoch ist bei einer Neuerung das Risiko und wie hoch der Ertrag? Dies mag dich vielleicht ein wenig überraschen, denn normalerweise betone ich ja immer, dass Innovation nach vorne getrieben werden soll. Trotzdem gilt es hier ein paar Dinge zu beachten – die ich in drei Kategorien einteilen möchte:

A. **Kleines und mittelständisches Unternehmen (KMU):** Wenn du in einem KMU arbeitest oder eines besitzt, wirst du deutlich agiler sein als ein Konzern oder eine Regierung. Dafür werden deine Ressourcen ein bisschen karger sein, und du musst dir potenzielle Investitionen in Form von Zeit oder Geld genauer überlegen. Du wirst hier bei einem Versuch, Blockchain zu integrieren, nicht so sehr auf ein Reputationsrisiko stoßen. Vielmehr wirst du den eigenen Einsatz gegenrechnen müssen. Prinzipiell hast du im Vergleich zu einem neuen Start-up einige Vorteile, denn du wirst bereits einen bestehenden Kundenstamm und einiges an unternehmerischer Erfahrung mitbringen. Für Ideenentscheidungen, Team und Finanzierung kannst du außerdem das bestehende Kapitel nehmen. Wenn du dein KMU optimal auf Blockchain ausrichtest, wirst du somit ein attraktives Risiko-Nutzen-Verhältnis erreichen.

B. **Konzern:** Wenn du in einem Konzern arbeitest und die Blockchain-Technologie einführen möchtest, hast du andere Herausforderungen, jedoch auch Vorteile gegenüber einem KMU. Da hier meist genug Ressourcen vorhanden sind, wird es leichter sein, ein Blockchain-Projekt als Proof of Concept zu initiieren. Hier wird jedoch die große Herausforderung darin bestehen, das Management von diesem Vorhaben zu überzeugen. Warum dieses Projekt und nicht ein anderes? Warum diese Technologie? Wozu das erbetene Kapital? Mein Tipp hierfür, welchen ich auch für mein eigenes Unternehmen bei Partnerschaften mit Großkonzernen umsetze, lautet »Ausbildung«. Wir bieten potenziellen Partnern Blockchain-Trainings an und schicken ihnen einige meiner Bücher rund um das Thema Blockchain und/oder Kryptowährungen. Verstehen die Manager erst einmal die Gefahren und Potenziale dieser neuen Technologie, so preschen sie aus purer Eigenmotivation voran. Genau so etwas habe ich selbst bei einem Partner erlebt, welcher ursprünglich nicht mit TenX gemeinsam Karten ausstellen wollte. Kaum hatten die Oberen genug kostenlose Information bekommen, waren sie es, die plötzlich proaktiv eine Kooperation mit uns anstrebten. Nutze also Werkzeuge wie Vorträge und Bücher, und du wirst nicht selbst zum Apostel, der Überzeugungsarbeit leistet. Falls du hier mit unserem Team in Kontakt gehen willst, kontaktiere uns hier: patricia@tenx.tech. Ist das Management erst einmal davon überzeugt, geht es darum, ein Proof of Concept in einer Untereinheit des Unternehmens zu kreieren. Hier ist es das vorrangige Ziel, potenziellen Reputationsschaden durch neue Technologien auf einem Minimum zu halten. Sonst liegt das Risiko-Nutzen-Verhältnis zu stark auf der Risikoseite. Also lieber erst im Kleinen die Dinge testen und sie erst später breitflächig im Konzern integrieren. Wenn genug Kapital vorhanden ist und ein potenzieller Übernahmekandidat eines Start-ups existiert, kann es sich auch lohnen, direkt das Know-how, Team und Resultat eines anderen Unternehmens zu kaufen. Dies muss natürlich jeweils individuell abgestimmt werden. Eventuell hilft es hier auch, einen Blockchain-Experten zurate zu ziehen, welcher vor Fehltritten schützt.

C. **Regierung/offizielle Stellen:** Wiederum anders ist es, wenn du für eine Regierung, eine Behörde oder andere öffentliche Einrichtung arbeitest. Willst du hier Innovation voranbringen, solltest du die gleichen »Überzeugungstricks« verwenden wie in einem Konzern. Zudem solltest du Externe für diese Überzeugungsarbeit einsetzen. Selten spielen bei öffentlichen Stellen Budget oder Ressourcen eine Rolle, hier geht es eher um die Etablierung genauer Richtlinien. Dies ist ein genereller Tipp im Hinblick auf Regulatoren, Regierungen und andere offizielle

Stellen: Am einfachsten tun sich diese, wenn sie solche technischen Innovationen nicht selbst umsetzen müssen, sondern Start-ups in der eigenen Region in diesem Vorhaben gezielt unterstützen können. Auf diese Weise wird am meisten Mehrwert für Unternehmer, Kunden und schlussendlich auch für die Region selbst geschaffen. Es könnte sich um ein kleines Pilotprojekt handeln oder sogar um eine ganze Sandbox, bei der Start-ups gewisse Vorteile genießen, wenn sie in dem gewünschten Bereich forschen. Aus genau diesem Grund bin ich in Arbeitsgruppen der EU und vielen anderen Ländern weltweit tätig: Ich möchte solche Vorhaben unternehmerfreundlich voranbringen und will außerdem erreichen, dass die Regulierung dazu die Projekte fördert, anstatt sie zu behindern.

Gleichgültig ob eigenes Start-up oder bestehendes Unternehmen: Kapital spielt immer eine wichtige Rolle. Deshalb werde ich im nächsten Kapitel auf eines der innovativsten, aber gleichzeitig auch umstrittensten Funding-Modelle im Blockchain-Bereich eingehen: Initial Coin Offerings (ICOs).

INITIAL COIN OFFERINGS (ICOS)

Das Thema ICOs habe ich immer wieder kurz erwähnt. Doch in diesem Kapitel will ich dir ein paar unternehmerische Tipps dazu geben. Aufgrund unserer eigenen 80-Millionen-ICO werde ich international als ICO-Experte angesehen. Deshalb möchte ich aus eigener Erfahrung darüber berichten, was ICOs sind, warum sie für dich als Unternehmer relevant sind und wie du sie optimal nutzen kannst.

Eine ICO oder Initial Coin Offering ist eine Möglichkeit für ein Unternehmen oder eine Organisation, ihre eigene Kryptowährung zu schaffen und diese dann öffentlich zum Kauf anzubieten. Besagte neue Kryptowährung kann eine eigene Blockchain haben, wie bei Ethereum im Jahr 2014. Sie kann aber auch token-basiert auf einer anderen Plattform wie Ethereum aufgebaut sein, zum Beispiel als ERC20-Token. Letzteres ist die häufigste Variante, und genau so haben wir bei TenX unseren PAY-Token erstellt.[23] In einer ICO tauschen die Käufer des neuen Tokens Kryptowährungen gegen die neu erstellten Tokens des Unternehmens aus. Das Unternehmen erhält Kapital, der Käufer den Token und alle Vorteile, die daran geknüpft sind.

Normalerweise wird der neue Token als unabhängiges Etwas betrachtet, das an Wert zunehmen kann oder auch nicht. Es ist mehr eine Hoffnung des Token-Käufers, dass die Firma mit dem Geld auch das tun wird, was sie versprochen hat. Viele Firmen, die eine ICO machen, sind noch in der Start-up-Phase, und so muss man verstehen, dass eine ICO unvergleichlich höhere Risiken für Investoren mit sich bringt. Für dich als Unternehmer kann eine solche ICO aber recht interessant sein. Während traditionelle Finanzierungsmethoden durch Angels oder Venture Capitalists möglich sind, hat sich die Blockchain-Welt an diese neue Form der Direktfinanzierung unter der Bezeichnung ICOs gewöhnt. Der Vorteil für das Unternehmen besteht darin, dass es meist mehr Geld direkt von den Käufern erhalten kann, ohne gleichzeitig einen Teil der Firma verkaufen zu müssen. Der Vorteil für den Käufer liegt darin, dass eine ICO finanziell attraktiv sein kann.

Damit deine ICO als Unternehmer erfolgreich ist, solltest du ein paar Dinge beachten, welche wir bereits im Start-up-Kapitel besprochen haben:

1. **Idee:** Du brauchst eine gute, solide Idee, die ein reales und kein selbst erfundenes Problem löst. Bei uns bei TenX war dies da-

23 https://coinmarketcap.com/currencies/tenx/#markets

mals die Idee, Kryptowährungen als Zahlungsmittel im Alltag einsetzbar zu machen.

2. **Umsetzung:** Wie gesagt, Ideen sind sehr wenig wert, wenn noch keine exzellente Umsetzung vorhanden ist. Ich würde dir erst dann eine ICO empfehlen, wenn du schon ein Minimal Viable Product (MVP) oder andere Resultate zum Vorzeigen hast. Bei TenX hatten wir damals bereits die Zahlungskarten bereits am Start.
3. **Team:** Du brauchst ein bestehendes Team von Entwicklern, Produktleuten, Rechtsexperten, Marketingleuten und viele Spezialisten mehr. Deshalb empfehle ich dir, zuerst eine Angel- oder Seed-Round zu machen und erst danach eine ICO. Wir hatten bei TenX damals bereits über eine Million Euro von traditionellen Investoren erhalten und bei der ICO ein Team von acht Vollzeitangestellten.
4. **Token-Struktur:** Die rechtliche und finanzielle Token-Struktur muss korrekt aufgesetzt sein. Wie hoch ist zum Beispiel die maximale Kaufsumme? Wie viel kostet der Token am Anfang? Wie viel Prozent der Token werden verkauft? In welchem Land findet die ICO statt? Was ist die Funktion des Tokens? Auf viele Fragen gibt es keine einzig richtige Antwort. Doch muss man verstehen, was dahintersteckt beziehungsweise warum sie gestellt werden. Auch solltest du dich heutzutage fragen, ob du eine Utility-Token- oder eine Security-Token-ICO machen willst. Bei TenX haben wir damals mit PAY einen Utility-Token geschaffen. Würde ich jedoch heute eine ICO durchführen, würde ich mich für die Security-Route entscheiden, auch wenn diese ein bisschen aufwendiger ist.
5. **Kommunikation:** Marketing und Kommunikation sind der Schlüssel zum Erfolg. Es handelt sich dabei um den einzigen Faktor, der nicht standardisiert werden kann und jedes Mal individuell ist. Dies werden wir im nächsten Kapitel noch genauer

besprechen, wenn wir generell vom Marketing im Blockchain-Bereich sprechen. Dann kann ich dir ein paar Insidertipps aus unseren Marketingerfahrungen bei TenX geben.

Ich habe unzählige Videos und Blog-Beiträge zu diesem Thema geschrieben. Entsprechend empfehle ich dir unbedingt, im Internet nach »Julian Hosp ICO« zu suchen, falls du selbst eine ICO planst.

MARKETING

Ein erfolgreiches Produkt oder eine erfolgreicher Dienstleistung besteht immer aus zwei Dingen: einerseits aus einer tollen Lösung für ein Problem, das viele Menschen betrifft, und andererseits aus der Bekanntheit des betreffenden Produkts oder der betreffenden Dienstleistung bei denjenigen Leuten, welche das Problem haben. Bekanntheit wird durch Marketing erreicht, weswegen man die Relation oft mit folgender Formel beschreibt:

P(rodukt) = I(nnovation) + M(arketing)

Es gibt nichts Schlimmeres als ein innovatives Produkt, welches niemand kennt. Leider vergessen viele Unternehmer dieses Fakt sehr oft. Sie tüfteln teilweise jahrelang an einer perfekten Lösung herum, nur um dann herauszufinden, dass niemand sie kauft. Wenn man jedoch korrekt an das Ganze herangeht und nicht mit der Lösung, sondern mit dem Problem angefangen hat, sollte man sich auch deutlich leichter tun, Kunden dafür zu finden. Falls du dies nicht tust, geht es dir wie all den anderen, welche mich dann fragen: »Julian, ich habe XYZ entwickelt/gebaut. Wie kann ich das am besten vermarkten?« Die betreffenden Entwickler tun sich hier teilweise sehr schwer, weil sie sich ein paar grundlegende Gedanken zur Lösung und zum eigentlichen Problem nicht gemacht haben.

Ein viel besseres Vorgehen, um das eigene Produkt oder die eigene Dienstleistung bekannt zu machen, ist folgendes:

Problem → Zielgruppe → Lösung → Marketing → Erfolg

Wenn du nämlich mit einem Problem beginnst, brauchst du nicht sofort an eine Lösung zu denken, sondern kannst dir zuerst überlegen, wer dieses Problem alles hat. So hast du automatisch eine Zielgruppe für deine angebotene Lösung. Das Marketing hierfür sollte dir dann relativ leichtfallen, denn es wird nicht so schwer sein herauszufinden, welche Social-Media-Kanäle die betreffende Zielgruppe nutzt, welche Interessen sie hat usw.

Ich möchte dir hier noch drei Geheimwaffen empfehlen, welche vor allem im Blockchain-Bereich interessant sind und welche wir bei TenX teilweise ebenfalls genutzt haben:

1. **Kostenloser Wert:** Die machtvollste Methode im Marketing besteht nicht darin, die eigene Firma zu promoten, sondern kostenlosen Wert an die Leute auszuteilen. Dies klingt vielleicht komisch, doch sind die Menschen durch Werbung bereits so abgestumpft, dass sie Banner, Pop-ups oder Werbeschaltungen meist unterbewusst ausblenden. Die beste Möglichkeit ist also, gerade in einem so neuen Bereich wie Blockchain, Menschen kostenlos aufzuklären. So baut man seine Marke auf, und Leute kaufen ein gutes Produkt von alleine. Wenn du damit beginnst, dann beginne in einer Nische und nicht gleich mit der ganzen Produktpalette. So fällt es dir leichter, dich als Experte zu etablieren. Meiner Ansicht nach

ist diese Marketingmethode die einzig nachhaltige, und sie ist auch diejenige, auf welche ich mich und meine Unternehmen stark fokussiere.

2. **Influencer:** In Zeiten, in denen Werbeschaltungen immer teurer werden, kann es extrem lukrativ sein, mit Influencern zusammenzuarbeiten, welche das eigene Produkt oder den eigenen Service auf YouTube, Instagram oder Facebook bewerben. Dies kann über eine Affiliate Provision im Nachhinein oder durch eine Vorabprovision vergütet werden. Ich arbeite hier zum Beispiel mit Ledger zusammen und promote als Influencer deren Wallet, die ich selbst auch verwende.[24] Hier ist es natürlich enorm wichtig, sich genau zu überlegen, mit welchen Influencern du zusammenarbeitest. Ich empfehle dir dringend, dir nachhaltig denkende Influencer zu suchen, anstatt auf kurzfristige Abzocker hereinzufallen. Du findest diese Influencer ganz einfach, indem du selbst schaust, wer sich auf Instagram, YouTube oder Facebook über die Blockchain-Technologie äußert. Falls du ein Produkt oder eine Dienstleistung über unsere Plattform promoten willst und es sich nicht um ein Investmentprodukt handelt, dann kannst du uns hier kontaktieren: team@i-unlimited.de
3. **Airdrops:** Die letzte Geheimwaffe eignet sich vor allem für ICO-Marketing, wenn du unter Zeitdruck stehst. Während sich die anderen beiden Methoden eher für den langfristigen Markenaufbau bewährt haben, so muss man manchmal sofort effektive Resultate erzielen. Hat man gerade eine ICO am Laufen und will man dafür kurzfristige Aufmerksamkeit erzeugen, so airdropped man den eigenen Token an andere bereits erfolgreiche Projekte. Dies bedeutet, dass man den eigenen Token kostenlos an die bestehenden Token-Holder von Projekten wie

24 www.julianhosp.com/hardwallet

TenX PAY oder anderen sendet. Diese werden auf diese Weise auf den Token aufmersam, informieren sich über deine ICO und investieren dann eventuell auch. Leider wird diese Variante immer mehr missbraucht. Doch derzeit scheint sie noch hinreichend gut zu funktionieren, wie ich von unserer eigenen Community oft höre.

Marketing ist also keine Hexerei, solange du es richtig und smart angehst. Versuche bloß nicht, das zu machen, was auch alle anderen machen, denn die betreffenden Maßnahmen sind meist überteuert und ineffizient. Schauen wir uns nun die fünf Erfolgscharakteristika eines Unternehmers an.

FÜNF ERFOLGSCHARAKTERISTIKA EINES UNTERNEHMERS

Lediglich 20 Prozent deines Erfolgs werden die eigentliche Strategie und die hier beschriebenen Werkzeuge ausmachen. Die wirklich wichtigen 80 Prozent sind deine mentale Einstellung, deine Glaubenssätze, deine Motivation usw. – die sogenannten Soft Skills. Wenn du zum Beispiel wissen willst, wie ich mir viele dieser Fähigkeiten im Lauf der Zeit angeeignet und in den unterschiedlichsten Bereichen wie Profisport, Medizin und Unternehmertum umgesetzt habe, so kann ich dir das folgende Buch ans Herz legen: *25 Geschichten für mein jüngeres Ich – ein inspirierender und motivierender Leitfaden für außergewöhnlichen Erfolg im täglichen Leben.*[25]

25 https://amzn.to/2lNU0M2

Eine Zusammenfassung davon findest du auch in dem folgenden Keynote-Vortrag: https://www.youtube.com/watch?v=zPdgS8-7SW8

Die wichtigsten Punkte hieraus sind die folgenden:

1. **Menschen:** Es ist essenziell, mit wem du dich umgibst, denn du wirst dich deinem Umfeld immer anpassen. Für dich als Unternehmer im Blockchain-Bereich lautet die Empfehlung, dich mit anderen Gleichgesinnten zu umgeben. Zum Beispiel in guten Gruppen, Masterminds usw. Dies war auch im Hinblick auf meinen eigenen Erfolg der wohl wichtigste Faktor. Du wirst es alleine nicht schaffen; du brauchst gute Leute um dich herum. Im deutschsprachigen Raum haben wir eine kleine, erlesene Community namens CryptoMind, wo sich die besten Leute zu einer Gruppe zusammenschließen. Mehr Infos dazu, falls du daran Interesse hast, findest du noch im Anschluss.
2. **Vision:** Entscheidend ist auch der Grund, warum du tust, was du tust. Wenn du dir eine Gazelle und einen Löwen in Afrika ansiehst, so wachen beide jeden Morgen auf. Sie tun das jedoch aus unterschiedlichen Gründen: Die Gazelle, weil sie Angst hat, gefressen zu werden, der Löwe, weil er jagen will. Lerne also, dich nicht so sehr durch die Angst, sondern durch positive Motivation antreiben zu lassen. Erschaffe eine tolle Vision, welche dich begeistert und dich dazu bringt, Großartiges zu vollbringen. Meine Vision ist es zum Beispiel, eine Milliarde Menschen auf der Welt #cryptofit zu machen und somit eine tolle Legacy zu

hinterlassen. Ich habe keine Ahnung, ob ich das je schaffe, doch es motiviert mich, so oft es nur geht, mein Bestes zu geben.

3. **Wachstum:** Es ist essenziell zu verstehen, dass du nie ausgelernt hast. Du musst ständig wachsen, indem du dich fortbildest und immer wieder neue Herausforderungen annimmst. Dies ist einfacher, wenn du eine gute Gruppe an Menschen um dich herum hast und von einer tollen Vision getrieben bist.
4. **Einsatz:** All die zuvor beschriebenen Dinge bringen dir nichts, wenn du sie nicht mit vollem Einsatz umsetzt. Talent ist nicht die Basis, sondern die Spitze des Erfolgs. Viele nicht erfolgreiche Leute nutzen die Ausrede angeblich fehlenden Talents leider allzu oft. Sie schreiben den Erfolg anderer Menschen vorrangig deren Talent oder Glück zu. Die Realität sieht jedoch anders aus: Wenn du zum Beispiel 100 Spaghetti an die Wand wirfst, wird ziemlich sicher eines davon dran kleben bleiben. Du weißt zwar davor nicht welches, doch wenn du nur genug wirfst, wird eines dran bleiben. Du musst also im Leben so viele Dinge wie nur möglich für deinen Erfolg unternehmen. Lass dich durch Fehltritte nicht entmutigen, sondern ganz im Gegenteil: Betrachte sie als notwendige Schritte auf der Treppe zum Erfolg.
5. **Inspiration:** Werde auch zur Inspiration für andere Menschen. Ob es nun darum geht, Investitionsgelder zu bekommen, oder darum, Mitarbeiter anzuziehen oder Kunden zu bekommen – du wirst andere von deiner Vision und deinem Tun begeistern müssen. Die Einstellung vom Geben ohne Erwartung einer Gegenleistung hilft hier enorm: Wer gibt, ohne sich gleich zu überlegen, was er dafür bekommt, hat es leichter.

All diese Punkte betreffen dich als Person – gleichgültig, ob du in einem bestehenden Unternehmen arbeitest oder ob du dein eigenes gründen willst, ob du für die Regierung arbeitest oder noch Student bist, ob du erst 18 oder schon 50 bist. Die Punkte sind universell, und du solltest sie dir einprägen und sie wie Regeln betrachten, die für den Erfolg unabdingbar sind. Es hilft natürlich, wenn du die unter Punkt 1 beschriebene Gruppe um dich herum findest. Genau dies haben wir im deutschsprachigen Raum mit CryptoMind auch gestartet.

CRYPTOMIND

Du weißt vielleicht, dass du der Durchschnitt der fünf Menschen bist, mit denen du die meiste Zeit im Leben verbringst. Aufbauend auf diesem Prinzip ist es also ganz besonders wichtig, dich mit Menschen zu umgeben, welche ebenfalls als Unternehmer im Blockchain-Bereich unterwegs sind. Nur dann wirst du in diesem Feld auch erfolgreich sein. Da die Beteiligten zumeist jedoch noch sehr jung sind, ist es gerade hier ausgesprochen schwer, langfristig denkende und nachhaltig eingestellte Unternehmer zu finden. Aus diesem Grund haben wir im deutschsprachigen Raum die Mastermindgruppe »CryptoMind« gestartet.

Das Ziel dieser Gruppe ist es, mindestens zehn Blockchain-Firmen hervorzubringen, welche in Zukunft globale Services anbieten und somit einen positiven Beitrag für die Welt zu leisten. Dezentralisierung wird enorm wichtig sein, und wir wollen nicht, dass die DACH-Region diese technologische Welle, wie die meisten Wellen zuvor, verpasst. Bei CryptoMind lautet somit unsere Mission, dass wir nachhaltig denkende Blockchain-Unternehmer und Investoren aus der DACH-Region verknüpfen und unterstützen wollen.

Um die Qualität der Gruppe zu gewährleisten, gibt es einige Aufnahmekriterien, welche du hier findest: www.cryptomind.de

Eine auserwählte Handvoll Leute tauscht sich regelmäßig aus, teilt Erfahrungen, trifft sich und pusht sich zu gegenseitigem Erfolg. Der erste Durchlauf einiger Unternehmer ist bereits unglaublich positiv verlaufen. Wenn du der Meinung bist, dass du generell mit deinem Unternehmen das Zeug zum Erfolg hast, kannst du eine Anfrage zwecks Aufnahme stellen. Bitte sei nicht enttäuscht, wenn es vielleicht am Anfang noch nicht klappt – bleib am Ball! Eventuell passt es dann zu einem späteren Zeitpunkt.

DIE ZUKUNFT DER DEZENTRALISIERUNG

In den kommenden Jahren wird sich wahrscheinlich immer klarer herauskristallisieren, dass weder alleinige Zentralisierung noch alleinige Dezentralisierung die ultimative Lösung sein wird. Dezentralisierung stellt das notwendige Gegengewicht zur momentan noch allgegenwärtigen Zentralisierung dar. Sie stellt somit ein Gleichgewicht her, auf das wir in den nächsten Jahren zusteuern. Auch wenn Dezentralisierung ein hervorragendes Prinzip ist, glaube ich nicht, dass sie der einzige Weg nach vorne ist. Blockchains, Dezentralisierung und alle resultierenden Anwendungen sind gerade deshalb so wichtig, weil sie den Menschen eine Wahl lassen. Man kann weiter die zentralisierten Services nutzen, aber man muss dies nicht tun. Einige zentralisierte Organisationen werden genau das erkennen. Sie werden verstehen, ihren Nutzern das Beste aus beiden Welten bieten müssen, wenn sie denn weiterhin eine Daseinsberechtigung haben wollen. Es wird immer einen Bedarf an zentralisierten Institutionen geben, doch dezentralisierte Communitys werden diese herausfordern. Sie müssen in Bestform sein und können nicht einfach tun, was sie wollen. Niemand will absolutes Chaos, doch will auch niemand eine Monarchie oder Diktatur. Es gilt, die goldene Mitte zu finden.

Diese goldene Mitte wird jedoch **nicht** darin liegen, ein System nur zu 50 Prozent zu dezentralisieren. Vielmehr geht es darum, einen optimalen Mix aus 100 Prozent zentralen und 100 Prozent dezentralen Systemen herzustellen. Wie dieser Mix genau aussieht, das wird sich in der Zukunft zeigen. All die anderen Firmen, welche diese Innovation trifft und die sie nicht akzeptieren wollen, werden in diesen Jahren bankrottgehen. All jene Firmen, die diese Bewegung annehmen und darauf aufbauen, werden unglaublich florieren, genauso wie andere Firmen, die die Innovation Internet vorangebracht haben.

Ich glaube, dass wir bald mit einem neurolinked Gehirn (hoffentlich über TenX ☺) mit Vertrauen über die unterschiedlichsten Blockchains kommunizieren werden. Durch maschinelles Lernen wählt das System aus, wie wir das Vertrauen anzapfen und dann verwenden. Das alles wird sich vollautomatisch vollziehen, ohne dass wir uns aktiv darauf konzentrieren müssen. Gold, Immobilien, Vermögen, Identität oder viele andere Dinge werden auf diese Weise völlig nahtlos, ohne jegliche Reibung, sofort und sicher miteinander vereinbar sein – und das überall auf der Erde und vielleicht auch auf anderen Planeten.

Ich weiß, dass vieles davon heute noch total verrückt klingt. Aber genau das haben wir vor 30 Jahren über Handys, Social Media oder kostenlose Video-Telefonie gedacht. Ähnliches trifft auf diese neue Revolution der Informationsabspeicherung durch Blockchains zu. Du hast mit der Lektüre dieses Buchs deine persönliche Grundlage für die dezentralisierte Revolution der Blockchain 2.0 gelegt. Der erste Schritt in ein neues Gebiet ist immer der gruseligste. Deshalb möchte ich dir für dein Vertrauen danken, dass du diesen Schritt mit mir gemacht hast. Zudem möchte ich dir dazu gratulieren, dass du diese Reise angetreten hast. Du bist nun wirklich #CRYPTOFIT und bereit für all die aufregenden Dinge, welche die Welt der Dezentralisierung bietet.

Vieles in diesem Bereich bewegt sich mit enormer Geschwindigkeit, und sogar während ich dieses Buch geschrieben habe, haben sich neue Möglichkeiten ergeben. Daher hier noch einmal die Erinnerung an das, was ich eingangs gesagt habe: Exklusiv für Leser dieses Buchs habe ich daher eine **aktuelle Liste mit Details, Videos, Blogs und weiterführender Literatur erstellt**. Des Weiteren findest du dort alle Links aus der vorliegenden Publikation. Wenn du diese Infos als kostenlosen Bonus zum Buch haben willst, dann gehe auf www.mehralsnurbitcoin.de und hol dir die aktuellste Version.

NACHWORT

Herzlichen Glückwunsch, du hast es geschafft! Du hast jetzt nicht nur einen Überblick über Blockchain und darüber, wie diese Technologie unser Leben beeinflussen wird, sondern du bist absolut #CRYPOFIT.

Du fragst dich nun vielleicht, was deine nächsten Schritte sein sollten. Hier ist eine kleine To-do-Liste für dich:

1. Überlege dir im täglichen Leben, welche Probleme dich regelmäßig begleiten. Halte eine kleine Liste parat, in der du aufschreibst, was dir auffällt.
2. Sei kreativ und denk nach, ob es eine Lösung auf Basis einer Blockchain dafür geben könnte.
3. Umgib dich mit Gleichgesinnten, erarbeite deine Lösung und gründe dafür ein Unternehmen. Wenn du dich traust, frag bei unserer CryptoMind-Gruppe an – vielleicht passt deine Idee zu uns, und wir nehmen dich auf: www.CryptoMind.de

Falls du noch nicht mit mir auf Social Media verbunden bist, dann tu das jetzt:
Facebook: www.facebook.com/julianhosp
Twitter: www.twitter.com/julianhosp
LinkedIn: www.linkedin.com/in/julianhosp
YouTube: www.youtube.com/julianhosp
Instagram: www.instagram.com/julianhosp
Xing: www.xing.com/julianhosp
Falls du mich oder jemanden aus unserem Team für einen Vortrag buchen möchtest bzw. ein Consulting für deine Firma, Regierung oder Gruppe anfragen möchtest, dann kontaktiere uns bitte unter: team@i-unlimited.de

Eine letzte Sache: Wenn du Nutzen aus diesem Buch gezogen hast, dann hilf mir bei meiner Vision, Menschen auf der ganzen Welt #CRYTPOTFIT zu machen. Teile dieses Buch mit ein paar Freunden. Schenke es jemandem zum Geburtstag oder zu Weihnachten. Gib den Amazon-Link auf Facebook oder Twitter weiter. Und bitte bewerte das Buch auf Amazon. Es dauert nur eine Minute, aber es hilft anderen, das Buch zu finden und zu erkennen, wie wichtig dieses Thema für sie ist.

Denk daran, Wissen ist nur potenzielle Macht. Wenn du bis hierher gekommen bist, aber das Gelernte nicht umsetzt, ist es, als hättest du es nie gelernt. Werde also aktiv und setze dein neues Wissen um. Erkenne die Wellen und reite sie!

Wenn mich Menschen fragen, worin ich den Sinn im Leben sehe, antworte ich: »Es geht darum, Optionen zu schaffen, nicht nur für mich selbst, sondern auch für andere.« Optionen zu haben ist für mich gleichbedeutend mit persönlicher Unabhängigkeit. #CRYPTOFIT zu sein bedeutet für Milliarden Menschen weltweit, sich entscheiden zu können, ob sie lieber in einer zentralisierten Welt bleiben wollen oder ob sie diese eines Tages für eine andere, bessere Option verlassen möchten. Darauf kommt es mir an: zu wissen, dass man kann, nicht, dass man muss.

Mit diesem Schlussabschnitt möchte ich dir danken, dass du mich auf diesem Weg begleitest. Ich wünsche dir attraktive Optionen, Gesundheit, Liebe und ganz viel Erfolg bei all deinem Tun und hoffe, dich irgendwann, irgendwo mal persönlich zu treffen oder zumindest per E-Mail von dir zu hören.

Sei weiterhin so großartig, bleib #CRYPTOFIT und rocke diese Welt!

Dein Julian

Feedback zum Buch gerne unter: http://www.julianhosp.com

ÜBER DEN AUTOR

Dr. Julian Hosp, Jahrgang 1986, ist Profisportler, Arzt, Unternehmer, Blockchain-Experte, Speaker und Bestsellerautor.

Julian war fast zehn Jahre lang Profi-Kitesurfer und gehörte zu den Top 10 der Welt. 2011 schrieb er das Nr.-eins-Fachbuch namens *Kite-Tricktionary*. Nach seiner Highschool-Zeit in Nashville, Tennessee, USA, verfolgte er sein Medizinstudium in Innsbruck. Nach dem Abschluss wollte er eigentlich Unfallchirurg werden, doch nachdem er kurz das Leben im Krankenhaus ausprobiert hatte, entschloss er sich, seinen unternehmerischen Träumen nachzugehen. 2015 veröffentlichte er seine damaligen Erlebnisse mit dem Bestseller *25 Geschichten für mein Jüngeres Ich* gefolgt von *Grenzenlos Erfolgreich* im Jahr 2017.

2015 wurde er Mitgründer des in Singapur ansässigen Fintech-Start-ups TenX, eines Unternehmens, das Kryptowährungen jederzeit und überall verwendbar macht, indem es seinen Kunden ein Debitkarten-Zahlungssystem anbietet. Julian wurde außerdem zu einem der besten Blockchain- und Kryptowährungsexperten der Welt ernannt. Er ist ein häufig eingeladener Keynote Speaker bei Veranstaltungen auf der ganzen Welt und ein regelmäßiger Gast im Fernsehen und Radio sowie Interviewpartner in Printmedien etwa zu den aktuellen Blockchain-Trends, der Zukunft von Kryptowährungen und dem Unternehmertum.

Julian lebt heute mit seiner Frau Bettina in Singapur, ist jedoch viel für geschäftliche und teilweise private Zwecke auf der ganzen Welt unterwegs. Alle Updates und weiteren Informationen findet man auf seiner Webseite und den gängigsten Social-Media-Kanälen:
www.julianhosp.com

WEITERE LITERATUR

KRYPTOWÄHRUNGEN EINFACH ERKLÄRT

https://amzn.to/2Q0Aeeg
208 Seiten, FinanzBuch Verlag, ISBN: 978-3-95972-137-0

Bitcoins, Blockchain und Kryptowährungen begegnen uns nahezu täglich in den Medien, doch was steckt eigentlich hinter all diesen Buzzwords? Wer sich kundig machen will, steht sofort vor der größten Herausforderung, nämlich der Frage: »Wo fange ich überhaupt an?« **Dieser Bestseller hat sich nun über 100.000 Mal weltweit verkauft und wurde in mehr als zehn Sprachen übersetzt.**

Julian Hosp, einer der bekanntesten Blockchain- und Kryptowährungsexperten der Welt, fasst in seinem Bestseller das grundlegende Wissen zum Thema digitale Währungen kompakt für Einsteiger zusammen – beginnend mit der Blockchain-Technologie bis hin zu ICOs (Initial Coin Offerings). Er zeigt auf, was im Zuge der Digitalisierung und Dezentralisierung auf die Menschen zukommt und welche Technologien das Potenzial haben, die Welt in einer Weise zu verändern, wie es das Internet in den vergangenen 20 Jahren getan hat.

GRENZENLOS ERFOLGREICH

https://amzn.to/2PvLyxL
640 Seiten, FinanzBuch Verlag, ISBN: 978-3-95972-158-5

Höher, schneller, größer, weiter – das fordert unsere Gesellschaft. Wer aber kümmert sich bei solch hohen Anforderungen darum, dass DU vollkommene Zufriedenheit, absolutes Glück und ultimativen Erfolg erlebst?

Begib dich mit dem **Durchbruchkreierer Nr. 1, Dr. Julian Hosp**, auf den Weg zu deinem grenzenlosen Erfolg! Du lernst aus erster Hand von seinen Erfahrungen als Arzt, Profi-Kitesurfer, Blockchain-Experte und Topunternehmer.

Dieses 30-Tage-Programm bringt dich in den Bereichen Beziehung, Gesundheit, Finanzen, Business und Lernen auf das übernächste Level.

Es unterstützt dich Tag für Tag dabei, alte Muster loszulassen und deinen Durchbruch zu schaffen! Es behandelt die Ursache, nicht die Symptome.

Bist du bereit, dein Leben für immer nachhaltig zu verändern? Dann starte JETZT!

25 GESCHICHTEN FÜR MEIN JÜNGERES ICH

https://amzn.to/2LQBPzO
358 Seiten, ISBN: 978-9-88148-503-8

Dr. Julian Hosp beschreibt, wie er bereits mit 16 Jahren allein von Österreich nach Amerika gezogen ist und was andere davon lernen können. Er schildert, warum die Pflanzung eines Baums wichtiges Grundlagenwissen für viele Dinge wie Universitätsabschluss oder Unternehmensgründung liefert. Er macht deutlich, warum seine Erfahrungen als Profi-Kitesurfer und -basketballer nicht nur im Extremsport wertvoll sind, sondern auch im Alltag erstaunlich gut weiterhelfen. Und warum er zwar erfolgreich Medizin studiert hat, heute aber nicht als Arzt arbeitet, sondern den Schritt gewagt hat, als Unternehmer nach Asien zu ziehen. Eine Totalpleite in Brasilien, wo er im Alter von 24 Jahren fast 100.000 Euro verlor, verhalf ihm zu Einblicken in den Immobilien- und Aktienmarkt, die ihm nach nur fünf Jahren die finanzielle Freiheit schenkten und die dir als handfestes Erfolgsrezept dienen können.

Statt standardisierten, praxisfernen Tipps, wie wir sie aus anderen Erfolgsbüchern kennen, gibt Julian **handfeste und praxisnahe**

Tipps in 75 Lektionen, die in 25 spannenden Geschichten verpackt sind.

Sie werden dich dazu inspirieren, jene Entscheidungen im Leben zu fällen, die du schon längst fällen wolltest, bis jetzt aber versäumt hast.

Und noch mal zur Erinnerung: Vieles in diesem Bereich bewegt sich mit enormer Geschwindigkei,t und sogar während ich dieses Buch geschrieben habe, haben sich neue Möglichkeiten ergeben. Exklusiv für Leser dieses Buchs habe ich daher eine **aktuelle Liste mit Details, Videos, Blogs und weiterführender Literatur erstellt**, welche sich deutlich einfacher updaten lässt als ein ganzes Buch. Des Weiteren führe ich dort alle Links aus dem Buch hier auf, denn gerade bei einem physischen Buch oder dem Audiobuch kann man nicht einfach auf einen Link klicken, und so ist es deutlich nutzerfreundlicher, diese Infos digital zu erhalten. Wenn du diese Infos als kostenlosen Bonus zum Buch haben willst, dann gehe auf www.mehralsnurbitcoin.de und hol dir die aktuellste Version exklusiv als Leser dieses Buchs.